Album Mariani

PORTRAITS — BIOGRAPHIES — AUTOGRAPHES

SOIXANTE-DIX-HUIT GRAVURES A L'EAU-FORTE

Par A. LALAUZE, F. DESMOULINS, L. DAUTREY et F. MASSÉ

TROISIÈME VOLUME

PARIS
LIBRAIRIE HENRI FLOURY
1, Boulevard des Capucines, 1

1897

ALBUM MARIANI

L'ALBUM MARIANI

A ÉTÉ TIRÉ SOUS LE TITRE DE

FIGURES CONTEMPORAINES

1º En édition sur beau papier fort avec les soixante-dix-huit portraits gravés sur bois par Brauer, Quesnel, Léveillé et Prunaire . . . . Prix : 6 fr.

2º En édition de grand luxe tirée à 500 exemplaires numérotés à la presse, avec tous les portraits gravés à l'eau-forte par A. Lalauze, F. Desmoulins, L. Dautrey et F. Massé, et dont la justification est la suivante :

50 exemplaires sur papier Japon impérial, avec une suite de tous les portraits tirés à part à la sanguine, numérotés de 1 à 50.... Prix : 200 fr.

50 exemplaires sur papier vélin d'Arches, avec une suite de tous les portraits tirés à part à la sanguine, numérotés de 51 à 100..... — 150 fr.

400 exemplaires sur papier teinté d'Arches, numérotés de 101 à 500. — 75 fr.

Album Mariani

PORTRAITS — BIOGRAPHIES — AUTOGRAPHES

SOIXANTE-DIX-HUIT GRAVURES A L'EAU-FORTE

Par A. LALAUZE, F. DESMOULINS, L. DAUTREY et F. MASSÉ

TROISIÈME VOLUME

PARIS
LIBRAIRIE HENRI FLOURY
1, Boulevard des Capucines, 1

1897

TABLE ALPHABÉTIQUE
DU TOME III

ADAM (Paul).
AMEL (Mme).
ARAGO (Emmanuel).
ARNOLDSON (Mme Sigrid).

BARETTA (Worms Mme).
BAUER (Henri).
BECQUE (Henri).
BERTRAND (Joseph).
BONAPARTE (Prince Roland).
BONVALOT (G.).
BONNIÈRES (Joseph-Bertrand de).
BORNIER (Henri de).
BOUTET (Henri).
BRACQUEMOND.
BREVAL (Lucienne).

CARON (Rose).
CHAMPSAUR (Félicien).
CHAVANNES (Puvis de).
CHÉRET (Jules).
CORMON (F.)

DARIMON (Alfred).
DARLAN.
DELNA (Marie).
DESBOUTIN (Marcellin).
DIDIER.
DODU (Juliette).
DUBOIS (Théodore).
DUDLAY (Mme A.).
DURAND-FARDEL (Docteur).
DYCK (Van).

FEBVRE (Frédéric).
FLAMMARION (Camille).
FRANCE (Anatole).
FRÉMIET (E.).
FUGÈRE (L.).

GALLET (Louis).
GIACOMELLI.
GRASSET (Eugène).
GUILBERT (Yvette).
GUILLEMET.

HADING (Jane).
HANOTAUX (Gabriel).

HARAUCOURT (Edmond).
HENRION-BERTIER (Général).
HEREDIA (José-Maria de).

LECOCQ (Charles)
LEMAITRE (Jules).
LEMAIRE (Madeleine).
LEMONNIER (Camille).
LE NORDEZ (Monseigneur).
LORRAIN (Jean).
LOTI (Pierre).

MANAU.
MARIQUITA.
MAURICE-FAURE.
MERSON (Ernest).
MERSON (Luc-Olivier).
MORIN (Louis).

OLLIVIER (Révérend Père).
ORLÉANS (Prince Henri d').

PAILLERON (Edouard).
PICARD (Edmond).
PLANQUETTE (Robert).
PRÉVOST (Marcel).

RAFFAELLI.
RESZKÉ (Edouard de).
RICHARD (S. Em. le Cardinal)
ROLLINAT (Maurice).

SAINT-MARCEAUX (de)
SANDERSON (Sybil).
SARASATE.
SCHOLL (Aurélien).
SILVAIN.

VALADON.
VERNE (Jules).

WORMS.

XANROF.

ZANNI (J.).

EN PRÉPARATION

Pour paraître dans le IVᵉ volume et suivants :

ANDRIEUX.
BARBIER (Pierre).
BARTET (Mme).
BARTHOU (Louis).
BARTHOU (Léon).
BASCHET (Marcel).
BÉRAUD (Jean).
BIENVENU (Léon) (*Touchatout*).
BOGELOT (Mme).
BONCZA (Wanda de).
BOUGUEREAU (W.).
BOYER (Rachel).
BRANDÈS (Mlle).
CARVALHO (L.).
CHERBULIEZ.
CLAIRIN.
CODY (le colonel).
COHEN (Jules).
COLLIN (Raphaël).
CONSTANS.
CORDONNIER.
DANBÉ.
DENIS (Pierre).
DEPOIX (Mme Julia)-
DOCQUOIS (Georges).
DORIAN (Mme Tola) (Princesse Mestchersky).
DRUMONT (Edouard).
Dr DU CAZAL.
DU BARAIL (Général).
DUBUT DE LA FORÊT.
DUPRÉ (Julien).
DUPUY-DUTEMPS.
ENNERY (A. d').
ESPARBÈS (Georges d').
ESSARTS (Emmanuel des).
FABRE (Ferdinand).
FALGUIÈRE.
FERRARY (Maurice).
FOURNIER (L. Edouard).
FRÉMINE (Charles).
GALIPEAUX.
GANDARA (A. de La).
GARNIER (Abbé).
GAYRAUD (Abbé).
GEFFROY (Gustave).
GÉROME.
GIFFARD (Pierre).
GOT.
GRANIER (Jeanne).
GRAU (Maurice).
GRENIER (Dr).
GUILLAUME.
GUILMANT.
HAQUETTE.
HARPIGNIES.
HAUCK (Mme Minnie) (Comtesse de Hesse-Varteg).
HENNIQUE (Léon).
HERMANT (Abel).
HOURST (Lieutenant).
KAHN (Gustave).
LABBÉ (Dr Léon).
LABORDE (Rosine).
LALAUZE (A.).
LAMBERT (Eugène).
LAMOTHE.
LANDELLE (Ch.).

LARROUMET (Gustave).
LAVEDAN (Henri).
LAURENS (Jean-Paul).
LELOIR (Louis).
LENOIR (Alfred).
LHERMITTE (L.-A.).
LING YOU.
LIVET (Dr Guillaume).
LUGNÉ-POE.
MARSY (Marie-Louise).
MARX (Adrien).
MAY (Jane).
MÉRAT (Albert).
MERCIÉ (Antonin).
MEYER (Arthur).
MICHEL (Gustave).
MICLOS (Mme Roger).
MILY-MEYER.
MIRBEAU (Octave).
MONGINOT.
MONROY (Richard (J').
MONTÉGUT (Maurice).
MONTESQUIOU (Comte Robert de).
NADAR.
OCTON (Vigné d').
OLLIVIER (Emile).
O'RELL (Max).
PAOLI (Xavier).
PARIS (Auguste).
POILPOT.
PONT-JEST (René de).
PUECH (Denys).
RACHILDE.
RÉGNIER (Henri de).
RÉJANE.
RIVIÈRE (Théodore).
ROBERT-FLEURY (Tony).
RODENBACH (Georges).
ROPS (Félicien).
ROYER (Clément de).
SABRICK (Mgr), Evêque d'Oldenburg.
SAILLAT (Révérend Père).
SAIN (Paul).
SALES (Pierre),
SARAH BERNHARDT (Mme).
SASSE (Marie).
SIMON-GIRARD (Mme).
SOREL.
SOULÈS (Félix).
SULLIVAN (Sir Arthur).
SULLY-PRUDHOMME.
TAILHADE (Laurent).
THOMAS (Jules).
TREBELLI (Mme).
VALLOT (M. et Mme).
VANDAL (Albert).
VAPEREAU.
VAUX (Baron de).
VIERGE (Daniel).
VINTRAS (Dr A.).
VYNS (Charlotte).
WECKERLIN.
WEERTS.
WIDOR (Ch.).
XAU (Fernand).

Etc., etc.

LES FIGURES CONTEMPORAINES

DES ALBUMS MARIANI

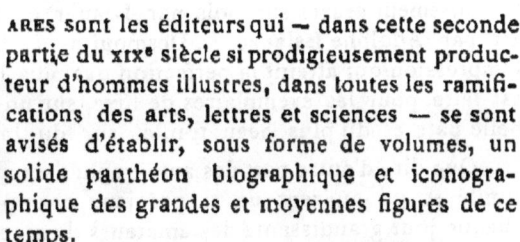

ARES sont les éditeurs qui — dans cette seconde partie du xixᵉ siècle si prodigieusement producteur d'hommes illustres, dans toutes les ramifications des arts, lettres et sciences — se sont avisés d'établir, sous forme de volumes, un solide panthéon biographique et iconographique des grandes et moyennes figures de ce temps.

Ceux qui, ayant conçu le programme et les devis, se sont appliqués à cette tâche, ont plus ou moins hâtivement échoué pour avoir compris trop étroitement, ou plutôt trop particulièrement, l'architecture du monument, en y créant tant de petites chapelles, de coteries, qu'ils oubliaient de peupler la nef centrale.

La librairie contemporaine, cependant si chargée de livres documentaires, n'offre que fort peu d'ouvrages analogues aux *Hommes illustres* de Perrault ou au *Dictionnaire* de Michaud; et, seules, les Encyclopédies tenues à jour, encore qu'incomplètement, peuvent aujourd'hui subvenir à renseigner l'éternelle curiosité publique.

Mais ce que désirent les lettrés, les physiologistes, les amateurs — qui sont, en quelque sorte, et pour la majeure partie des lecteurs, les actionnaires de notre société intellectuelle au capital de tant d'effigies originales — c'est non seulement connaître la vie, mais c'est aussi voir l'icône de ceux qu'ils admirent, et depuis l'œuvre d'Eugène de Mirecourt, déjà si lointaine, si étroite, si vulgairement anecdotique, aucun recueil contemporain n'était venu combler artistiquement cette vaste lacune.

Chose étrange, c'est au Propagateur de la Coca, à l'inventeur d'un vin désormais célèbre, à M. Angelo Mariani, qu'il appartenait d'établir en France la publication qu'aucun éditeur n'avait pu mener à bonne fin.

Ce fut sans qu'il y songeât, que l'œuvre se trouva formée tout d'abord. Elle se présenta, en premier lieu, comme une collection de portraits de maîtres avec des attestations reconnaissantes en prose et en vers, aimables et spirituelles, que M. Mariani songea à mettre au jour comme des *testimonia*; puis le bibliophile qui est en lui fit mieux: du fascicule illustré de portraits à l'eau-forte, il poussa hardiment à l'amplification du gros livre; du volume, il en vint sans hésitation à la série; aujourd'hui, nul doute qu'il ne parvienne à parcourir tout le cycle, à couvrir amplement le champ des célébrités contemporaines.

Et son panthéon, il faut le dire sincèrement, est plus amusant qu'aucun autre, plus agréable à parcourir qu'aucune galerie analogue, car on n'y voit rien de solennel ou de guindé ; tous les « représentés » y sont exposés avec des manières de bons enfants, tous s'y montrent en posture d'agréable intellectualité, comme sous l'influence exquise du vin qu'ils célèbrent, dans une sorte de récréation confraternelle ou un nonchalant laisser aller de dessert.

*
* *

D'autre part, rien n'y est négligé, ni les biographies succinctes, bien que documentées, d'une littérature primesautière et élégante, ni les portraits ingénieusement gravés sur bois par Brauer et Quesnel, ou eaux-fortisés avec art par Adolphe Lalauze, F. Desmoulins, L. Dautrey, et F. Massé, ni même l'impression qui atteint la perfection des plus beaux livres de ce temps et qui est faite, pour les exemplaires de luxe, sur un papier de Hollande de la plus belle pâte et du plus beau ton, et sur du Japon des fabriques Impériales.

Que dire d'autre part des autographes scrupuleusement reproduits en facsimilé et qui ouvrent un si précieux champ d'observation pour la foule chaque jour grandissante des amateurs de graphologie !

Trois volumes ont déjà paru, en deux éditions diverses : l'une de grand luxe destinée par son tirage restreint à un public select de bibliophiles ; l'autre plus modeste mais non moins artistique, réservée au grand public qui comprend et favorise également la belle gravure sur bois, lorsque la ressemblance des portraits est sauvegardée par une exécution rigoureuse et fidèle, ce qui est le cas ici.

*
* *

Dans le **premier volume** figurent soixante-quinze portraits, autographes et biographies des personnages suivants, cités ici par ordre alphabétique :

Louise Abbéma, Altamirano, Paul Arène, Emile Bergerat, Bertrand, Maurice Bouchor, Dr Bouchut, Marie-Anne de Bovet, Dr Madeleine Brès, Léon Chaperon, Léon Cladel, Jules Claretie, Edouard Colonne, Mme Juliette Conneau, Coquelin aîné, Coquelin cadet, Dr Cornil, Cousté, Cunéo d'Ornano, Delaunay, Rose Delaunay, R. P. Didon, Domingo, Duchesne, Carolus Duran, Louis Énault, F. Fabié, D^r Ch. Fauvel, Français, commandant Frangeul, Charles Gounod, Paul Hervieu, Augusta Holmès, Gabrielle Krauss, Maxime Lalanne, cardinal Lavigerie, Lemercier de Neuville, sir Morell Mackenzie, Félicia Mallet, Rosita Mauri, Alfred Mézières, Frédéric Mistral, Moreau-Sainti,

Mounet-Sully, Gustave Nadaud, Obin, Adelina Patti, Dom Pedro d'Alcantara, Émile Pessard, Henri Pille, Mme Pollonais, Jean Rameau, Suzanne Reichemberg, Mlle Richard, Robida, F. de Rodays, O. Roty, Roybet, Mme de Rute, Salvayre, commandant Santelli, Victorien Sardou, Séverine, Armand Silvestre, Jules Simon, Tagliafico, André Theuriet, Ambroise Thomas, Gaston Tissandier, général Trobriand, général Turr, Octave Uzanne, Vigeant, Ad. Yvon, Ruiz Zorrilla.

Le **deuxième volume** contient les soixante-seize portraits suivants :

Juliette Adam, Émile Adan, Albani, Atalaya, Baffier, Jules Barbier, Bartholdi, Dr Bétancès, Boulanger, Félix Bouchor, Jeanne Brindeau, Georges Cain, Emma Calvé, Castellani, Mme de Champeaux (Richard Lesclide), Chartran, Christophle, Benjamin Constant, Mgr Combes, François Coppée, Courteline, de Dramard, Mgr Duc, Alexandre Dumas, Charles Dupuis, Edison, Paul Eudel, Faure, Louis Figuier, Judith Gautier, Maud Gonne, Guérin, Ludovic Halévy, A. Harris, Hennequin, Arsène et Henry Houssaye, Clovis Hugues, Injalbert, sir Henry Irving, Victorin Joncières, Johnson, Anna Judic, Marie Laurent, Jules Lefebvre, Dr Lennox Browne, Lintilhac, Hyacinthe Loyson, Massenet, Victor Maurel, Mavrogény-Pacha, Constant Mayer, Catulle Mendès, Sextius Michel, Mme Michelet, Boutet de Monvel, R. P. Monsabré, Paul Mounet, Moréno, Noblemaire, Pasca, Poubelle, F. Régamey, J. Reinach, Renouf, Jean Richepin, Henri Rochefort, Rochegrosse, Rodin, Juana Romani, Francisque Sarcey, Sembrich, Théo, Thérésa, duchesse d'Uzès, Zola.

Le troisième volume est celui-ci. Il contient soixante-dix-huit portraits, autographes, biographies et notices.

Le quatrième volume est en préparation.

Joseph UZANNE.

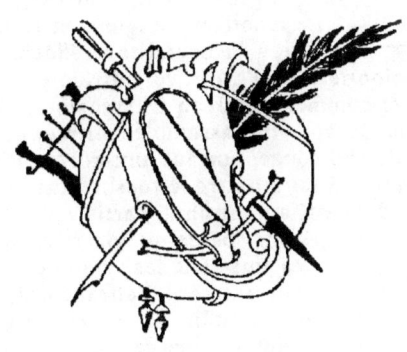

PAUL ADAM

vec une ténacité prodigieuse et une maîtrise vraiment précoce, cet écrivain de trente-quatre ans, l'un des meilleurs d'une génération qui compte déjà des artistes comme MM. de Régnier, Viélé-Griffin, Kahn et Verhaeren, surprend par la vigueur de l'œuvre en même temps qu'il éveille, par la tendance qui en ressort, la plus vive des curiosités.

Le fanatisme religieux et raffiné des Grecs s'est allié, en lui, à la brutalité irréfléchie des populaces, et l'on se souviendrait volontiers de l'avoir vu autrefois en somptueux camail sacerdotal de prélat et commentant Jean Chrysostome, les Gnostiques et Grégoire de Nazianze, devant une assemblée mitrée, aussi bien que de l'avoir entendu, les nuits de ciel rouge, portant aux corporations les signaux de soulèvement et s'apprêtant à faire battre le tocsin dans les beffrois sonores. C'est un excessif. Paul Adam est, aujourd'hui, l'artiste aux écroulements de phrases brillantes en qui nous espérons, parce que derrière son verbe éblouissant, il y a aussi les grandes images qui sont les symboles des idées.

Il est aussi un destructeur qui rêve d'affranchissements grandioses et qui se meurt de ne pouvoir les accomplir. Il est de ceux à qui l'idéalisme nouveau devra une part de la victoire, parce qu'il fut un des plus âpres à la lutte et l'un des plus enthousiastes à l'action. Il débuta, d'abord, pourtant, par des livres naturalistes dont la vigueur outrancière choqua. C'est là, croyons-nous, au contraire, une origine heureuse, car elle explique les grandes qualités de nuances et d'énergique intensité que l'auteur a su garder.

M. Adam sacrifia à l'*Époque*, et, donna la première série de romans parus sous ce titre général. C'est ainsi que nous eûmes *Chair molle* et *Soi* qui préparèrent, prématurément, l'écrivain à aborder *les volontés merveilleuses* et à donner *Être*, en *Décor*, l'*Essence de soleil*, *Princesses byzantines*, le *Mystère des foules*, admirables thèses développées de Kabbale et d'altruisme, de passion et de liberté, d'ésotérisme et de science divine. Mahaud, Louise, l'enfant à la robe d'argent, Milly-Wace, Irène et Théodora, la belle Anne, autant de grandioses concepts de Forces différentes, bonnes ou mauvaises, fatales et prédestinées, rénovatrices ou inéluctables, dispensatrices des Ages, des Hommes, des Sciences et des Mystères.

Avec l'*Époque*, la perception de l'écrivain se trouve largement modifiée, sa vue considérablement élargie. Il a découvert des horizons de plaines nouvelles que son activité compte atteindre et exploiter, et, comme la Comédie humaine ne saurait jamais finir, il veut stigmatiser son temps comme Balzac le sien, mais selon les symboles que désignent des actions et par les personnages, simples fantômes de principes. Au moment de la publication de *Chair molle*, et grâce aux attaques auxquelles le livre donna lieu, M. Adam avait dû faire connaissance avec les tribunaux. Peut-être que « *Robes rouges* » est la bonne et insinuative réponse qu'il plut au romancier d'adresser aux magistrats.

Ce qui plaît chez M. Adam, c'est aussi la sincérité. Manuel, Scrive, Dessling, le docteur Stival, Karl de Canavon, sont des personnages qu'il a connus dans leur intimité pour s'être, jadis, quelquefois incarné en eux.

M. Paul Adam présente un développement obscur et formidable d'humaine pensée, *il est une volonté*. Car, cet écrivain est surtout une force, et son style vaut par le relief, comme son idée par le courage. On pourrait dire, de son verbe, qu'il est coloré, frigide parfois comme un acier, chaud parfois comme une oriflamme, et qu'il a de beaux rouges, de beaux ors, de beaux noirs habilement mêlés. Je suppose Balzac revenu après Flaubert, après Villiers de l'Isle-Adam, après les philosophes de cette seconde moitié du siècle. Je croirais voir alors M. Paul Adam. Comme Flaubert, il sait sculpter, avec ses mots, de merveilleuses architectures de style; comme Villiers, il ausculte l'au delà et le mystérieux; comme les philosophes, il discute les problèmes des races et le bien-être des peuples...

ADAM (Paul), romancier, auteur dramatique, philosophe et journaliste français, né à Paris, le 7 décembre 1862, d'une famille originaire de l'Artois et des Flandres et alliée aux marquis de Flassan qui vinrent de Serbie s'établir dans le Comtat, après la paix de Constantinople. S'est trouvé mêlé à plusieurs reprises aux agitations politiques; au temps du boulangisme gagna en 1889 quatre mille voix socialistes aux élections législatives. Fut l'un des premiers propagateurs du *Symbolisme* ; a publié successivement : *Chair molle* (1885); *Soi* (1886); le *Thé chez Miranda*, les *Demoiselles Goubert* (en collaboration avec M. Moréas, 1886); la *Glèbe* (1886); *Être* (1887); *En Décor* (1888) ; l'*Essence de soleil* (1890); *Robes rouges*, le *Vice filial*, les *Cœurs utiles* (1891-92-93); la *Critique des mœurs*; le *Conte futur*; les *Images sentimentales* (1894); le *Mystère des foules*, la *Parade amoureuse* (1895); la *Force du mal*; les *Cœurs nouveaux* (1896); l'*Année de Clarisse*, la *Bataille d'Uhde* (1897). M. Paul Adam a abordé une première fois le théâtre avec l'*Automne*, écrit en collaboration avec Gabriel Mourey et une seconde avec le *Cuivre*, écrit en collaboration avec André Picard. En outre, il laisse inachevé l'un des livres les plus considérables de ce temps, dont le premier fragment publié sous le titre général *Dieu*, promettait un chef-d'œuvre. Au reste, sa collaboration constante au *Figaro*, au *Gil Blas*, à l'*Éclair*, au *Journal*, à l'*Écho de Paris*, à la *Nouvelle Revue*, à la *Revue Blanche*, prouve sa prodigieuse activité mentale.

A Mariani.

Si, comme par deux trous de vrille malicieusement creusés dans ta nuque, la force fuit de ton cerveau; si la migraine serre ton front de sa couronne d'acier; si tes jambes viennent à faillir, si la lassitude t'enlève le dégoût d'aimer, d'agir, de vivre, d'écrire, de créer, de haïr; verse le vin Mariani dans un calice limpide, et tu te redresseras, l'ayant vidé, amant, créateur, athlète, poète, orateur, ou dieu.

Paul Adam

Mme LOYS AMEL

Figure contemporaine extrêmement intéressante et, cependant, physionomie peu moderne. Évocatrice des grâces d'antan, type affiné, rêveur, charmant de la femme de trente ans, telle que la concevait Balzac, sorte d'héroïne du xviiiᵉ siècle, interprétée par Johannot ou par Devéria pour être gravée sur acier, en tailles blondes et vigoureuses, en vue d'un Keepsake ou d'un Livre de Beauté selon la mode anglaise.

Un visage d'un ovale sympathique, pétri par Clodion, avec un jeu de fossettes qui accentuent le moindre sourire ; d'admirables yeux songeurs, d'une mélancolie friponne et qui s'énoncent comme créés pour exprimer les états d'âmes, et les subtilités d'esprit de la comédie ou du drame de tous temps ; un nez à la diable, mais combien mobile et à l'unisson du regard ; une bouche qui serait moins jolie, moins ineffable, moins exquisement diverse, si elle se fût trouvée plus petite, et sur tout cela couronnant, encadrant très bas le front, deux noirs bandeaux à la vierge, ondulés avec simplesse, et qui tempèrent ce que cette physionomie si changeante pourrait avoir d'excessif dans la note gamine, ironique, sensuelle ou frondeuse.

Par quel mystère, Mᵐᵉ L. Amel, qui pouvait prétendre à la fois aux rôles d'émotion contenue ou d'enveloppante passion, sinon aux espiègleries des soubrettes de comédie, s'est-elle résignée avec une abnégation rare, dès son entrée à la Comédie-Française, à la représentation exclusive des Duègnes ? — On ne saurait le dire ici.

Quoi qu'il en soit, si le hasard n'avait un jour révélé au public l'incomparable diseuse de nos chansons d'aïeules, c'est-à-dire la femme séduisante qui ne chante jamais mieux que ce qu'elle murmure, comme si elle avait été créée pour être l'écho vivant du passé, on ignorerait assurément que l'héritière de Mᵐᵉ Jouassain est fraîche et séduisante et qu'elle enfouit bénévolement sa belle jeunesse au couvent de Notre-Dame de la Décrépitude.

Mᵐᵉ Amel fit ses débuts à la Comédie-Française dans Mᵐᵉ Pernelle de

Tartufe, et tellement la jeune artiste mit de conscience à se grimer, à casser sa voix et sa taille, que ce fut vraiment bien la grommeleuse Molièresque, tarabustant tout le monde en la maison d'Orgon, giflant Flipote et ne voyant que Tartufe.

Ce furent ensuite, marqués chaque fois d'autorité plus grande, ses rôles de la vieille bonne dans les *Corbeaux* de Becque, Manette des *Rantzau*, Mme de P... de *Denise*, etc.... Et Mme Amel marchait mélancolique sur la route toujours longue qui mène quelquefois au sociétariat, paraissant devoir, tant son talent est indéniable, écourter le ruban de sa voie, et ce fut le hasard, qui orienta vers un autre ciel son étoile dont on ne connaissait pas suffisamment l'éclat.

Un soir, au cercle des Mirlitons, Mme Amel priée de chanter se souvint de son enfance, et les chansons d'autrefois apprises en jouant s'envolèrent de ses lèvres, avec un art exquis de diseuse et une émotion attendrie. — Le succès, traduit en bis et en rappels nombreux, fut considérable. La voie — ou la voix — était trouvée — l'astre avait changé, ou plutôt doublé son rayonnement.

Pourtant, Mme Amel ne fut point grisée par le résultat heureux de cet avatar lyrique en sa vie d'artiste. La prudence lui vint. Elle ne jeta pas, par-dessus la rampe de la maison de Molière, sa coiffe et sa longue canne de Mme Pernelle, elle se dit qu'une situation conquise à la Comédie-Française ne peut et ne doit être abandonnée pour courir un *alea*, si flatteur puisse-t-il être, de chanteuse de salons. Aussi décida-t-elle, en sa volonté, de rester la pensionnaire, toujours fidèle et dévouée, du temple de Molière, et de consacrer seulement entr'actes et jours libres aux chansons anciennes, aux échos des caveaux.

Tout Paris accourut à la Bodinière, quand on apprit que Mme Amel y venait détailler les fleurs de ce bel esprit français écloses sur notre vieux Parnasse. Dans ce jardin de la poésie expressive, l'artiste choisit le meilleur de la floraison, cueillant une rose à chaque rosier.

Et l'on se passa de main en main ces délicats bouquets des *Chansons d'aïeules*, qui nous ont donné à tous l'illusion ou le souvenir de sommeils enfantins bercés à ces doux refrains de bonnes grand'mères.

La Comédie-Française avait utilisé d'ailleurs, tout au début de ses succès révélés, l'art mélodique de sa pensionnaire dans *Par le glaive*, où Mme Amel, dans un rôle de nourrice, chantait avec un sentiment incomparable et une diction rare, une fameuse berceuse de Richepin, d'une note reposante de fraîcheur et de paix au milieu de ce drame violent, aux cahots sombres, éclairés seulement par l'éclat du glaive.

Mme AMEL (LOYS), entrée au Conservatoire, dans la classe de Régnier, suivit aussi le cours de Got et Delaunay, obtint successivement un second, puis un premier prix de comédie qui la firent immédiatement engager à la Comédie-Française. Elle y débuta dans Mme Pernelle de *Tartufe*, joua ensuite dans les *Corbeaux*, se fit remarquer dans les *Rantzau*, dans *Denise*, plusieurs rôles du répertoire et plus récemment dans *Par le glaive*, et dans Madame Larcey, du *Supplice d'une Femme*.

Est la femme du comédien Matrat, qui fut à l'Odéon, au Grand-Théâtre, et s'y montra acteur de verve et de fantaisie.

Emmanuel ARAGO

Nom des plus connus de France. Son père, François Arago, est une des gloires de l'astronomie ; son oncle, Etienne Arago, l'ancien maire de Paris, figure en bonne place parmi nos hommes politiques.

Celui qui devait illustrer une deuxième fois ce nom dans les annales de notre histoire, François-Victor-Emmanuel Arago, débuta par quelques essais littéraires, non sans importance, mais ce n'était point là sa voie ; l'étude du droit l'attire, il s'y donne tout entier et, avocat depuis trois ans seulement, il est mis en évidence par un procès politique. Cela se passait en 1839. La cause de Barbès et de Martin-Bernard, qu'il plaide devant la Cour de Paris avec un grand courage et une chaude éloquence, montre en lui une personnalité avec laquelle il faudra compter.

Arrivent les affaires de 1848 ; ardent républicain, M. Emmanuel Arago y joue un rôle des plus actifs, si bien qu'il est envoyé à Lyon pour remplir le poste de Commissaire général de la République. La situation très critique alors, très délicate, réclamait des mesures impérieuses ; le jeune Commissaire n'hésita pas à les prendre, à remplir sa mission jusqu'au bout ; aussi s'attirat-il de virulentes attaques.

Peu après, le département des Pyrénées-Orientales l'élisait représentant du peuple, et le 15 février 1849, la Constituante faisait justice, par un vote formel, des attaques dont il avait été l'objet à Lyon.

Un événement venait de le révéler inflexible dans ses principes. Ce fut lorsque Louis-Napoléon Bonaparte arriva à la Présidence de la République,

M. Emmanuel Arago, alors ministre plénipotentiaire à Berlin, donne aussitôt sa démission d'un poste qu'il remplissait avec tant de mérites et se hâte de revenir prendre son rang de combat à l'Assemblée nationale.

Dès lors, sa vie est entièrement consacrée à la défense des intérêts de la patrie et des libertés démocratiques. Mais le coup d'État interrompt cette carrière parlementaire si brillamment commencée.

En 1863, il se fait le défenseur de Berezowski, de Delescluze, de Peyrat et de quelques autres. Le Parlement le retrouvera, six ans plus tard, député de l'opposition démocratique. Tandis que les électeurs républicains du Var et des Pyrénées-Orientales lui accordaient leurs suffrages sans pouvoir assurer le succès de sa candidature, il obtenait la majorité dans la huitième circonscription de Paris. On pense bien qu'au Corps législatif il s'éleva contre l'attitude du cabinet Émile Ollivier, contre le plébiscite et la guerre.

Lorsqu'eut été proclamée la troisième république, M. Emmanuel Arago fit partie, et cela devait être, du Gouvernement de la Défense Nationale. Au 31 octobre, alors qu'une foule surexcitée envahissait l'Hôtel de Ville, c'est, à n'en pas douter, grâce à l'énergie, au sang-froid dont il fit preuve en face des insurgés, que ses collègues et lui échappèrent à la mort.

Entre temps, le garde des sceaux, M. Crémieux, ayant dû suivre dans les départements la Délégation gouvernementale, M. Emmanuel Arago lui avait succédé au ministère de la justice; la paix conclue, il accompagne à Bordeaux Pelletan et Garnier-Pagès et on le nomme ministre de l'intérieur.

Écrire la vie de M. Emmanuel Arago, ce serait tracer l'histoire politique de ces dernières années; à quelles péripéties ne fut-il pas mêlé?

En 1871, les électeurs des Pyrénées-Orientales le choisissent encore comme député et, cette fois, son nom sort vainqueur du scrutin. Cinq ans après, dans le même département, les délégués républicains le portent aux élections sénatoriales et, à trois reprises, son triomphe est complet.

Au Sénat, son caractère, non moins que son passé, le fait considérer comme une véritable incarnation de la gauche républicaine.

A partir de 1880, il est à Berne, en qualité d'ambassadeur, et, pendant quatorze années, les intérêts nationaux trouvent en lui un représentant des plus aptes et des plus plus dévoués. Ces fonctions remplies, il réintègre le Sénat, toujours à l'avant-garde et, depuis, les questions qu'il se plaisait à traiter, avec une compétence que nul ne conteste, sont celles de politique étrangère.

Enfin, lorsqu'au 17 janvier 1895, le Congrès eut été réuni pour l'élection du Président de la République, plusieurs pensèrent à M. Emmanuel Arago et tinrent à honneur de lui accorder leurs suffrages, quoique sa candidature au poste suprême n'ait pas été maintenue. Est-il, en vérité, un plus touchant hommage?

Né à Paris, le 6 août 1812, M. FRANÇOIS-EMMANUEL ARAGO fut inscrit au barreau en 1836 et se mêla très activement, dès février 1848, à la vie politique. D'abord commissaire général de la République à Lyon, il est élu représentant du peuple par le département des Pyrénées-Orientales; puis, envoyé à Berlin en qualité de ministre plénipotentiaire, il démissionne, on a vu pourquoi, au 10 décembre 1848. Il siège à l'Assemblée nationale jusqu'au 2 décembre 1851, et pendant l'empire quitte la vie parlementaire; ce n'est qu'en 1869 que le Corps législatif le reverra, envoyé par la 8ᵉ circonscription de Paris.

Membre du Gouvernement de la Défense nationale, au 4 septembre 1870, il remplace bientôt après le garde des sceaux au ministère de la justice, puis devient ministre de l'intérieur. Le 8 février 1871, par 23,122 voix, il est élu député, le premier sur quatre, par le département des Pyrénées-Orientales. En 1876, c'est comme sénateur que le même département le choisit, par 160 suffrages sur 277 votants. Au renouvellement triennal de 1882, il obtient 157 voix sur 278 électeurs et, comme la première fois, il passe le premier sur deux. En 1891 enfin, le nombre des votants s'élève à 472 et ses mandataires lui continuent leur confiance par 291 voix.

Le 11 juin 1880, un décret l'a nommé ambassadeur à Berne et il exerça ces fonctions jusqu'en 1894. Depuis lors, il reprit son siège au Sénat, dont il fut, jusqu'à sa mort, un des membres les plus éminents et les plus respectés. Décédé le 26 novembre 1896 dans sa 85ᵉ année.

ÉNAT

Cher monsieur Mariani
J'ai plus de quatre vingt trois ans
grâce à votre excellent Vin de
Coca.—

Très reconnaissant, je vous
remercie bien cordialement,

Mme SIGRID-ARNOLDSON

Très brune, vingt-huit ans, bien prise, le nez droit aux narines bien dessinées, la bouche fine et arquée par un joli sourire; au poignet, au cou, aux oreilles, des turquoises qu'elle préfère aux autres pierres, et dont elle rapporte de nouvelles à chaque voyage en Russie. Une grande élégance et l'allure d'une souplesse délicieusement féminine. Chose rare, elle joint à son talent de cantatrice celui de la comédienne, et compose ses rôles d'une façon toute personnelle.

Elle a mérité ces vers que Dumas fils écrivit sur son album :

> Sous les yeux du Seigneur et dans sa foi tranquille,
> Sur le chemin doré qui conduit à l'Eden,
> Un ange qui nous pleure et pourtant nous exile
> Ferme à nos yeux mortels le céleste jardin.
>
> Il ne nous reste plus, pour éclairer notre âme,
> Qu'un unique rayon du bonheur d'autrefois ;
> Et ce rayon que Dieu nous a laissé, Madame,
> Se trouve dans l'amour, le rêve et votre voix.

et aussi ces mots de Coquelin : « A un jeune rossignol, un vieux coq... uelin! »

Loin du midi enflammé naquit Mme Sigrid-Arnoldson, là-bas, à Stockholm, dans cette Scandinavie si fort à la mode en ce moment, qui nous envoie des cargaisons de bois de sapin et de pièces de théâtre.

Le père de Mme Sigrid-Arnoldson était le célèbre ténor Oscar Arnoldson, le « Mario » de la Scandinavie; il y eut donc dans sa destinée une part d'hérédité, dont elle ne chercha d'ailleurs nullement à s'évader. Elle tint de lui cet organe d'une pureté et d'une délicatesse merveilleuses, une voix comme celle d'Adelina Patti, claire et métallique comme le son d'une cloche d'argent, égrenant les trilles, détachant les staccati, dévidant des chapelets de roulades qui donnent l'impression d'un collier de diamants et de perles, tombant en cascades lumineuses dans la splendeur d'un rayon de soleil.

Sa vocation musicale ne fut point contrariée; et après avoir appris avec son père les premières notions de son art, Mme Sigrid-Arnoldson reçut l'enseignement de Mme Désirée Artôt de Padilla.

C'est alors que M. Théodore de Glaser, l'impressario bien connu, la rencontra et résolut de la produire. Il la conduisit à Prague, où il la fit engager par les directeurs. Elle devait débuter dans le *Barbier de Séville*. Mais, à la répétition générale, les directeurs, la voyant si jeune, virent qu'ils avaient affaire à une débutante. Ils en firent le reproche à M. de Glaser, insistant pour que la nouvelle cantatrice ne débutât pas ce soir-là, qui se trouvait être justement une soirée de représentation de gala.

Mais M. de Glaser tint bon. Il affirma que Mme Arnoldson n'était débutante que de fait, et assuma sur sa tête toute la responsabilité de la représentation.

Le soir, 14 juin 1886, Mme Sigrid-Arnoldson monta sur la scène de Prague avec un gros battement de cœur, mais dès l'abord elle conquit son auditoire; elle remporta un succès colossal, et du coup fut sacrée étoile de première grandeur.

A la suite de cette éclatante prise de possession de la scène, Mme Sigrid-Arnoldson fut engagée par Maurice Strakosch, qui la lança véritablement, en la faisant chanter dans les théâtres principaux du monde entier.

Depuis lors, Mme Sigrid-Arnoldson a continué à parcourir le monde en triomphatrice. Elle a chanté aux États-Unis, emmenée par Abbey et Grau, Elle a fait plusieurs saisons à l'Opéra-Comique à Paris, à Pétersbourg, Moscou, Rome, Florence, Nice, Stockholm, Amsterdam et à Monte-Carlo; pendant six saisons elle a été Prima-Donna au Covent-Garden de Londres où elle a chanté le répertoire d'Adelina Patti. Elle s'est fait entendre fréquemment aux différentes cours européennes, et les souverains lui ont accordé maintes décorations.

Enfin récemment, elle est allée à Saint-Pétersbourg et à Moscou où elle a produit une impression extraordinaire. Elle a été en 1896 le *Great Event* de la saison en Russie. Leurs Majestés l'Empereur et l'Impératrice de Russie l'ont entendue bien souvent et lui ont exprimé leur admiration, lorsqu'elle a chanté aux représentations de gala lors des fêtes du couronnement.

Comme on le voit, sa carrière est bien simple et bien unie; elle a été droit au succès, qui est venu à elle dès l'abord, et depuis, ils ne se sont pas quittés

---

Mme SIGRID-ARNOLDSON, née à Stockholm. Élève de Mme Désirée Artôt. Débute à Prague, le 14 juin 1886, dans le rôle de Rosine du *Barbier de Séville*. Depuis, a parcouru l'Europe et le monde en interprétant le répertoire de l'Opéra et de l'Opéra-Comique. Ses principaux rôles sont *Carmen, Lakmé, Mignon, Dinorah, Juliette, Marguerite, Elsa, Mireille, Manon*, la *Traviata, Lucie, Santuzza, Ophélie, Barbier de Séville*, etc., etc...

Sigrid

Avec un demi-verre
de Vin Mariani
on n'a pas à craindre
ni les chemins ni
les fatigues —
Sigrid Arnoldson

Mme BARRETTA-WORMS

Il ne faut pas dire que Mlle Barretta a de la grâce ; elle est la grâce en personne. C'est M. Francisque Sarcey qui écrivait ce joli mot en 1876. Elle n'avait pas dix-huit ans que le même perspicace critique s'écriait, au lendemain de la représentation de *Dinah* au Vaudeville : « Elle est adorable de grâce chaste, de gaîcté voilée, de mélancolie tendre. On ne saurait dire qu'elle est très jolie ; elle est bien mieux, elle est charmante, ou plutôt, c'est une charmeuse. A des dons naturels exquis, elle joint un art de diction qui serait remarqué sur n'importe quelle scène. *C'est une des premières ingénues de Paris.* »

Depuis ces adroits témoignages, Mlle Barretta est devenue Barretta, c'est-à-dire une grande artiste, dont chaque création nouvelle est remarquée. Des ingénues elle est passée aux jeunes premières, puis aux jeunes femmes, partout elle sut rester Barretta la charmeuse.

Dès ses premiers succès, elle a été bien jugée, nous l'avons vu tout à l'heure, nous allons le voir encore. Voici, en effet, le portrait que traçait d'elle le pauvre Félix Jahyet en 1875 : « Sa physionomie attachante emprunte son plus grand charme à l'éclat de ses yeux noirs, dont la prunelle, extraordinairement dilatée, est comme baignée dans une vapeur douce et transparente. Nulle, mieux qu'elle, ne sait *nouer* un regard. Il y a quelque chose de tendre, d'affectueux et d'honnête dans ces lèvres minces et cette bouche mignonne, dont les coins se relèvent à la façon des jeunes femmes de Léonard de Vinci. »

Mlle Barretta a tenu les promesses de son beau talent. Elle sait rire et elle sait pleurer, elle possède les deux cordes ; elle a la grâce et l'émotion.

Racontons un peu sa jeunesse. Marie-Hélène-Rose-Blanche Barretta est née à Avignon. A deux ans, la petite et ses parents arrivaient à Paris. Elle n'avait pas douze ans qu'elle fut admise au Conservatoire.

On oublia donc les règlements pour la recevoir. Elle entra dans la classe de Regnier qui découvrit promptement tout ce qu'on en pouvait tirer ; il la prit en amitié. En 1870, à 14 ans et 3 mois, cet éminent Professeur lui permit de prendre part au concours. Blanche Barretta partagea, cette année-là, un premier accessit de comédie. En 1872, Mlle Barretta obtenait le second prix de comédie. Elle fut engagée à l'Odéon.

Par une ironie singulière du sort, ce fut au Vaudeville, qui l'avait empruntée à l'Odéon, qu'elle rencontra le succès qui devait la tirer de pair et fixer sur elle les yeux de M. Perrin. T. Barrière cherchait pour sa Dinah un type que Mlle Barretta semblait réaliser. Il avait vu juste, car *Dinah* et Mlle Barretta eurent un beau succès.

En 1873, un incident artistique amusa tout Paris et eut son retentissement jusque dans les revues de fin d'année. Trois théâtres s'avisèrent à la fois de monter *l'École des Femmes*, trois Agnès se disputèrent le prix de candeur : Mlles Reichemberg, Maria Legault et Barretta. Cette dernière ne fut peut-être pas la plus classique, elle était trop foncièrement moderne, actuelle, mais elle fut exquise de naturel, d'originalité piquante. Elle ne fut pas moins personnelle dans Marianne de *Tartufe*. Cette qualité plus rare qu'on ne saurait l'imaginer fut la cause de son engagement à la Comédie-Française.

Elle débuta dans *les Femmes savantes*, puis dans *le Malade imaginaire* ; la nouvelle Henriette, la nouvelle Angélique plut beaucoup ; mais les habitués lui donnèrent seulement la palme de leur faveur après sa quasi-création de la Victorine du *Philosophe sans le savoir*, de Sedaine, et surtout après le *Mariage de Victorine* de George Sand. Le succès fut immense. Deux mois après elle était nommée sociétaire.

Hier encore, elle remportait coup sur coup deux victoires personnelles, dans *le Pardon* de Jules Lemaître, ce drame à trois, dans *Manon Roland*, où elle fut toute la pièce, par son charme puissant, sa voix de caresse fraîche et son émotion naturelle.

BARRETTA-WORMS (Marie-Hélène-Rose-Blanche *Barretta*, maintenant Mme), sociétaire de la Comédie-Française, née à Avignon, le 22 avril 1856. Vint fort jeune à Paris. Paraît pour la première fois, enfant, à huit ans, sur la scène de la Comédie-Française, dans le rôle si émouvant de Jeanne du *Supplice d'une femme*. Fut admise au Conservatoire en 1868, bien qu'elle n'eût pas encore l'âge réglementaire. Le professeur Régnier la prend sous sa protection. Concourt dès la première année, obtient un accessit. En 1870, elle a le prix de comédie. Entre à l'Odéon. Débute dans la *Salamandre*, d'Édouard Plouvier, rôle de Marthe. Crée : *Gilbert* de Ferrier et le *Petit Marquis* de Fr. Coppée. En juin 1873, elle est prêtée au Vaudeville et crée *Dinah* de Barrière. De retour à l'Odéon, septembre 1873, elle aborda enfin un rôle du répertoire, Agnès, de *l'École des Femmes*. Elle alla aux nues. On la vit ensuite dans : Clinon, du *Docteur Gorgibus*; Georgette, de la *Jeunesse de Louis XIV*; Blanche, de l'*Aïeule*; Diane, du *Marquis de Villemer*; et dans l'ancien répertoire, elle interpréta délicieusement, de plus en plus aimée du public : Henriette, des *Femmes savantes*; Marianne, de *Tartufe*; Isabelle, de *l'École des Maris*; Fanchette, du *Mariage de Figaro*. Enfin, elle est choisie pour créer Geneviève de la *Maîtresse légitime* ; son succès fut si net qu'elle fut engagée à la Comédie-Française (juin 1875). Elle débuta dans Henriette des *Femmes savantes*, puis dans Angélique du *Malade imaginaire*. Dès mai 1876, elle est reçue sociétaire. Cela fit du bruit ; elle était si jeune, mais elle avait le public pour elle. C'est surtout sa victoire dans le *Mariage de Victorine* qui lui valut cet honneur. Hermine du *Fils naturel*. Enfin, triomphe dans *Daniel Rochat* (1880), rôle d'Esther. Reprise pour elle du *Mariage de Figaro* (1881). Elle crée, en 1882, le rôle si difficile de Marie, dans les *Corbeaux* d'Henry Becque. Mlle Blanche Barretta a épousé, le 17 janvier 1883, M. Worms, également sociétaire de la Comédie-Française. Autres rôles : *Le Luthier de Crémone*, *Barberine*, *Raymonde*, *Antoinette Rigaud*, *La Bûcheronne*, *Une famille*, *Antigone*, *Vers la joie*, *Le Pardon* et *Manon Roland*.

Mon cher Monsieur Mariani
Je dois beaucoup à votre
excellent Vin et suis très
heureuse de vous le dire.
Blanche Barretta Worms

HENRY BAUER

Il faut n'avoir jamais assisté à une répétition générale — cette quotidienne solennité qui a remplacé la *première*, aujourd'hui plus mondaine qu'artistique — pour ne point connaître de vue Henry Bauër. D'ordinaire dans une baignoire ou une première loge, il trône l'après-midi, comme le lendemain soir M. Francisque Sarcey dans son fauteuil de balcon. C'est que Henry Bauër est aux jeunes générations dramatiques ce qu'est l'oncle Sarcey pour les traditionnistes. Mais il n'a pas en critique dramatique autant d'absolutisme. Le difficile est de s'efforcer de tout comprendre. M. H. Bauër comprend énormément de choses, il est à l'affût de tout ce qui paraît, de tout ce qui montre profil nouveau et ses opinions ont force de loi, sinon pour le public, du moins parmi les artistes.

Nous allons puiser dans un livre de M. Henry Bauër, *Mémoires d'un jeune homme*, les principaux détails de la vie de Jacques Renoux, qui a, je crois bien, beaucoup de ressemblance avec celle de notre héros.

Premier chapitre. « Sensations puériles. » Une levrette, Lélia, amie d'enfance, Coco, ara maudit et son père, « un rêveur bienveillant, un bourgeois romanesque tout ensemble timide et aventureux », marchent de front dans ces premiers souvenirs.

Chapitre deux. « Institution Rosquet. » Il a neuf ans et apprend déjà à connaître les hommes. Son voisin d'étude, un Italien, se pique le bras et accuse le petit Jacques. « Je fus puni et durement réprimandé. Depuis, la vie m'a éprouvé par d'autres mécomptes. J'ai subi l'injustice, la haine et la calomnie : ce sont les manières des hommes envers qui discute leurs actes d'intérêt ou excite leur envie, mais jamais je n'oubliai le premier mensonge sous lequel j'avais succombé... Ce fut la révélation à un enfant de l'injustice, salutaire leçon qui m'en versa la haine et a fait bouillir mon sang chaque fois qu'un innocent pâtit d'accusation injuste, dans les engrenages d'une machination. »

Au troisième chapitre, il passe « au lycée Louis-le-Grand ». Il avait jeûné et avait été battu à Rosquet, on le chahute à Louis-le-Grand. A voir aujourd'hui le beau géant qu'est Henry Bauër, on s'étonne d'apprendre qu'il fut jadis chétif et laid.

Chapitre quatre. « Sensations juvéniles. » Son amour pour Mlle Antonine, du théâtre de la Gaîté et le récit cru de son entrée dans la vie d'homme. Il est étudiant au chapitre cinq. Il devient un *Type* du Quartier.

Il ne faut pas moins de quatre chapitres pour raconter l'histoire de ses amours sentimentalo-fantaisistes avec Mlle Marie.

Puis « La politique ». Les études sociales lui font oublier la médecine, sinon le droit. Prud'hon, Blanqui ont toutes ses faveurs. Jacques rend visite à Edgard Quinet (XV). La guerre est déclarée. Il va pour s'engager; mais, mal accueilli par un officier grincheux, il quitte fièrement la caserne. Après la proclamation de la République, il s'engage dans l'artillerie de la garde nationale et enrage de l'inaction à laquelle on le condamne. Le récit personnel du siège par Jacques est plein de pittoresque. Notre jeune héros, débordant de fougue inemployée, se mêle à la journée du 31 octobre. Il est arrêté et on le conduit à la Conciergerie, puis à Mazas, le 1er janvier 1871. Départ pour la Nouvelle-Calédonie sur le *Danaë*. Le récit du terrible voyage est plus dramatique que tous les romans les plus ingénieux. « Est-ce bien moi qui ai vu tout cela? Il me semble que je rentre dans un cauchemar, que je relis les feuillets de l'existence d'un autre homme, tellement ces souvenirs lointains sont détachés de moi. Ai-je bien pu vivre durant cent cinquante-trois jours dans un enfer roulant entre les barreaux d'une cage ou au fond d'un *in pace* de fer? »

Durant cinq années, le malheureux vit à la presqu'île Ducos. Quelques batailles, un duel, quelques empoisonnements, une amourette, un ouragan, une invasion de sauterelles, marquent les jours monotones. L'arrivée de Rochefort et son évasion sont contées avec une belle sympathie respectueuse.

Si le Jacques du livre est le Bauër d'aujourd'hui, il faut applaudir bien fort à sa belle énergie reconquise et à sa vie nouvelle toute de bravoure et de justice. S'il est mis à part dans les classements de contemporains, c'est pour être placé dans la catégorie des maîtres vénérés.

Ses chroniques vaillantes et toujours généreuses attaquent souvent les hommes et les institutions, mais ses opinions sont écoutées. Son œuvre de critique dramatique est de premier rang et fécondante !... Quels que soient les sujets, le style est net, mâle, ne reculant devant nulle vigueur d'épithète, devant aucune imagination évocatrice; la nature toute vive et l'esprit le plus varié forment en ses livres et en ses moindres articles une mosaïque solide et comme lumineuse...

BAUER (Henry), écrivain, polémiste et critique dramatique célèbre; né à Paris le 17 mars 1852. — Bibliographie : *Une Comédienne*, roman (chez Charpentier); *Mémoires d'un Jeune homme*, 1895 (Charpentier); *De la Vie et du Rêve*, 1896 (Simonis Empis). — Journalisme : son premier article parut en 1868 ou 1869, dans un journal d'opposition de la rive gauche. M. H. Bauër entra au *Réveil* en septembre 1881. Ce journal se continua sous le nom d'*Écho de Paris* en 1884; M. Bauër ne l'a jamais quitté. Il y débuta par de menues besognes : échos, nouvelles théâtrales, etc. Notons, en 1884, ses articles sur Bayreuth et le wagnérisme alors conspué. M. Bauër fit bientôt au *Réveil* la Soirée parisienne, tandis que M. Alphonse Daudet rédigeait la critique dramatique. Après la retraite du maître, M. Bauër fut élevé à la dignité de critique. On sait qu'il y gagna vite ses galons. Il protégea le Théâtre Libre, inventa quasiment l'Œuvre, les deux entreprises artistiques de ces dix dernières années.

C'est le vin de la treille où s'abreuva Hercule
pendant ses douze travaux : La recette en était
perdue. Mariani l'a retrouvée et nous l'a
rendue en fioles de jeunesse, de santé et
d'énergie.
   Los ! à Mariani !

Henry Bauër.

HENRI BECQUE

HENRI BECQUE a réalisé le *théâtre satirique*, le théâtre frondeur, *le théâtre qui est philosophique* et qui attaque. Si M. Becque avait fait au public cette concession d'envelopper ses satires d'allusions adroites, si, par un sentiment de politique savante, il se fût plu à atténuer ses propres attaques de la politesse des formes, M. Becque remportait avec *les Corbeaux* et avec *la Parisienne* le succès du *Barbier de Séville* et du *Mariage de Figaro*, M. Becque était admis comme un ennemi charmant que l'on se fût plu à provoquer. Seulement M. Becque n'avait point, pour lui, ce petit côté frivole qui a fait pardonner à Beaumarchais bien des choses. Il se présentait trop avec l'assurance de dire la vérité. Aussi le grand dramaturge qu'est M. Becque s'est-il vu souvent méconnu par le grand nombre. Il l'a compris.

Aussi s'est-il fâché quelquefois. Dans ses articles de journaux, il ne dissimule pas la désillusion qui lui reste de sa vie de grand artiste combattu. Son livre de *Querelles littéraires* présente assez ce côté intime de sa vie. Son sang-froid s'y émousse un peu, il devient ironique et acerbe à certaines pages, amer et dédaigneux à d'autres; il écrit comme on cravache, sur le premier feuillet de son recueil : « Le théâtre a été déplorable depuis vingt ans. » On sent qu'à dire cela il se soulage un peu de l'hostilité.

Il a écrit *les Corbeaux* et *la Parisienne*, *le Frisson* et *la Navette*; il a donné *les Honnêtes Femmes*; il a été audacieux jusqu'à la témérité; il a été sévère jusqu'à la justice. Il s'est ardemment posé en frondeur des préjugés sociaux; il a osé écrire des choses terribles; il s'est adressé à la société contemporaine sans emphase ni rhétorique d'école; ça été un peu du théâtre d'avocat, du théâtre de quelqu'un qui plaide pour une cause. La cause était belle et l'avocat superbe. Seulement l'auditoire n'a pas fait au dramaturge l'ovation que méritait ses pièces. On accepte Shylock parce que Shakespeare est classique, on consent à Gobseck parce que Balzac est mort. M. Becque n'est ni mort ni classique : on repousse donc Teissier, Bourdon, Merckens, Lefort, tous les corbeaux! Shylock, Gobseck, dénoncent bien l'hypocrisie moderne, l'âpreté spéculative et financière du temps, l'âpreté horrible des races. Seulement Shylock et Gobseck apparaissent légendaires. Tandis que Teissier, Bourdon, Merkens, Lefort, en parlant sur la scène, trouvent dans le public un écho trop violent; ils sont des fantômes trop réels d'êtres qui existent! Quand Augier a écrit les *Effrontés*, il s'est plu à faire rire; il a imité *les Plaideurs*, il a été drôle, donc reçu. M. Becque n'a pas été drôle, il a été cruel et vrai. Il a donné au monde quelques scènes d'une intensité forte et rude; il a eu pitié des déshérités et des innocents de cette vie; il a marqué au fer rouge leurs spoliateurs.

A côté de cela il a tant de délicatesse lorsqu'il le veut : « Il y a un peu de tout dans les larmes d'une femme », dit la Clotilde de *la Parisienne*. Et cette phrase, cette seule phrase d'un instant suffit à jeter dans cette atmosphère mondaine et apparente de la pièce une note indéfinissable d'exquise mélancolie! Pour une fois, le thème éternel du mari, de la femme et de l'amant, a été traité vraiment sous une forme morale. Ce n'est plus ce trio grossier de la comédie grecque, ni ce vulgaire milieu des pièces moliéresques, ni cette absurde invraisemblance des vaudevilles courants, ni ce maniéré poncif des dialogues psychologiques; c'est, au contraire, un théâtre tout neuf de commisération. Du Mesnil, Lafont, quels fantoches, des pantins! L'auteur en joue en virtuose.

M. Becque, malgré les critiques, s'est imposé. M. Becque est encore dans la force de l'œuvre. Sa bienveillance pour les nouveaux venus, et l'accueil tout cordial qu'il fait aux visiteurs qui vont sonner à la porte de son cabinet de travail de l'avenue de Villiers, prouvent, heureusement, que M. Becque n'est pas un pessimiste, qu'au contraire il est de ceux qui réalisent lentement, mais avec fruit. Il n'a pas pour lui que son talent très grand, mais encore sa valeur s'ajoute d'une ténacité insurmontable. Il ne se tait pas devant les cabales. Ce poète, cet artiste est un philosophe; il dira *les Polichinelles*, il nous initiera aux secrets de cette vie qu'un peu de bonté rendrait si douce, et alors se consacrera vraiment cette opinion reçue déjà : Henri Becque a restauré, en France, la comédie de mœurs.

BECQUE (Henri), né à Paris, le 9 avril 1837. Il débuta modestement par un *Sardanapale*, opéra en trois actes et cinq tableaux imité de lord Byron, qui, mis en musique par de Jonquères, fut représenté avec succès au Théâtre-Lyrique, et édité la même année chez Lévy frères. L'année suivante, M. Becque fit représenter au Vaudeville une comédie en quatre actes, *l'Enfant prodigue*, publiée en 1869 à la même librairie. Suivit *Michel Pauper*, drame en cinq actes, joué en 1870 à la Porte-Saint-Martin et repris plus tard à l'Odéon. Depuis, il a fait jouer au Vaudeville, le 18 novembre 1871, une comédie en trois actes, en prose, *l'Enlèvement*; puis la *Navette*, les *Honnêtes femmes*, petites comédies. En 1880, sur les conseils de M. E. Thierry, M. Becque porta *les Corbeaux* au comité du Théâtre-Français. La répétition eut lieu le 14 septembre 1882. L'agitation fut vive sur la scène et dans la salle. M. Becque fit jouer, le 7 février 1885, *la Parisienne* au théâtre de la Renaissance. On doit aussi à M. Becque *le Frisson*, fantaisie rimée. M. Becque a collaboré à l'*Union républicaine*, au *Matin*, à la *Revue illustrée*, à la *Nouvelle Revue contemporaine*. Le 28 décembre 1886, il a été décoré de la Légion d'honneur

Au Vin Mariani.

Vin, liqueur et médicament,
　Ce breuvage
　　De ménage
Peut satisfaire également
le mari, la femme et l'amant.

Henry Buguet

JOSEPH BERTRAND

e fut un enfant prodige. Il devint un grand savant. Et de grand savant, il se transforma en curieux littérateur.

Telles furent les trois étonnantes étapes de cette vie unique.

Parisien, il était fils du célèbre auteur des *Lettres sur les révolutions du globe. A onze ans*, après de très brillantes études au lycée Saint-Louis, il était reçu à l'École polytechnique, à titre d'essai. Mais il y a des règlements qu'on ne viole pas, même à onze ans; Joseph Bertrand dut attendre trois ans pour être définitivement, officiellement admis à la grande école de sciences. Il y entra le premier en 1839.

Comme rien dans sa vie ne devait être banal, il faillit périr écrasé dans le terrible accident du chemin de fer de Versailles. Il s'en tira avec une belle cicatrice qui popularisa son visage dès cette époque.

Laissons tout de suite la parole à Pasteur, qui fut chargé du discours en réponse à celui de Bertrand, le jour où celui-ci fut reçu à l'Académie française. On avait choisi pour le recevoir dignement, un autre savant. Qui donc aurait su mieux que Pasteur juger Joseph Bertrand? Nous donnerons deux extraits du beau discours qu'avait su mériter notre grand mathématicien.

« A l'inverse de ce qui attend d'ordinaire les enfants prodiges, votre vie a réalisé les promesses de votre enfance. Vous étiez à vingt-cinq ans un de nos plus grands mathématiciens. En géométrie, vous avez constitué plusieurs théories nouvelles et les nombreuses propositions que renferment vos mémoires méritent d'être placées à côté des plus belles d'Euler et de Monge. En mécanique analytique, vous prenez rang à côté des Hamilton et des Jacobi. Vous avez enfin une véritable gloire dans le monde des ingénieurs et des géomètres. Vos écrits mathématiques, comme ceux de Poinsot, votre maître de prédilection, se distinguent par une grande limpidité qui permet au lecteur de saisir, dans toute leur valeur, les idées ingénieuses ou philosophiques sur lesquelles reposent vos conceptions. Les principes qui vous guident sont bien au delà de l'objet que vous avez en vue et fournissent au lecteur attentif une arme puissante dont il se sert aisément dans ses propres recherches... Au lieu d'essayer de vous suivre péniblement dans les chemins où vous avez laissé des notions si précieuses sur l'analyse, l'astronomie, le calcul des probabilités et la mécanique, il y a un moyen très simple de résumer d'un mot toute votre œuvre, c'est de vous saluer comme chef d'école. »

De ces travaux élevés et abstraits, Joseph Bertrand a voulu descendre dans l'arène des vulgarisateurs. Dès ses premiers essais, il fut compté parmi les plus attrayants. Sa parole claire, élégante, sobrement spirituelle, en a fait vite l'un des causeurs les plus applaudis, les plus goûtés des conférences de la Sorbonne. Puis ses livres se répandirent.

Pasteur a finement caractérisé cet autre Bertrand, le lettré disert.

« Peut-être, dit Pasteur, peut-être, escorté d'un si grand nombre d'élèves, aviez-vous encore de glorieuses étapes à parcourir, quand vous vous êtes brusquement jeté, avec votre intrépidité souriante, dans les œuvres demi-scientifiques, demi-littéraires. Pendant plus de vingt ans, vous avez, d'une main prodigue, semé dans les revues et les journaux des articles de toute sorte. Vous ne cessiez, dit-on, de penser tout bas à l'Académie française, et à travers cet éparpillement apparent de vos forces, de vous exercer au discours que nous venons d'entendre. De cet ensemble d'essais et de notices, vous avez dégagé deux livres : *L'histoire de l'Académie des sciences de 1666 à 1793*, et *les Fondateurs de l'Astronomie moderne*. Dans cette entreprise délicate, où vous étiez tenu d'être presque aussi ingénieux que Fontenelle et plus affirmatif que lui, vous avez montré avec un rare talent l'immense variété de vos études. On retrouve dans ces pages la netteté et l'éclat de vos leçons. Par un tour de force dont je connais peu d'exemples, vous avez su rendre la science accessible à tous sans l'abaisser. Vous avez eu la double fortune de rester un savant pour vos confrères de l'Académie des sciences, tout en devenant un lettré aux yeux des membres de l'Académie française. »

BERTRAND (Joseph-Louis-François), célèbre mathématicien, fils de l'auteur des *Lettres sur les révolutions du globe*, né à Paris, le 11 mars 1822. Brillantes études au lycée Saint-Louis ; en 1839, admis *premier* à l'École polytechnique. Reçu ingénieur des mines, il choisit la carrière du professorat. Il enseigna les mathématiques au lycée Saint-Louis et au lycée Napoléon, fut examinateur d'admission et répétiteur à l'École polytechnique, maître de conférences à l'École normale et suppléant au Collège de France. Les évènements de 1852 l'éloignent quelques années de l'enseignement universitaire. En 1856, il fut reçu, en remplacement de Sturm, à l'Académie des sciences. Il est fait chevalier de la Légion d'honneur, en 1867 officier ; il a succédé à Élie de Beaumont, en 1874, comme secrétaire perpétuel de l'Académie des sciences. Nommé commandeur de la Légion d'honneur le 31 décembre 1881, il fut élu, le 4 décembre 1884, membre de l'Académie française en remplacement de J.-B. Dumas.

Il avait dix-huit ans lorsque parut son premier ouvrage : *Théorie mathématique de l'électricité*. — PRINCIPAUX OUVRAGES : *Conditions d'intégralité des fonctions différentielles; Théorie générale des surfaces; Théorie des mouvements relatifs; De la similitude en mécanique; Intégration des équations générales de la mécanique; Théorie des phénomènes capillaires; Théorie de la propagation du son*. Son *Traité d'arithmétique* (1849) et son *Traité d'algèbre* (1850) sont devenus classiques. *Traité de calcul différentiel et de calcul intégral* (1864-1870); *les Fondateurs de l'astronomie moderne. Arago et la vie scientifique* (1865); *l'Académie des sciences et les académiciens de 1666 à 1793* (1868); la *Théorie de la Lune d'Aboul-Wefa* (1873); *Discours de réception à l'Académie française* (1885); *Thermodynamique* (1887); *d'Alembert, Blaise Pascal* (1890), etc. Éloges historiques et notices biographiques de *Poinsot, Gariel, Michel Charles, Élie de Beaumont, Léon Foucault, Belgrand*, etc. Mémoires, notices nombreuses dans le *Journal de l'École polytechnique*, le *Journal des mathématiques pures et appliquées* et les *Mémoires de l'Académie des sciences*; il collabore aussi à la *Revue des Deux-Mondes*.

Institut de France

Académie des Sciences

Cher monsieur Marini

Votre vin donne des forces, cela est certain. En lisant les tours ingénieux trouvés par vous le dire, vous pourriez croire qu'il aiguise l'esprit. Ne vous y fiez pas; lisez les signatures, vous trouverez une autre explication

Votre envoi par hasard aurait il pour but de tenter une expérience d'épreuve?

Je vous remercie dans le doute, et vous prie de me croire

voluntiers d'vous

Bertrand

PRINCE ROLAND BONAPARTE

es passants qui traversent l'avenue d'Iéna sont depuis quelque temps arrêtés par la vue d'un magnifique hôtel. C'est un véritable monument qui s'élève là, un chef-d'œuvre d'art architectural de notre époque, construit par M. Janty, attaché aux travaux du Louvre. Celui-ci y a déployé un goût étonnant jusque dans les moindres détails de la décoration, en même temps que beaucoup d'habileté dans la conception de l'ensemble.

L'hôte de cette belle demeure est le prince Roland Bonaparte, qui l'a fait élever non pas tant pour lui que pour sa bibliothèque. Primitivement, le prince logeait ses livres à Saint-Cloud. Mais ce n'était guère commode et le local était insuffisant. Il fallut s'installer dans un hôtel sur le Cours-la-Reine. Là, la bibliothèque ne tarda pas à prendre des proportions inquiétantes. Bientôt les livres débordèrent de tous côtés, envahirent jusqu'à la salle à manger, si bien qu'il fallut songer à les loger ailleurs.

C'est alors que le prince Roland acheta le terrain de l'avenue d'Iéna, où il résolut de faire construire un local suffisant pour contenir les richesses bibliographiques qu'il possède. Actuellement, sa bibliothèque se compose de près de cent mille volumes, et dans l'hôtel, terminé maintenant, il y a de la place pour le double.

Nous avons visité la bibliothèque, sous la conduite de M. Escard, qui en a la garde et la conservation, et qui nous en a fait les honneurs avec la plus grande amabilité. Les rampes d'acier et de bronze doré courent le long des rayons, s'enroulent autour des escaliers de coin ; les panneaux de bois sont finement sculptés, les ornements grimpent le long des échelles roulantes ; au centre des salles, de grands tiroirs glissant sur des coulisses mobiles contiennent les cartes, les plans, les estampes. Un cadre spécial est affecté à une autre carte dressée de la main même de Tasman.

Au-dessous, une salle de travail sera réservée aux savants qui viendront travailler, encadrée par les cabinets du bibliothécaire et du sous-bibliothécaire ; puis, ce sont des ateliers pour les colleurs d'*ex-libris*, les relieurs et brocheurs, tous ceux qui s'occupent du travail manuel des livres ; il y a même, dans un coin spécial, un atelier de photographie admirablement installé.

Le classement adopté a été conçu par le prince Roland Bonaparte lui-même. Il est dressé suivant un cadre géographique, et envisage d'abord le sol d'un pays, sa constitution, ses produits, puis l'homme qui l'habite, l'histoire de cet homme et les manifestations de son intelligence, soit, géographie proprement dite, anthropologie, histoire, littérature, beaux-arts, sociologie.

Si le prince possède à un si haut degré le culte des livres, c'est qu'il est un de nos savants géographes les plus en vue. Il a été étudier la vie universitaire en Angleterre ; les questions de colonisation en Hollande ; les rings (cercles ouvriers de Stockholm) en Suède ; les pêcheries en Norvège ; l'histoire, l'ethnographie et l'anthropologie des Lapons en Finmark. En Suisse et dans le Tyrol, il a fait de nombreuses recherches orographiques et hydrographiques ; il a placé lui-même, dans les Alpes et dans les Pyrénées, des postes d'observation pour l'étude des variations des glaciers français ; il a concouru en outre à la création de l'observatoire météorologique du mont Blanc établi par M. Jansen. Il a contribué au développement du laboratoire de Banyuls-sur-Mer par le don d'un bateau spécial pour les recherches de zoologie marine.

Il a parcouru la Croatie, visité la Corse pour y recueillir les éléments d'une publication qui a figuré à l'Exposition de 1889, étudié le Canada et les assemblées démocratiques de la Suisse.

Au point de vue des sciences militaires, et dans le but de vérifier l'histoire des guerres de la Révolution et de l'Empire, il s'est promené sur les champs de bataille de l'Allemagne occidentale, de la haute et de la moyenne Italie, de Waterloo à Rivoli. Sur ce dernier champ de bataille, le prince, accompagné de M. Escard, prenait un croquis, lorsque tous deux furent arrêtés : on les prenait pour des agents militaires autrichiens. Il fallut que le prince établit son identité pour que les autorités italiennes consentissent à le relâcher.

En 1895, le prince Roland a représenté la Société de géographie de Paris et le Club Alpin au Congrès international de géographie de Londres, où il fit une conférence sur les variations périodiques des glaciers français.

Absorbé par ses voyages, ses travaux géographiques, ses études de sociologie, le prince Roland n'a pas eu le temps de s'occuper de politique, et c'est tant mieux pour la science !

S. A. I. le PRINCE ROLAND BONAPARTE. — Né à Paris, le 19 mai 1858. Petit-fils, par le prince Pierre Bonaparte, du prince Lucien, frère puîné de l'empereur Napoléon Ier. Il fit ses premières études en Angleterre, fut admis à l'école militaire de Saint-Cyr en 1877, et en sortit avec le n° 23 sur 360. Nommé sous-lieutenant, il servit au 36e régiment d'infanterie de ligne jusqu'en juin 1886. Il fut rayé des cadres en vertu de l'article 4 du décret du 22 juin 1886 concernant les membres des familles ayant régné en France.

Le prince Roland est président de la Commission centrale de la Société de géographie de Paris, membre de la Société de statistique de France, de la Société d'économie sociale fondée par F. Le Play, de l'Association française pour l'avancement des sciences, du Club Alpin, et d'un grand nombre de sociétés savantes étrangères, auxquelles il se consacre absolument et entièrement. Il a publié de nombreux volumes sur des questions de géographie et d'histoire, parmi lesquels nous citerons : un gros volume rempli d'illustrations : *Une excursion en Corse* (1891); *les habitants de Surinam*, notes recueillies à l'Exposition coloniale d'Amsterdam en 1883, Paris, 1884 ; *les Lapons*, un volume grand in-folio, en préparation. A reçu, lors de sa venue à Paris, en mars 1897, au nom de la Société de géographie, le Dr Nansen, le célèbre explorateur au pôle Nord.

À mon compatriote M. Mariani,
Christophe Colomb de la Coca
Le 10 Avril 1896.
Roland Bonaparte.

GABRIEL BONVALOT

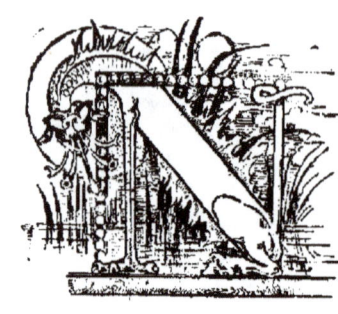é dans un petit village de la Champagne, dans les environs de Brienne, Bonvalot étudiait au lycée de Troyes lorsqu'il sentit s'éveiller en lui la vocation d'explorateur.

Mais la carrière d'explorateur ne s'entreprend pas comme celle d'avocat ou de médecin : il ne suffit pas de décrocher un diplôme et de s'établir. Il faut accomplir seul, sans autre guide que son propre raisonnement, sa propre intuition, toute une série d'études. Et lorsque, par-dessus le marché, l'on n'est pas parmi les fortunés, la question est singulièrement complexe.

Bonvalot sut la résoudre : sitôt qu'il est bachelier, il vient à Paris pour y étudier l'homme. Puis, voulant faire la même étude sur place dans d'autres pays, il se met en route pour la Suisse d'abord, pour l'Allemagne ensuite.

Il voyage à pied, un sac sur le dos. Ses repas, il les prend le plus souvent chemin faisant, sur le bord d'une route, ou, s'il est dans une ville, sur le banc d'une promenade. Un gobelet d'eau étanche sa soif. Lorsque le pays qu'il rencontre en vaut la peine, il s'y arrête quelques jours ou quelques semaines. A Heidelberg, il passe près d'une année pour se perfectionner dans la langue allemande et suivre les cours des professeurs les plus réputés. Pour vivre, il donne des leçons de français. Quand il rentre en France, l'année suivante, il connaît la langue et l'histoire allemandes aussi bien que le plus studieux des étudiants d'Heidelberg.

A Paris, il obtient une place de correcteur chez Quantin. Dès qu'il est libre, il court à la bibliothèque où il lit et prend des notes.

Il a mis un peu d'argent de côté, et repart : il voit l'Italie, l'Espagne, surtout l'Angleterre. A trente ans, il connaît, pour les avoir étudiés sur place, les mœurs, le caractère, la langue, l'histoire des principaux peuples de l'Europe. Il peut en comprendre les aspirations, il peut estimer les forces que ces peuples peuvent dépenser, tant en hommes qu'en argent et en énergie morale. Mais il ne va pas utiliser ces connaissances en restant sur place, à Paris.

Ceux dont l'existence est éclairée par cet astre : le rond de cuir, considéraient alors Bonvalot comme un toqué.

Cela ne l'empêcha pas de se faire adjoindre à une mission qui partait pour le Turkestan. Il fit ainsi deux voyages en Asie centrale avant d'entreprendre celui qui devait lui valoir sa haute réputation d'explorateur; il alla de Paris aux Indes par terre, en traversant le Pamir. Rien n'avait pu l'arrêter : tous ceux qu'il avait consultés avaient cherché à le dissuader de son projet; les officiers russes campés au pied du plateau lui exposèrent qu'il allait à une mort certaine; mais sa décision était prise, et quelques mois après il avait accompli la traversée du Pamir, et arrivait exténué à la frontière des Indes.

Deux ans après, Bonvalot repartit avec le prince Henri d'Orléans, et tous deux allèrent au Tonkin en traversant le Thibet inconnu. Pour avoir une idée des difficultés qu'ils rencontrèrent, il suffit de savoir qu'ils perdirent plus de deux cents bêtes de somme, et plusieurs des hommes de leur expédition.

Après ce dernier voyage, Bonvalot éprouva le besoin de prendre quelque repos, et l'on conviendra qu'il était nécessaire.

Mais ce repos constituerait à lui seul une lourde occupation pour bien d'autres. Bonvalot s'est dit que la France, en ce moment, ressemble assez à un propriétaire qui acquerrait constamment de nouvelles terres pour que d'autres ne les possèdent pas, et qui, négligeant d'y introduire les éléments nécessaires pour les exploiter, n'y enverrait que des intendants chargés de les surveiller. Quand on agit de la sorte, on se ruine.

Nous avons absolument besoin de colonies, parce que notre commerce manque de débouchés. Mais, ces colonies, il faut les mettre en valeur, et pour cela, il ne suffit pas d'y envoyer des fonctionnaires. Les Français sont colonisateurs : l'histoire est là pour le prouver; et si nous voulons un exemple absolument récent, nous n'avons qu'à prendre la Tunisie : des hommes actifs et intelligents y sont allés avec des capitaux, et en très peu de temps cette colonie est devenue des plus prospères.

Il faut donc déterminer nos jeunes gens à se dire : *je serai colon*, au lieu de penser : je serai commis de ministère.

Bonvalot fonda le *Comité Dupleix*, pour attirer l'attention sur les colonies, les faire mieux connaître, et préparer à la vie coloniale les Français susceptibles de devenir colons.

Et par la plume et par la parole, dans des journaux, des brochures, dans le Bulletin de son comité « La France Extérieure », dans des conférences répétées par toutes les villes de France, Bonvalot ne cesse de répandre de bonnes pensées. Il veut atteindre les femmes, qui ont une si grande influence sur nos destinées : il veut que la mère française ne considère plus son fils comme ne devant jamais la quitter.

En somme, Bonvalot veut utiliser aux colonies toutes les forces qui sont perdues dans la métropole. C'est un but grand, et il l'atteindra certainement comme il a atteint déjà ceux qu'il s'était précédemment proposés, car il a la foi dans son œuvre, sa parole est celle d'un apôtre, et avant de parler et d'émettre des théories, il a eu soin de prêcher par son exemple. Néanmoins, l'illustre explorateur a de nouveau quitté Paris, pour aller accomplir une mission officielle auprès du roi Ménélick : il vient (mai 1897) d'arriver à Entoto où il a été reçu par le Négus avec les plus grands honneurs et la sympathie la plus efficace.

BONVALOT (Gabriel). — 1er voyage : Asie centrale et Turkestan, 1880. — 2e voyage : Asie centrale, 1881 et 1882. — 3e voyage : Pamir, 1886 et 1887. — 4e voyage : Thibet, 1889 et 1890.

BIBLIOGRAPHIE. — *De Moscou en Bactriane*, chez Plon. *Du Kolvitan à la Caspienne*, chez Plon. *De Paris aux Indes par terre, à travers le Pamir*, chez Plon. *De Paris au Tonkin à travers le Thibet inconnu*, chez Hachette. *L'Asie inconnue*, chez Flammarion. Déjà chevalier, a été nommé officier de la Légion d'honneur en janvier 1897, lors de la solennité du centenaire de Dupleix, organisé par lui, avec un éclatant succès, dans le grand amphithéâtre de la Sorbonne.

Quelques bouteilles de Vin Mariani
nous auraient fait grand plaisir
au Pamir et au Tibet. La manne
dans le désert !
G. Bonvalot.

ROBERT DE BONNIÈRES

N Parisien de Paris, succédant à plusieurs générations d'hommes distingués et lettrés; par suite, beaucoup de délicatesse, d'esprit, et de finesse d'observation. Le regard s'abrite derrière un monocle, pas assez cependant pour qu'on n'y puisse percevoir une pointe d'ironie.

Robert de Bonnières semble avoir encore gardé les traditions du XVIIIe siècle, un des plus français de notre histoire; il s'entoure d'objets d'art, de bibelots, de pièces d'ameublement dont le style est purement Louis XV et Louis XVI; des soies tendres, des appliques élégamment contournées, des consoles délicates et frêles; aux murs, ni gravures, ni peintures à l'huile, rien que des pastels, qui sont, d'ailleurs, signés Puvis de Chavannes et Blanche. En somme, une apparence et un goût poudrederizés.

Il passa son enfance dans le domaine patrimonial qui fut le berceau de sa famille, à Wierre-aux-Bois. Figurez-vous un coin de rêve, un nid de verdure dans un vallon du pittoresque Boulonnais; des prairies grasses et verdoyantes, où les vaches rousses se régalent de plantes odorantes; des maisons de paysans proprettes bordant une route qui semble l'allée d'un parc, un moulin, le classique moulin des bergeries, et une vieille petite église qui a son saint et sa légende, Jean d'Ulf, le bon chevalier, que sa femme trompa pendant qu'il était à la Croisade, et qui la convainquit de son crime en lui mettant dans une source sa main qui flamba aussitôt.

Robert de Bonnières finissait ses études à Paris lorsque la guerre éclata; aussitôt, il s'engagea parmi les volontaires du 1er lanciers, et fit deux des plus rudes campagnes, celle de la Loire et celle de l'Est.

Une fois la paix signée, peut-être aurait-il continué à suivre la carrière des armes, si sa famille n'était intervenue pour l'envoyer à l'Ecole de droit et le lancer dans la diplomatie, où plusieurs des siens occupaient déjà leur rang, mais la littérature surgit comme un troisième larron, et ce fut à elle que M. de Bonnières se consacra.

Il y conquit d'emblée une place en publiant en 1879 et 1881 deux volumes de critique littéraire. Ses amis étaient Paul Bourget, Anatole France, José-Maria de Hérédia. Il se lançait en même temps dans la presse, et faisait paraître des articles au *Figaro*, au *Gaulois* et au *Gil Blas*, sous les pseudonymes de James, Robert-Etienne et Robert-Robert. Il collaborait également à la sévère *Revue des Deux-Mondes*.

Ainsi que l'homme, le style est absolument français. On respire dans ses œuvres le fumet du vieux terroir gaulois, mais affiné, civilisé, rendu plus élégant et plus léger. Il possédait toutes les qualités voulues pour faire de jolis contes, et comme il est artiste et poète, il les fit en vers. Nous ne pouvons mieux faire ici que d'en choisir un bien court, et de le citer : le titre est : *L'Amoureux de la Reine*, avec, en sous-titre : « où il n'y a besoin d'argument, à cause de la simplicité du conte. »

Un petit page aimait la reine :
Il perdait son temps et ses pas,
Car la reine ne l'aimait pas.
« Ah ! je veux que la mort me prenne ! »

Et, ce disant, l'indiscret va
Se plaindre aux dames, de manière
Qu'aimant toujours mieux la dernière,
De la mort l'amour le sauva.

L'une après l'autre, blonde et brune,
Brune et blonde et châtaine aussi,
Prirent tant à cœur son souci
Qu'il en eut bientôt vingt pour une.

Au lieu de dire vos douleurs
Aux astres, sans autre entreprise,
Et d'aller, si l'on vous méprise,
Vous plaindre aux ramiers roucouleurs,

Amoureux, imitez le drôle :
Pour votre dame allez mourant,

Mourant en vous renamourant,
Près de toutes à tour de rôle ;

D'autant que, comme on va le voir,
De dépit votre dame encore
Sur l'amour de chaque pécore
Renchérira pour vous avoir.

La reine y vint tout comme une autre.
Bergère ou reine, il n'en est point
Qui ne se chausse au même point,
Et que nous ne chaussons au nôtre.

« Quoi ! » se dit-elle, en apprenant
Ce qu'il en était du manège,
« Ne suis-je pas la reine et n'ai-je
« Assez d'attraits pour ce manant ? »

Et sur ce, manda l'infidèle,
Qui, comme à Colette Colas,
Lui fit, sous l'orme et le lilas,
Le seul dauphin qu'eut le roi d'elle.

Un voyage aux Indes anglaises lui a permis de sacrifier au goût exotique qui a conquis depuis quelques années la faveur du public. Il publiera sur son voyage des notes dans la *Revue politique et littéraire*, et un roman dans le *Journal des Débats*. Ses romans portent en général sur des thèses philosophiques et sociales hardies : il satirise aussi bien les gentilshommes catholiques que les parvenus juifs ; il met en scène le grand monde avec ses pratiques religieuses ; il discute la question de savoir si la religion seule peut conduire à des sentiments d'humaine pitié.

BONNIÈRES (Guillaume-François-Robert de Wierre de). — Né à Paris, le 7 avril 1850. Études au collège Stanislas. Engagé volontaire en 1870. Études à la Faculté de droit de Paris. Collaborateur au *Figaro*, *Gil Blas*, *Gaulois*, *Journal des Débats*, *Revue politique et littéraire*, *Revue des Deux-Mondes*.
Bibliographie. — *La Comédie des Académies de Saint-Évremond*, Paris, 1879, in-12. — *Lettres grecques de Madame Chénier*, Paris, 1881, in-12°. — *Mémoires d'aujourd'hui*, 1883, 1885, 1888, 3 volumes. — *Les Monach*, roman, 1885, in-18. — *Le Baiser de Maïna*, id., 1886. — *Jeanne Avril*, id., 1887. — *Petit Margemont*, id., 1890. — *Contes à la Reine*, contes en vers, 1893. — *Lord Hyland, Histoire véritable*, roman, 1895.

A.J. Salanave

Cher monsieur Mariani

Que dire de votre admirable vin de Coca Mariani
que l'on n'ait pas déjà dit et que tout le monde
ne sache ? Pourquoi répéter ce que les meilleurs
d'entre nous en ont dit ou chanté ? Car je vois
ici qu'après M.M. Sardou et Maurer, M. Sarcey
M. Sarcey lui-même a bien voulu vous louer en
vers.

Votre vin en a fait un poète. Rien ne pourra
mieux prouver aux siècles futurs combien votre
breuvage était excellemment efficace et divin.

Robert de Bonnières

HENRI DE BORNIER

Par le caractère de son œuvre, la dignité de sa vie et l'élévation des pensées de ses livres, M. Henri de Bornier, au milieu de l'agitation contemporaine de ces derniers temps, présente assez le même hautain exemple de probité et de pudeur, qu'après l'effervescence romantique du second Empire, cet aussi pur et aussi profond poète que fut le comte Alfred de Vigny. Les mêmes difficultés de début accueillirent le vicomte Henri de Bornier. *Chatterton* ne fut pas monté sans attente et sans longueurs à cette Comédie-Française où *La Fille de Roland* devait, pendant onze années, attendre dans les cartons. Seulement, plus heureux que son illustre et aristocrate pair et académicien, M. Henri de Bornier rencontra, après tant de retards et d'oubli, un succès durable et ininterrompu, justement mérité par la noblesse de l'œuvre et la sonore beauté de la forme. *La Fille de Roland* eut successivement cent quatre-vingts représentations à la Comédie.

L'ancienneté de la race unie au rigide amour du Beau transparaissent à la fois dans l'orgueil légitime du poète. Il est fier d'avoir embelli un instant des consciences d'hommes, d'avoir éveillé, en elles, des sentiments d'honneur, de justice et de vérité. Au lendemain de la défaite, le poète enseignait aux fils des vaincus que l'horreur et la trahison n'avaient pas eu, cette fois encore, raison de la patrie. M. de Bornier lui-même a donné l'exemple de son constant attachement à ces principes. Il a honoré son pays de nouvelles œuvres et de nouveaux livres. Si son drame de *Mahomet*, grâce à l'hostilité de la Sublime Porte, ne put être représenté, par contre, *La Fille de Roland* fut reprise une nouvelle fois avec un succès encore plus retentissant.

Récemment aussi le *Fils de l'Aretin* eut l'honneur de la rampe. M. Mounet-Sully, qui avait si bien incarné le rôle du fils du comte Amaury, s'y montra à nouveau admirable. M. Henri de Bornier vit encore là de beaux triomphes.

Entre *La Fille de Roland* et *Le Fils de l'Arétin*, le théâtre de l'Odéon avait représenté : *Les Noces d'Attila*. « Les affiches de ce théâtre, dit M. Luc de Vos, portèrent soixante fois de suite le titre des *Noces d'Attila*. »

Mais M. de Bornier n'est pas seulement un dramaturge admirable, il est aussi un poète lyrique délicat. M. Emmanuel des Essarts a finement parlé quelque part des beaux poèmes et des purs romans de son illustre ami : « J'étais tout enfant quand Henri de Bornier, arrivant à Paris tout droit de Montpellier, vint offrir à mon père Alfred des Essarts, son recueil printanier des *Premières feuilles*. »

Depuis ces *Premières feuilles*, l'arbre robuste a rudement poussé et s'est accru de branches et de fruits nouveaux : les œuvres ont succédé aux œuvres. Ç'a d'abord été ce drame au thème harmonieux et génial : *Dante et Béatrice*, puis ce *Mariage de Luther* qui a précédé son adaptation d'*Agamemnon*, puis ses délicieux à-propos aux anniversaires de Corneille et de Molière que lui seul était désigné pour honorer si bien ; ses poèmes sur les sujets proposés par l'Académie ; enfin, ses chants patriotiques, ses romans ! Voilà la somme de travail accumulée en des années, à sa bibliothèque de l'Arsenal, par M. le vicomte Henri de Bornier. C'est là une belle vie de penseur et de poète. M. Henri de Bornier fait honneur à l'illustre compagnie dont il est l'un des maîtres les plus vénérés.

M. de Bornier est d'un accueil particulier, délicieux et encourageant. Ce beau poète ne dédaigne point parfois de participer aux réjouissances de ceux de ses fils en idéal. C'est ainsi que souvent il fit entendre au rendez-vous de la Pomme, la paternelle chanson des Cigaliers ; qu'il a su répondre élégamment au nom des Cigaliers aux Félibres, qu'un rapport s'est établi entre lui et le grand Mistral, et qu'il y a peu de mois encore, il présidait à Alais, comme délégué de l'Académie française, l'inauguration des monuments de Pasteur, de Florian et de l'abbé Boissier de Sauvages. Ses lectures favorites, on le voit par ses œuvres, aiment à s'égarer dans le passé historique des grandes légendes. Cela ne veut pas dire que M. de Bornier soit étranger à son temps. Il a dit son admiration pour Paul de Saint-Victor, Xavier Marmier et Octave Feuillet. Vivant et pur comme eux, c'est comme eux qu'il entrera par l'admiration des hommes dans la mémoire des temps.

BORNIER (Vicomte HENRI DE), poète et auteur dramatique français, né à Lunel (Hérault), le 25 décembre 1825, fit ses études aux séminaires de Versailles, de Montpellier et de Saint-Pons. Il vint en 1845 faire son droit à Paris. Il y publia dès cette même année un volume de vers : *Les Premières feuilles*, et présenta au Théâtre-Français un drame en cinq actes en vers, le *Mariage de Luther*, qui fut reçu à correction. Le retentissement de ces premiers essais parvint au ministre de l'Instruction publique, de Salvandy, qui nomma le jeune poète surnuméraire à la Bibliothèque de l'Arsenal. Il y est devenu sous-bibliothécaire, puis bibliothécaire conservateur et enfin administrateur en mars 1889. Décoré de la Légion d'honneur en 1885, il a été promu officier le 11 juillet 1891. Il a donné, depuis ses débuts, en 1853 : *Dante et Béatrix*, drame en cinq actes ; en 1875, *La Fille de Roland*; *Dimitri*, drame lyrique en cinq actes et sept tableaux ; *Les Noces d'Attila*, quatre actes et en vers ; *L'Apôtre*, en cinq actes et en vers ; *Le Fils de l'Arétin*, en quatre actes et en vers, en 1885 ; *Mahomet* (1890). M. de Bornier a encore publié : *La Cage du Lion* (comédie en vers) ; *La Lézardière* (1883) ; *Comment on devient belle* (1884) ; *Poésies complètes* (1851-88).

Le vin Mariani a fait souvent faire de jolis vers et de jolie prose; à cela rien d'étonnant, car il fortifie et guérit sans troubler la raison

Henri de Bornier

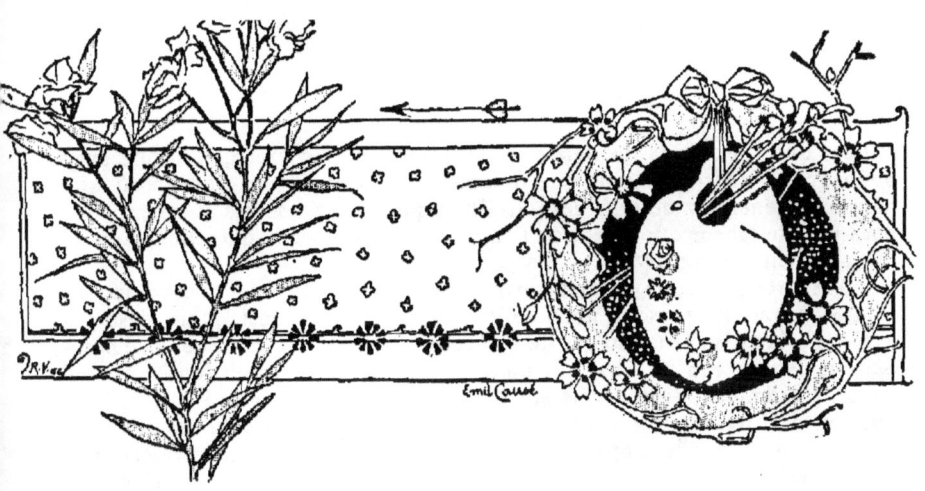

HENRI BOUTET

A voir l'œuvre d'Henri Boutet, on croirait qu'il est né au plein cœur de Paris et non pas dans un bourg reculé de Vendée. En effet, Henri Boutet, dans ses gravures, dans ses tableaux, dans ses lithographies, dans ses pastels, s'est uniquement attaché à traduire, avec la plus charmante grâce, avec la plus subtile connaissance des modes et des rythmes féminins, l'allure, la démarche, *l'être* de la Parisienne.

Pourtant, il y avait bien prédestination dans le sort de cet artiste caractéristique, puisque les exodes paternels de Sainte-Hermine à Fontenay-le-Comte, et de la vieille ville féodale à la rue du Temple, le mettent en plein contact avec l'essence même de cette race frivole, jolie, travailleuse et inoubliable, dont il va devenir le notateur fidèle, et l'exquis poète, dans toutes les compositions qu'il lui consacrera désormais, et elles sont innombrables, toutes recherchées et toutes méritant de l'être.

C'est grâce à la perception délicate qu'il possède de la structure et de la marche de la Parisienne, qu'il a pu en montrer l'aspect original et artistique dans des gravures choisies, souvent de premier jet, mais parfois atteignant à la forme définitive, par l'heureux choix du sujet et par la synthèse déterminante qu'il en sut tirer. Ses petits personnages, au mouvement ondulant et décidé, à la frimousse spirituelle et riante, n'étaient pas seulement des croquis rapides, c'était aussi l'observation opiniâtre et continue de toutes les femmes qui passaient devant ses yeux attentifs et qu'il savait, d'une formule heureuse, résumer en une seule personnalité : *La Parisienne de Boutet*.

Boutet n'est pas l'homme qui suit les femmes, mais il est celui qui les observe, et du meilleur de ses yeux et de son talent. Il est partout où la vie féminine revêt un caractère personnel. Et les faubourgs lui sont aussi familiers que les classes de danse de l'Opéra; car il cherche, il scrute avec bonheur les transformations vers le luxe, et surtout vers une beauté et une harmonie générales, de tous ces jolis êtres qui descendent des quartiers éloignés vers le labeur quotidien, qu'il arrive à quelques-uns d'oublier. Mais la morale a tant de lois diverses !

Aussi, ce perpétuel examen du mouvement de la Parisienne a-t-il fait de Boutet un artiste presque nomade, traversant la ville ainsi qu'un désert à explorer, fixant sa tente au gré de son caprice et de ses études, aujourd'hui à Sèvres, demain rue de Chabrol, un autre jour quai Bourbon, après rue de Seine. Néanmoins, depuis trois ans environ, il semble s'être fixé dans le haut quartier du Luxembourg, avec assez de ténacité pour n'avoir habité que trois maisons en ce laps de temps, rue Cassini, rue Hallé et rue Denfert-Rochereau. Son atelier, où ne sont exposés que ses dessins et ses pastels, est situé 68, rue d'Assas, dans le même immeuble habité par Falguière.

Graveur remarquable, Boutet a eu le rare mérite de remettre en honneur la gravure à la pointe sèche, que, seuls, de très rares artistes employaient encore. Ses almanachs parisiens, qui ont paru depuis dix ans, et qu'il a interrompu de son plein gré, contiennent de charmantes épreuves. Il a également employé ce procédé pour quatre grandes planches fameuses : *La Femme au corset; la Femme à la puce; le Ruban noir; l'Ondée.*

Il est lithographe, et des meilleurs, ainsi que le prouvent ses illustrations de *Paris-Croquis* et les nombreuses études de nu qu'il a faites. Présentement, sans renier le culte qu'il a voué aux Parisiennes, il les déshabille un peu plus souvent, et son talent en prend une saveur nouvelle. Il ne garde les douceurs de son crayon, en fait d'habillement, que pour les Cancalaises, qui lui ont fourni une occasion de montrer que l'artiste si délicat pouvait être un peintre véridique des formes rudes nées des baisers du flot et de la brume.

Le graveur, le dessinateur épris de chatoiements féminins, ont trouvé leur plus vive expression en Boutet pastelliste, désormais célèbre. A l'exposition générale de ses œuvres, ses pastels, moins ou presque pas connus, furent un émerveillement, et devant *Paulinette, la Femme à la baignoire, les Frissons*, maints portraits de belles dames, de curieux aperçus de groupements de danseuses modernes et vivantes, chacun put dire que l'artiste avait renoué sa chaîne gracieuse à celle des grands pastellistes du XVIIIe siècle.

Boutet est un des hommes les plus dignes du succès qui lui est venu. Il le mérite par sa ténacité, son indépendance et sa probité artistique. Laborieux et d'un sens aigu des conditions esthétiques de notre époque, lui seul se déclare non satisfait pleinement de l'œuvre accompli et, sans tapage, il reprend, suivant l'heure, la pointe, le pastel ou le crayon, pour ajouter un trait plus définitif à l'éloge de la Femme, qu'il écrit pour nos yeux attentifs et charmés, dans ses tableaux et dans ses gravures.

Henri BOUTET, artiste peintre, graveur et pastelliste, né à Sainte-Hermine (Vendée) le 24 mars 1851. Vint à Paris, en 1860. Apprit d'abord le métier de bijoutier avec son père. Puis étudia le dessin à l'Ecole Centrale, chez Suisse, chez Levasseur, à la petite École des Beaux-Arts. Entra dans l'atelier de Pils le 30 novembre 1870, en sortit le 2 décembre de la même année. — S'est surtout occupé des notations féminines ; graveur consommé ; a dressé plus de 1.200 petites pièces : menus, feuilles d'almanachs, gravures accomplies qui en font le continuateur très moderne de Saint-Aubin. Nombreuses grandes planches en pointe sèche. Lithographies dans son journal *Paris-Croquis*. Peintures et dessins. Pastels ayant trait à l'opéra. Illustration à la pointe sèche de *l'Année féminine : les Déshabillés au Théâtre* (1896), *Autour d'Elles*, grand album en couleurs, dont chaque page est la reproduction d'un pastel; *Les Cancalaises*, album de dessins; les planches inédites des deux volumes publiés sur lui par M. Léon Maillard, etc., etc.

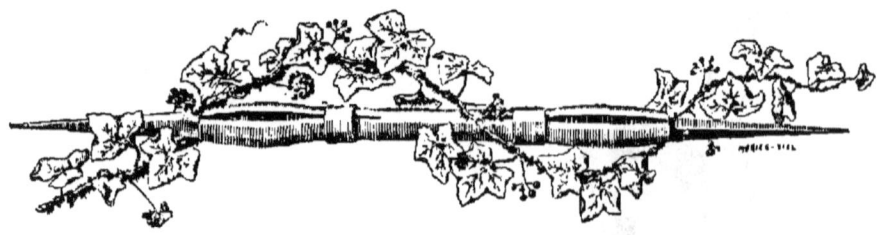

FÉLIX BRACQUEMOND

La gravure moderne, se contentant de se faire seulement l'interprète des autres arts et de reproduire à grand nombre les motifs peints ou sculptés, présenterait peu d'intérêt et de valeur, si de temps à autre, un homme exceptionnel, doué d'un tempérament original, ne s'efforçait d'en secouer un peu la routine et de rendre, à ce puissant moyen, son expression première en essayant d'y introduire autre chose que du métier. Quelques artistes très rares, doués chacun diversement, sont parvenus, grâce à une persistance qui ne s'est jamais lassée et à un talent qui n'a fait que s'accroître, à rendre à l'art de graver, toute sa valeur et tout son mérite originels. M. Félix Bracquemond se révéla de bonne heure apte à manier habilement le burin. Une sorte de variété dans le genre et une science profonde du clair obscur et du jeu des ombres ne tardèrent point à le faire remarquer aux connaisseurs intelligents; avec cela une extrême simplicité dans le travail, une connaissance approfondie des « procédés » inhérents au maniement de l'eau forte, aidèrent puissamment son inspiration.

Et, en gravure, il apparaît, par le caractère un peu romantique quelquefois, réaliste souvent, fantaisiste aussi, original toujours, de son travail, l'artiste énergique et infatigable que ne rebute aucun échec et que ne grise aucun succès, préoccupé seulement de la valeur de ses œuvres et de la satisfaction intime qu'elles lui procurent. La plus belle faculté de Bracquemond semble être la compréhension. Qu'il grave d'après Holbein le si célèbre *portrait d'Érasme;* qu'il peigne des motifs délicats de céramique, que, patient observateur, il prenne à la nature de Sèvres ou aux bords de la Seine qu'il aime tant les sites préférés de ses meilleurs sujets, toujours il se montre l'artiste sensitif et complet.

Le « gravé » de ses planches originales, de ses vernis mous, de ses pointes sèches, de ses aquatintes, de ses essais en couleurs, démontre nettement quel sensitif est Bracquemond, et combien il suffit d'un rayon, d'une rose, d'une source, d'une tête aimée, pour qu'immédiatement s'éveille sa clairvoyante et admirable lucidité d'art. Lui-même, dans un petit traité : *Des mots dessin, couleur,* etc..., a exprimé sans emphase et sans étroitesse les vues personnelles qu'il a sur les rapports de l'artiste avec le décor environnant et avec les expressions qui en demeurent. Aussi M. Bracquemond sait aussi bien comprendre une âme que reproduire un coin de nature. Ayant à graver le célèbre *David* de Gustave Moreau, il étonna pour avoir su, à la fois, reproduire très exactement l'œuvre du peintre, bien qu'ayant su conserver son indépendance entière sur le terrain de la gravure. C'est que, en présence de l'œuvre d'autrui, Bracquemond s'était recueilli avec autant d'intimité et de pénétration que lorsqu'il grava le *Panier de légumes* ou les vues de *l'Isle de Séguin*. Ses yeux n'avaient su que regarder. Il ne s'était pas trouvé étranger davantage devant la magnificence de la Bible que devant la simplicité rudimentaire des choses mortes. Cette sérénité dans l'émotion et cette sûreté de soi-même dans la diversité des spectacles sont l'essentielle qualité des grands artistes. Passer du portrait aux cabochons, des vues de paysages et de marines aux frêles culs-de-lampe, et cela avec autant de personnalité et de saveur, c'est l'écueil multiple et difficile que M. Bracquemond a su franchir souvent. « Il a eu dès ses débuts, dit M. Burty, une action très directe sur tout ce qui, dans l'école des aqua-fortistes, est dans le mouvement. Il a donné à tous les peintres qui voulaient l'écouter, à Corot, à Rousseau, l'idée d'essayer des eaux-fortes. » Cette influence et cet enseignement réels de Bracquemond ont été salutaires. Toute cette époque, grâce à l'exemple de Bracquemond, a excellé dans le genre où il la dirigea. Lui-même, avec ses beaux portraits, la plupart dessinés *ad vivum*, a marqué le temps du second empire et de l'époque récente d'une sorte de cachet distinctif, cher déjà à Tony Johannot, à Gustave Doré et à Gavarni.

Avec une sobriété de lignes et une grande sincérité de teintes, il a pour ainsi dire conservé aux races futures la plupart des plus exquis ou des plus glorieux camées de ce XIXe siècle. Et, chaque fois, avec une telle ferveur, il sut s'imprégner, se pénétrer savamment du modèle, Baudelaire ou Edmond de Goncourt, Léon Cladel ou Auguste Comte, Daubigny ou Raffet, qu'il demeure de la surprise, même pour ceux qui les ont connus, à les retrouver si semblables à ce qu'ils furent et aussi ardents qu'ils se montrèrent toujours, dans leur lutte pour l'Art, la Vie et la Beauté.

BRACQUEMOND (Félix), graveur, aqua-fortiste et lithographe français, né à Paris en 1833, entra tout jeune chez un lithographe. Ensuite, le peintre Joseph Guichard, élève d'Ingres, le prit dans son atelier. A dix-neuf ans, Bracquemond envoie au Salon un portrait, celui de sa grand-mère, qui attire l'attention de Th. Gautier. L'année suivante, en 1853, il exposait son propre portrait et recevait d'unanimes éloges. Bracquemond, dit M. Henri Béraldi, se mit alors à la gravure. Ici, il n'eut aucun maître, se forma absolument seul. Son premier essai date de 1849. Dès 1852, il exposait son *Battant de porte*. Bracquemond se trouva aussi attiré par l'art de décoration et de céramique, se mit à faire de la faïence avec Deck, puis en 1867, à composer des services de table en terre de Montereau. En 1870, il fut attaché à la manufacture de Sèvres. Pourtant, après 1878, il se lassa de la céramique et revint à la gravure. Le succès vint enfin. Bracquemond a été décoré en 1882; il a obtenu la médaille d'honneur en 1884, officier de la Légion d'honneur en 1889. Ses principaux portraits sont ceux de Baudelaire, Curzon, Cladel, Comte, Béraldi, Daubigny, Fantin-Latour, Ernest d'Hervilly, Kant, E. de Goncourt, etc...; ses pointes-sèches les plus célèbres : *Une vieille boyauderie à Meudon*, les *Fables de La Fontaine*, des études de sarcelles, de pies, de canards, de corbeaux ; des illustrations pour le Rabelais, des paysages, etc,...; ses reproductions les meilleures, d'après des peintures de Rembrandt, Henri Bertin, Decamps, Delacroix, Corot, Stevens Gavarni, Rubens, Ingres, Bonington, Meissonier, etc...; et aussi des vignettes, des frontispices pour les œuvres de Banville, Champfleury, Mendès, etc...; des ex-libris et des lithographies. Le musée du Luxembourg possède l'original de son admirable portrait d'Edmond de Goncourt.

A.J. Lalauze

L'eau-forte pour moi
est supplantée, je ne
veux plus qu'on graver
du vin Mariani.

Bracquemond.

Mlle LUCIENNE BRÉVAL

Lucienne Bréval ! Ce nom, à prononcer, sonne comme une fanfare claire, comme un appel joyeux et triomphant de Walkyrie.

Jusqu'à ce jour la personnalité de Mlle Lucienne Bréval s'est développée dans trois rôles principaux où s'est affirmée sa belle nature artistique.

Sous le casque étincelant, la chevelure en flots d'ébène s'échappe sur les épaules, couvrant à demi les draperies droites de la longue tunique blanche. Éclairant l'ovale majestueux et doux, la flamme du regard brille, et jamais le soleil du Walhalla n'eut des rayons aussi splendides. Dressée de toute sa taille ; appuyée d'un côté sur la lame, de l'autre, reposée sur le bouclier, elle semble être la guerrière qui brave et, tout à la fois, l'amazone lassée du combat, souriant d'une tristesse fière au vainqueur qui lui prendra ses armes.

Brunhilde !

A la clarté mystérieuse des étoiles, parmi les parfums lentement exhalés des jardins dont les roses s'endorment, sur la ligne des terrasses qui dominent Carthage éclairée d'un vague couchant, une ombre glisse à pas discrets. La prêtresse s'avance, rêveuse, les yeux noyés d'extase et de mélancolie. Les colombes, autour d'elle, s'envolent d'abord comme effarouchées et partent vers d'autres bosquets, puis reviennent vers la fille de Tanit qui, maintenant immobile et, semble-t-il, le regard mouillé d'une larme pensive, chante dans un soupir rythmé de battements d'ailes :

   Qui me donnera, comme à la colombe,
   Des ailes pour fuir dans le soir qui tombe ?

Salammbô !

Nuit de Provence où la tiédeur sereine des nuits grecques s'anime d'un souffle de brise fraîche. Sous des arpèges de lyre, bras et sein nus, dans les plis envolés de la chlamyde, la déesse du Parthénon est venue présider au spectacle évocateur des malheurs d'Antigone et d'Œdipe, devant le peuple athénien de Provence. Et la voix pure, dans l'harmonie du bras et des yeux levés, de la brise, de la mélodie et du frémissement de la multitude, monte vers les étoiles.....

PALLAS-ATHÉNÉ !

Brunhilde ! Salammbô ! Pallas-Athéné ! dans cette triple personnification, Mlle Lucienne Bréval fut admirable, bien que soient aussi à son honneur les créations ou reprises que nous allons énumérer.

Toute jeune, Mlle Lucienne Bréval montra de grandes dispositions pour la musique et pour le chant. Elle est capable de déchiffrer au piano, à première vue, les morceaux les plus difficiles et d'accompagner les airs qu'elle chante. Entrée au Conservatoire, elle fit partie de la classe d'opéra que dirigeait Obin, remarquable professeur qui avait été un artiste de haute valeur. Elle cueillit très brillamment les lauriers du concours. Aussitôt après, l'Opéra l'engageait. La première apparition de la lauréate sur la scène de notre Académie nationale de musique eut lieu dans l'Africaine. La voix chaude, émise sans effort et douée d'une remarquable pureté de timbre, fit merveille ; il y eut dans la presse unanimité d'éloges à l'adresse de la nouvelle Sélika. La tragédienne lyrique s'imposait dès ses débuts.

Une tâche périlleuse lui fut imposée par les directeurs de l'Opéra, comme seconde épreuve : remplacer dans la *Salammbô* de Flaubert et Reyer, Mme Rose Caron qui s'était placée si haut dans l'estime artistique par sa création de l'héroïne carthaginoise.

Sans imiter sa devancière, Mlle Lucienne Bréval sut l'égaler avec des moyens et une interprétation différents qui laissaient à Salammbô tout son caractère et son originalité. Mais voici le principal rayon de notre étoile : le rôle de Brunhilde dans la *Walkyrie*. Bien qu'on sût l'artiste réellement douée — elle avait donné des preuves de son intelligence et de son talent, — ce fut une révélation. Mlle Lucienne Bréval incarna superbement la déesse guerrière. Wagner lui-même, disait-on, eût reconnut la fille de Wotan, l'idéale Walkyrie. Brunhilde promettait Yseult ; déjà la cantatrice avait demandé un congé pour aller en Allemagne entendre chanter, suivant les traditions wagnériennes, ce rôle d'Yseult qu'elle voulait piocher en conscience. Depuis, les directeurs de l'Opéra ont changé d'avis, et rien dans leurs projets annoncés ne fait prévoir, pour une date quelconque, la mise au répertoire de *Tristan et Yseult*.

Depuis nous avons vu Mlle Bréval dans Yamina de la *Montagne noire* de Mlle Augusta Holmès. Avec quelle grâce nonchalante tombait des lèvres de Yamina, la cantilène : *Près des flots d'une mer bleue et lente et rythmée !* Elle a chanté ensuite Aïda, Frédégonde. Aujourd'hui, la cantatrice travaille Elsa de *Lohengrin*, Chimène du *Cid*, deux rôles où nous la verrons bientôt probablement.

Les succès viendront nombreux et mérités à Mlle Lucienne Bréval qui voit à peine la carrière s'ouvrir, où pourtant déjà elle a cueilli bravos et lauriers à mains pleines.

Adore la poésie et les poètes : Baudelaire est parmi les favoris.

BRÉVAL (LUCIENNE), premier prix d'opéra du Conservatoire où elle eut comme professeur Obin. Débute à l'Opéra dans l'*Africaine*, reprend *Salammbô*, triomphe dans la *Walkyrie*. Aïda, Frédégonde, Yamina, Vénus de *Tannhaüser*, sont ses derniers rôles. Elle doit aborder tous les grands rôles du répertoire : Valentine, Chimène, etc. Est désignée pour créer le rôle principal de *Lancelot du Lac* de Victorin Joncières. A chanté à Monte-Carlo *Amy Robsart*, d'Isidore de Lara et avec le plus grand succès le rôle de Marguerite, de la *Damnation de Faust*, de Berlioz (en mars 1897) aux Grands Concerts de l'Opéra.

A Monsieur Mariani
Les filles de Wotan versent l'hydromel
aux héros du Walhall mais entre-elles ne
boivent que le vin Loca Mariani
  Brïotoho
    Lucienne Bréval

Mᴹᴱ ROSE CARON

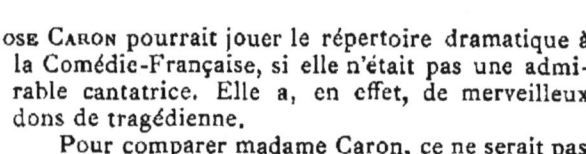

OSE Caron pourrait jouer le répertoire dramatique à la Comédie-Française, si elle n'était pas une admirable cantatrice. Elle a, en effet, de merveilleux dons de tragédienne.

Pour comparer madame Caron, ce ne serait pas parmi les pensionnaires de l'Académie nationale de Musique qu'il faudrait chercher, car, en l'entendant, on songe immédiatement à madame Sarah Bernhardt.

Esquissons sa carrière... Son grand air, une ressemblance frappante avec l'impératrice d'Autriche et la reine de Naples, sa sœur, lui avaient fait donner à ses débuts une origine quasi-royale. Renseignements pris à bonne source, nous savons que la sympathique et charmante cantatrice est la fille d'un brave fermier des environs d'Étampes. Élevée d'abord à la campagne, ce n'est que plus tard et par le hasard des circonstances qu'elle songea à se lancer dans la carrière artistique.

A dix-neuf ans elle épouse un excellent musicien, actuellement accompagnateur aux Nouveautés. De ce mariage (il y a eu, depuis, divorce) naquit son goût pour le théâtre.

Elle entra au Conservatoire. Elle y travailla le genre léger qui ne lui convenait guère, aussi avançait-elle lentement dans l'étude de la vocalisation, du trille et du gracieux sourire maniéré. Madame Marie Sasse, l'admirable professeur, que la jeune artiste consulta, puis, dont elle prit des leçons, comprit quels trésors d'émotion et de grand sentiment dramatique contenait cette nature d'artiste. Elle fit travailler le genre sérieux à la jeune femme et en quelques mois la mit à même de débuter à la Monnaie de Bruxelles. Le succès ne fut pas un instant douteux.

Les portes s'ouvrirent devant elle, les portes où elle avait heurté longtemps en vain. Une anecdote a sa place ici. Aux heures grises des débuts, madame Caron fit preuve parfois d'une énergie presque sauvage. Un jour, elle avait chanté chez Pasdeloup les *Argonautes* d'Augusta Holmès; quelques dilettanti la complimentaient : « Oh! dit-elle, en fondant en larmes, je n'ai pourtant pas donné tout ce que j'avais là, tout ce dont je me sens capable ! Mais mon pauvre petit enfant est mort ce matin ! » Il fallait manger et payer les Pompes funèbres... il fallait chanter !

Donc Marie Sasse découvrit l'artiste, lui donna l'étincelle !

Elle débuta dans Alice de *Robert*, puis dans Marguerite de *Faust*, enfin, dans Valentine des *Huguenots*. En quelques mois, elle devint la « coqueluche » du public bruxellois.

Aussi, d'acord avec MM. Stoumon et Calabrési, les directeurs, Reyer, le maître, se décida-t-il à lui confier sa création de la Valkyrie dans *Sigurd*, qu'elle reprit plus tard à Paris avec un succès égal à celui qui l'accueillit à Bruxelles.

A l'Opéra, ce fut une révélation aussi. Sa voix portait sans effort, chaude et caressante, avec une merveilleuse netteté de diction. Le son se faisait remarquer par une irréprochable justesse et une incroyable pureté. Quant à la grâce, elle demeurait irrésistible. Nous parlions il y a un instant de Sarah Bernhardt. On ne pouvait, en effet, être plus dramatique que madame Caron dans le beau dernier acte de *Sigurd*, qu'elle remplissait d'un bout à l'autre ; on ne saurait mettre plus de poésie que n'en met la délicieuse artiste dans la touchante rêverie de Salammbô, suivant des yeux les colombes émigrant de Carthage.

« Par où sera madame Caron, je donnerai *Salammbô* », avait dit Reyer aux directeurs de l'Opéra. Le maître tint sa promesse. La grande cantatrice-tragédienne récompensa le compositeur en collaborant au beau succès du drame lyrique.

Dans *Lohengrin*, la *Valkyrie* et *Othello*, le juste succès de madame Caron s'affirma.

Elle est aujourd'hui la première, sur notre scène nationale de musique...

CARON (ROSE MEUNIER, dame), cantatrice et tragédienne française, née à Manerville (Seine-et-Oise) en novembre 1857. Entre au Conservatoire en 1875 où elle continua de suivre les cours jusqu'en 1878, puis se fit applaudir dans de nombreux concerts. Mariée à M. Caron, pianiste accompagnateur, elle n'aborda pas immédiatement la scène. C'est en 1882 seulement qu'elle contracta un engagement à Bruxelles et qu'elle parut sur le théâtre de la Monnaie. Elle y obtint un succès éclatant, et pendant trois ans elle chanta magistralement tous les grands rôles du répertoire. La création de Brunehilde de *Sigurd* fut un triomphe, et Reyer imposa Mme Caron à l'Académie nationale de musique quand on voulut monter cet ouvrage à Paris. C'était en 1885. Pendant deux ans, Mme Caron fut, avec Mme Krauss, une étoile de notre première scène lyrique. Brunehilde de *Sigurd*, Rachel de la *Juive*, Marguerite de *Faust*, Valentine des *Huguenots*, furent autant de rôles où elle sut faire apprécier son style incomparablement pur et ses qualités de vraie grande tragédienne. Elle parut avec un égal succès dans la reprise de *Henri VIII* de Saint-Saëns, et même après la Krauss, elle parvint à tirer un brillant parti du personnage d'Élisabeth. En 1886, elle divorce, mais conserve au théâtre son nom de dame. En novembre 1887, la direction de l'Opéra n'ayant pas su s'assurer le concours de Mme Caron, celle-ci contracta un engagement avec le théâtre de la Monnaie de Bruxelles, afin d'y créer le rôle de Laurence dans *Jocelyn* de M. Benjamin Godard et *Salammbô*. Le départ de Mme Caron empêcha Verdi de faire à cette époque représenter à Paris son *Othello*. Rentre à l'Opéra dans *Sigurd* (13 octobre 1890) ; chante le répertoire ; crée *Lohengrin*, *Salammbô*, la *Valkyrie*, *Djelma*, *Othello*, etc. Officier de l'Instruction publique.

A Monsieur Mariani
avec mes sentiments bien
reconnaissants pour son
excellent vin

Rose Caron

FÉLICIEN CHAMPSAUR

ÉLICIEN ne pouvait être que le prénom d'un homme heureux, prénom porté déjà, entre autres et de façon fort illustre, par le compositeur du *Désert* et de *Lalla-Rouk* pour qui la Renommée eut de jolis sourires. Champsaur encourait donc déjà plus d'une risette de dame Renommée, qu'on a appelée l'*Huissier-audiencier de la Cour de la Gloire*. Rien d'étonnant d'ailleurs dans cette familiarité entre la dame et le jeune auteur, c'est celui-ci qui a fait toutes les avances, mais il avait aussi pour cette séduction l'argument irrésistible : du talent.

Ce talent se manifesta de bonne heure chez Félicien Champsaur.

Né à Digne dans les Basses-Alpes en 1859, hanté d'idées littéraires, Félicien Champsaur débarque à Paris à l'âge de dix-huit ans. Et tout aussitôt le voilà dans la bataille où il sait se distinguer. Il collabore à divers journaux, entre autres, à la *Vie littéraire*, à la *Lune Rousse*. Il fonde ensuite avec ce pauvre André Gill, mort si tristement, une publication qui vit encore : les *Hommes d'aujourd'hui*, et aussi plusieurs feuilles fantaisistes du quartier latin : les *Écoles*, l'*Hydropathe*, organe d'un cénacle qui fut le point de départ d'un mouvement littéraire caractéristique.

Un peu plus tard, il fonde avec Harry Allis, curieuse nature d'écrivain dont un duel malheureux devait treize ans plus tard arrêter la belle floraison, un journal illustré hebdomadaire : *Panurge*. Mais voici bientôt Félicien Champsaur dans la grande presse et tout aussitôt le *Figaro*, le *Gaulois*, l'*Evénement* le comptent parmi leurs collaborateurs. Ses chroniques mondaines, théâtrales ou fantaisistes sont remarquées. Le style harmonieusement fleuri dans l'éloge ou l'enthousiasme se serre et devient sévère dans la riposte ou dans l'attaque. Les potins de la vie parisienne : propos de cercles, pièces à succès ou à deconfiture, nouvelle étoile lancée au ciel des Bouffes ou des Variétés sont pour lui prétextes à chroniquer d'alerte façon, et à se placer tout d'abord en bon rang dans cette armée d'écrivains-journalistes où les grades et les galons sont nombreux.

Depuis ces premiers succès, Félicien Champsaur a été en plus du chroniqueur que nous venons de dire, romancier remarquable, auteur dramatique applaudi.

On se souvient encore dans le monde littéraire de l'apparition de *Dinah Samuel* qu'on voulut considérer comme un *roman à clefs :* la polémique s'en mêla, et lut l'ouvrage qui eut de brillantes éditions, amplement justifiées par le mérite réel du volume. Ce fut ensuite, avec la même réussite, le lancement de ce pétard titré l'*Amant des danseuses.* Pour ce roman, Jules Chéret, le maître artiste, avait dessiné une couverture que nous voyons encore flamboyer aux devantures des libraires. Puis prenant la file : *Pierrot et sa conscience,* le *Mandarin,* œuvre puissante, de psychologie profonde, d'émotion dramatique, qui se compose de trois volumes différents appelés *Marquisette, Un Maître, l'Épouvante,* trilogie que le *Journal* a publiée dans ses colonnes.

Place au théâtre! Nous sommes au Vaudeville d'abord. On joue *Liliane* où la beauté attirante et l'élégance de Mlle Brandès font merveille et apportent un nouvel atout qui, joint aux autres en main, fait gagner la partie.

Chez Molier, sur la piste du cirque de la rue Benouville, au Funambulesque, au Nouveau-Cirque, voici toutes modernes, délicieusement alléchantes et perverses dans leur déshabillé, les pantomimes qui défilent : les *Ereintés de la vie, Lulu.* Parisiennes en diable, les petites femmes de Champsaur arborent leurs maillots roses, et à leurs gestes s'évoquent toutes les modernités. Fraudeuses parfois avec une pointe rosse, elles n'en restent pas moins de suggestives poupées, exquises par leurs défauts et surtout par leurs qualités.

Journaliste et romancier, Champsaur est aussi poète; un recueil de ses poésies compte chez Lemerre par la réussite qui l'accueillit dans le public. Qui n'eût vu un amant des Muses dans la prose de Champsaur, si assouplie, si chantante. Oh! les fins pastels bien mis en douce lumière que ces portraits d'artistes qu'il multipliait au *Journal* dans la galerie des soirées Parisiennes ! Il signait ces petits articles, dont toutes les actrices étaient ou ravies ou furieuses, tant il était outrancier distributeur d'éloges et de... blâmes : *Un monsieur en habit noir.*

Ce pseudonyme est presque un révélateur d'état d'âme, en même temps un miroir qui reflète l'extérieur de ce clubman correct qu'est Félicien Champsaur. Voyez-le aux premières. Le frac est irréprochable, la boutonnière est largement fleurie et le pantalon tombe droit avec le pli nécessaire sur le verni de la chaussure. A droite et à gauche, il salue, souriant, ou quittant l'orchestre, va passer l'entr'acte dans la loge d'une belle spectatrice qui grignote des bonbons en papotant sur la pièce, sur l'auteur, sur les robes et la toilette en général des actrices.

Sympathique, Champsaur l'est à tous, et ne peut pas qui veut faire son chemin à Paris, au milieu de la sympathie universelle.

CHAMPSAUR (Félicien), né à Digne en 1859. Très vite parisien et journaliste, fonde plusieurs journaux et revues, avant de devenir un des plus jeunes et des plus brillants chroniqueurs du *Figaro,* de l'*Événement,* du *Gaulois.* Dans son bagage a comme romans : *Dinah Samuel, L'amant des danseuses, Miss América, Le Cœur, Entrée de Clowns, Pierrot et sa conscience,* le *Mandarin,* 3 volumes qui sont : *Marquisette, Un maitre, l'Épouvante* (1896); *La Glaneuse* (1897). Comme théâtre : *Liliane* (3 actes) (Vaudeville), *Les Bohémiens* (ballet lyrique). *Les Étoiles, Les reintés de la Vie, Lulu* (Molier, Funambulesque, Nouveau-Cirque); comme poète, *Les Parisiennes.* A signé *Un monsieur en habit noir* la soirée parisienne théâtrale du *Journal;* en préparation : *Régina Sandri, Entrée de Clownesse* (romans).

Mariani, madame, exquisement bloqua
la puissance
le talent
le génie   } en bouteille, avec de la coca.
la jeunesse
le baiser
Son vin personne en vain jamais ne l'invoqua.

Félicien Champsaur

PUVIS DE CHAVANNES

ERTAINS hommes ont reçu le don de ne jamais vieillir, quant à l'âme, et de passer l'existence entière dans la sérénité majestueuse d'une toujours parfaite lucidité. Ceux-là sont les purs et les croyants, les très nobles, qui n'ont jamais failli à leur rigide conception de l'Idéal. En cela, M. Puvis de Chavannes est essentiellement l'*artiste*.

Celui qui a peint le *Pauvre pêcheur* est tout un cœur de foi et de souffrance; celui qui a peint la *Vie de Sainte Geneviève* est tout un esprit d'ampleur et de beauté décorative. Il a osé introduire l'humanité dans la fresque et ajouter une tristesse et une joie à la froideur des anciens. C'est Paul Véronèse et c'est Michel-Ange après François Millet. Son *Pro patria ludus* et son *Enfant prodigue*, voilà les maquettes de son JUGEMENT DERNIER; ses *Jeunes Picards s'exerçant à la lance* et sa *Vision antique*, voilà ses NOCES DE CANA et ses CHAMBRES VATICANES! On a souvent comparé Puvis de Chavannes à Michel-Ange. Cela n'est pas tout à fait exact. M. Puvis de Chavannes, grâce aux teintes presque neutres et légèrement de camaïeu qu'il emploie de préférence, se rapproche bien davantage de Luini et de Bellini. La nature de ses sites est tout idyllique, pastorale et recueillie. Les grandes visions de la Concorde, de l'Apaisement et de la Justice remplacent, en lui, celles de la Douleur et de la Violence. Cette sérénité olympienne, semblable à celle sans doute que le grand Corot apprit à aimer dans la solitude de la campagne romaine, comme autrefois Poussin dans celle de son Arcadie rêvée, les peintres l'avaient peu traduite jusqu'ici en d'aussi merveilleux symboles. Seuls, des Poètes, de Lucrèce à Lamartine et de Virgile à André Chénier, avaient conçu le charme bienheureux de tels décors. Le *Bois* sacré cher aux Arts et aux Muses, les Jeunes filles au bord de la mer, Massilia, colonie grecque, et Marseille, porte d'Orient, que voilà des visions passionnées, édéniques et pleines de charme! Certaines pages d'Homère, d'Eschyle, expliquent la part de naturel, de grâce et d'harmonie que le maître a su apercevoir simplement, comme si, en compagnie de ces génies, il avait erré jadis sur les plages parfumées parmi les bois de palmes et de lauriers-roses des illusoires Salentes et des glorieuses Corinthes! Et ses Femmes à la Fontaine (Nausicaas rêvant à quels Ulysses?) et sa Rivière, évocatrice de cette phrase de Flaubert: «... Il y a des endroits de la terre si beaux qu'on désire les serrer contre son cœur... »

A se fixer toujours sur la laborieuse beauté de tels spectacles, le visage du maître lui-même s'est revêtu d'une gravité douce et pure. C'est une joie pour ceux qui pénètrent dans l'atelier de la place Pigalle, de voir avec quelle juvénile ardeur cette main vaillante, apte encore au labeur, ne se lasse jamais de produire. Comme tous les grands talents, ses pairs, Puvis de Chavannes n'a pas été, au cours de sa lutte, sans rencontrer des obstacles et de l'opposition. Au début, ce fut la Presse d'abord (loué par Gautier, il fut attaqué par Castagnary), puis le Public qui se montra rebelle à cette pâle, fluide, transparente et virginale vision antique! Mais Puvis de Chavannes n'est pas issu inutilement de vieille souche vaillante (les seigneurs de Chavannes, d'après les parchemins, remontent au XIIe siècle), il a surmonté avec obstination toutes les entraves, et bientôt Baudelaire, Banville, Paul de Saint-Victor, Leconte de l'Isle, ne furent plus les seuls à l'applaudir et à le louer. La persévérance toute tranquille de son œuvre s'est poursuivie avec éclat. Au milieu de ses Cérès, de ses Pomones et de ses Héros, sur fond de songe et de silence, l'âme inaltérable des dieux mythiques refleurit dans l'abondance, la paix et le bonheur de ses grandes toiles célèbres. Par la perfection de son art et l'idéal de sa pensée, M. Puvis de Chavannes est digne d'être salué un des plus sublimes d'entre tous. On se grandit soi-même en admirant ceux qui ont beaucoup donné de leur âme et de leur vie pour mieux manifester leurs songes. Et, chez M. Puvis de Chavannes, la réalisation est à la hauteur du génie.

PUVIS DE CHAVANNES (Pierre-Cécile), peintre français, né à Lyon le 14 décembre 1824, étudia sous Henry Scheffer et Thomas Couture. Il se consacra presque aussitôt, à son retour d'Italie, à la peinture murale et décorative. Il a exposé aux divers Salons : Un retour de chasse (1859), actuellement au musée de Marseille; Concordia, la Paix; Bellum, la Guerre (1861), vastes peintures symboliques qui furent très discutées par les critiques et ont reparu en réduction à l'Exposition universelle de 1867; Le Travail, Le Repos (1863), complément des œuvres précédentes; L'Automne (1864), Ave Picardia nutrix, panneau destiné au musée d'Amiens et comportant huit grandes figures monumentales (1865); La Vigilance, La Fantaisie, peintures en camaïeu (1866); Le Sommeil (1867); Le Jeu, pour le cercle de l'Union Artistique 1868); Massilia, colonie grecque, et Marseille, porte d'Orient, pour l'escalier d'honneur du musée de Marseille (1869); Décollation de Saint Jean-Baptiste, La Madeleine au désert (1870); L'Enfant prodigue et un panneau décoratif, Les Jeunes filles au bord de la mer (1872); L'Été (1873); Charles Martel vainqueur des Sarrasins, pour l'hôtel de ville de Poitiers, et Sainte Radegonde au couvent de Sainte-Croix (1875); Sainte Geneviève enfant et Saint Germain prédisant aux parents de Sainte Geneviève les hautes destinées de leur enfant, cartons de peintures murales, commandées pour le Panthéon (1876); L'Enfant prodigue, Pro patria ludus (1879); Jeunes Picards s'exerçant à la lance (1880); Le Pauvre pêcheur (1881); Doux pays, panneau destiné à l'hôtel de M. Bonnat (1882); Le Rêve, Portrait de Mlle M. C. (1883); Le Bois sacré cher aux Arts et aux Muses (1884); L'Automne, au musée de Lyon (1855); Vision antique. Inspiration chrétienne et Le Rhône et la Saône (1886); le carton de la peinture de l'hémicycle de la Sorbonne (1887); la même année, diverses œuvres à l'exposition Durand-Ruel; depuis, de nouvelles fresques : L'Hiver, pour l'Hôtel de Ville, Victor Hugo, Virgile, Eschyle, Homère, L'Histoire et l'Astronomie (en 1896), peintures décoratives pour la bibliothèque de Boston et de nombreux dessins, carton d'un triptyque destiné au Panthéon (salon du Champ-de-Mars, 1897). Puvis de Chavannes a obtenu une 2e médaille en 1861, une médaille en 1864, une médaille de 3e classe et la croix de chevalier de la Légion d'honneur en 1867, fut promu officier en août 1877, médaille d'honneur en 1882, commandeur de la Légion d'honneur en 1889. Il y a un an, réunis à l'hôtel Continental, tous ses amis et admirateurs lui ont offert un banquet où MM. Rodin, Leygues, Brunetière et Catulle Mendès ont porté, en son honneur, des toasts éloquents.

Merci cher monsieur Mariani
pour ce merveilleux cordial —
grâce à lui ce n'est plus une faible
voix qui se joint à toutes celles qui
vous acclament — je vous
remercie d'un cœur réconforté.
P. Puvis de Chavannes.

JULES CHÉRET

Jules Chéret ! Depuis plusieurs années ce nom éclate en bas des multicolores affiches qui illuminent les rues de Paris.

C'est la joie des yeux ; ce sont des oasis dans le brouillard. C'est l'illustration réconfortante le long des pages souvent moroses de la vie. C'est surtout l'essence de Paris.

C'est si bien Paris que si, dans un village demi-engourdi, on a, par hasard, collé une de ces grandes images ensoleillées, on est tout étonné et comme attristé par ce mouvement figé au mur. L'affiche n'est plus là dans son milieu. Il lui faut le bruit de la rue, les fiacres hêlés, le tonnerre des omnibus, les cris des petites marchandes, le bourdonnement de la grande ruche...

C'est Paris, et cependant il faut distinguer. J. K. Huysmans, le précieux critique, l'a sagement observé : « Dans cette essence de Paris qu'il distille, il abandonne l'affreuse lie, délaisse l'élixir même, si corrosif et si âcre, recueille seulement les bouillonnements gazeux, les bulles qui pétillent à la surface... Il verse une légère ivresse de vin mousseux, une ivresse qui fume, teintée de rose ; il la personnifie, en quelque sorte, dans ses femmes délicieuses, par leur débraillé qui bégaye et sourit, sans cri vulgaire. Il prend une fille du peuple, à la mine polissonne, au nez inquiet, aux yeux qui tremblent ; il l'affine, la rend presque distinguée sous ces oripeaux, fait d'elle comme une soubrette d'antan, une friponne élégante dont les écarts sont délicats. L'on peut, à ce propos, citer, entre beaucoup d'autres, une planche de bal masqué où un Méphisto noir et rouge enlève une danseuse dont les allures chiffonnées ravissent. Il fait, à ce point de vue, songer aux dessinateurs d'il y a cent ans ; il est, si l'on peut dire, le XVIIIe du XIXe siècle ! ».

Octave Uzanne, qu'on retrouve à l'origine de toutes les manifestations artistiques, publiait, il y a huit ans, dans sa belle publication, devenue très rare, *Le livre moderne*, une étude complète sur Jules Chéret. Citons quelques lignes :

« Jules Chéret, s'il n'a pas l'un des premiers apporté les brillants pétards des couleurs et le frémissement des tons sur la pierre lithographique, est certainement le premier qui ait donné à l'annonce industrielle un délicieux caractère d'art affiné et spirituel. Son talent, comme on l'a remarqué, descend directement de Watteau, et il excelle à peindre ces éternelles invitations au départ pour les Cythères parisiennes, où les modernes et voluptueuses bacchantes sautillent, se tordent et cambrent la croupe, en montrant les yeux qui s'allument ou se pâment et des sourires alanguis, provocants et mouillés. »

Le grand artiste se surpasse, d'affiche en affiche. Imité de tous côtés, il a modifié ses procédés et il est arrivé, à l'aide des trois couleurs primordiales, à donner des impressions d'une fraîcheur éclatante, d'une gaieté radieuse et d'un aspect si crâne qu'elles font pâlir ses œuvres anciennes, où l'emploi du noir et des fonds dégradés apportait moins de lumière, d'imprévu et de taches claires que ces vibrantes compositions actuelles, si primesautières, qui montrent, par des grains délicieux, les chairs de femme frissonnantes sous les gazes jaunes des robes, avec des fonds qui semblent largement brossés et qui s'arrêtent en lignes capricantes.

Depuis un an, Chéret abandonne un peu les murs extérieurs pour les murs intérieurs ; il se livre à des décorations d'appartements ! Heureux ceux qui peuvent s'entourer d'œuvres pareilles, poésie brillante de la vie joyeuse...

Chéret termine en ce moment un ensemble remarquable de panneaux décoratifs pour un hôtel particulier. Il a été chargé, par la commission artistique de la Ville de Paris, de la décoration d'un des salons de réception du Palais Municipal.

L'œuvre de Jules Chéret est considérable. Henri Béraldi, dans le minutieux supplément consacré, en 1890, à l'iconographie du maître lithographe, a catalogué, à l'article *Chéret*, dans les *Graveurs du XIXe siècle*, 950 numéros. Étant donnés les oublis inévitables et la production de Chéret depuis sept ans, on peut hardiment porter le nombre des compositions de Chéret, à 1.800 ou 2.000, parmi lesquelles les affiches figurent pour un tiers. L'amateur consciencieux aurait, en étalant chacun des exemplaires de tout ce papier lithographié, deux bons kilomètres de peinture à montrer à ses amis.

Citons les principales, *le Moulin Rouge, le Jardin de Paris, les Coulisses de l'Opéra, le Musée Grévin, les Bals masqués de l'Opéra, la Kantjarowa, les Saxoléines*, les étonnantes *Loïe Fuller*, toute la gamme du prisme ; et n'oublions pas ce chef-d'œuvre de grâce, de joliesse et de la hardiesse, le *Vin Mariani*, dignement chanté par cette fée verseuse de vie et de joie. Citons encore (mais il faudrait trop citer, tout citer) le *Théâtrophone, l'Hiver à Nice, le Courrier Français* et la série tout à fait hors ligne des affiches faites pour les Étrennes des Grands Magasins.

Le commerce des affiches illustrées est devenu aujourd'hui considérable. Les amateurs et les collectionneurs sont légion. Il ne faut pas médire de cette vogue, car nous lui devons des chefs-d'œuvre, les affiches de Grasset, solides et poétiques, les affiches de Chéret, sonneries de clairon et chant de vie claire.

CHÉRET (Jules), né à Paris le 21 mai 1836. Lithographe célèbre et peintre français. S'est longtemps spécialisé dans la composition des affiches illustrées. Nous avons cité plus haut les très célèbres. C'est lui qui, en 1866, grâce à l'invention des machines permettant l'emploi des pierres gravées de grandes dimensions, a introduit en France cette industrie nouvelle. Il nous a soustrait ainsi à la tutelle anglaise et a doté son pays d'un revenu annuel qui s'élève aujourd'hui à plusieurs millions.

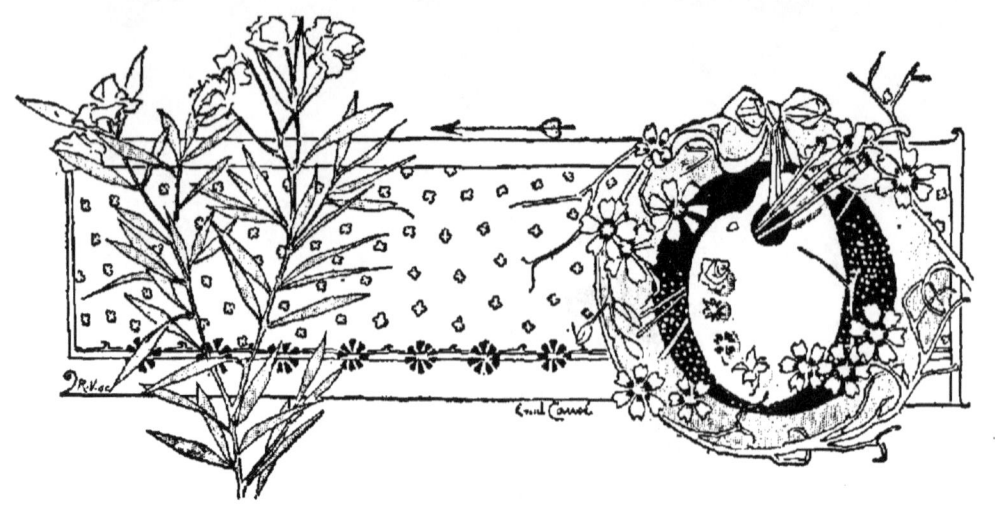

FERNAND CORMON

le voir, le visage bronzé, semble-t-il, par le soleil d'autres climats, tempéré par une bonté sereine, les yeux vifs, la voix ardente, Fernand Cormon apparaît bien l'homme de son œuvre, c'est-à-dire passionné pour la cause qu'il croit bonne et rigide dans l'art qu'il admire. Il a des intensités de force et des élans de vigueur rude dont le choc tumultueux, semblable à quelque mêlée antique de bas-relief, impose tout de suite par la beauté, la noblesse et l'harmonie.

Fernand Cormon est né à Paris en 1845, c'est-à-dire qu'il fit son entrée dans le monde à peu près vers l'époque où la fougue romantique de Delacroix et de Géricault, tempérée par la belle sobriété de Ingres, devait briller encore, mais plus assagie, et mieux rythmée, dans les toiles d'Ary Scheffer et de Fromentin, d'Hippolyte Flandrin et de Cabanel. La seconde période des grands mouvements se signale ainsi par la venue de maîtres moins véhéments et moins intenses, mais d'une délicatesse toute limpide et d'un tempérament moins fruste. Paul Véronèse, le Dominiquin, Guido Reni suivent le Titien, Michel-Ange et Raphaël; Paul Delaroche, Robert Fleury d'abord, Bonnat, Carolus Duran, Cormon viennent après les maîtres de 1840. Ce dernier, de préférence, nous semble désigné comme le plus pur représentant de cette seconde renaissance romantique. D'abord élève de Portaëls, l'ancien directeur de l'Académie de Bruxelles, c'est auprès de Cabanel et de Fromentin que s'est achevée son éducation. De Fromentin, M. Cormon a conservé les tonalités souvent chaudes et brillantes des paysages d'Orient; de Cabanel, au contraire, il a acquis la science souple et certaine des belles lignes pures, des contours corrects et des draperies larges. Auprès de tels maîtres, sa personnalité s'est doublée ainsi du meilleur et du plus sérieux des enseignements. Ainsi doué, ce peintre qu'aurait pu détourner d'une voie moins triviale, le spectacle de la vie moderne, a, semble-t-il, préféré choisir les sujets de ses toiles dans les mythes éternels de la Bible, des Sagas et de l'Anthologie. Se plaçant ainsi en dehors des préoccupations fugaces de l'époque, son rêve demeure fixé, de façon plus inébranlable, aux murs de ce grand temple infini commencé avec Apelle et avec Phidias et que les génies des temps futurs sont appelés à continuer encore. Il ne s'est détourné, quelquefois, semblable à Thogorma, le voyant du poème primitif, que pour tracer des portraits aimés et montrer ainsi que, s'il retourne au passé, c'est moins par répulsion des choses actuelles que par amour pour ces siècles antiques dont les convulsions profondes et les grandeurs farouches l'attirèrent davantage. Il a obtenu ainsi, sa première récompense avec son tableau *Les Noces des Niebeliungen*, dont le motif, puisé aux sources des légendes germaniques, n'a malheureusement pas jusqu'ici inspiré assez de peintres; sa croix de chevalier de la Légion d'honneur avec son *Caïn*, la plus grandiose, la plus virile, la plus admirablement forte page qu'ait inspiré les vers d'Hugo; sa médaille d'honneur avec sa toile peut-être la plus réussie, la plus mouvementée et la plus parfaite: *Les vainqueurs de Salamine*. Dans *les Perses*, Eschyle, par la bouche d'un courrier adressé à la reine Atossa, a décrit le tumulte glorieux de cette journée impérissable : « Bientôt le jour aux blancs coursiers répandit sur le monde sa resplendissante lumière : à cet instant une clameur immense, modulée comme un cantique sacré, s'élève dans les rangs des Grecs; pleins d'une audace intrépide, ils se précipitaient au combat. Le son de la trompette enflammait tout ce mouvement. Le signal est donné : soudain les rames retentissantes frappent, d'un battement cadencé, l'onde salée qui frémit; bientôt leur flotte apparaît tout entière à nos yeux. » M. Cormon a représenté les Grecs à l'instant décisif de la victoire, le délire plane dans les yeux des guerriers; des femmes agitent des palmes et des écharpes colorées, des enfants poussent des cris de joie; parmi eux, peut-être, le jeune Sophocle, déjà Coryphée, rythme-t-il de ses odes juvéniles, la cadence des péans?

Eschyle, Sophocle, Hugo, voici de bien grands noms prononcés à propos d'un peintre moderne, pourra-t-on dire. Pourtant, par la belle ordonnance de leurs sujets, l'eurythmie dans la disposition des groupes, l'éclat dans les tons des figures, ces œuvres valent, en ce qu'elles traduisent de la manière la plus compréhensive et la plus pure, les scènes des poètes! C'est là que M. Cormon triomphe! La même intégrité, le même purisme se retrouvent dans ses portraits. Il semblerait que M. Cormon ait la crainte toujours de dénaturer ce qu'il représente. Et le souci de cette justesse est la raison même de son talent. Aussi sa carrière laborieuse, absorbée toute par le labeur consciencieux de la perfection, apparaît-elle, loin d'être achevée encore, comme un réconfortant exemple. Ceux qui pénètrent dans l'atelier de la rue d'Aumale et l'entendent si savamment indiquer aux débutants qui viennent le voir, le sens où ils doivent se développer de préférence, en ont eu bien souvent l'assurance sous les yeux. M. Cormon est un des peintres d'histoire les plus puissants de cette époque, et l'un des artistes des plus personnels de son temps, de ceux qu'autrefois Joshua Reynolds louait, et cela, parce qu'au plus haut point, ils possédaient « le mécanisme et la poésie du dessin ».

CORMON (Fernand Piestre dit), peintre français, parent de Piestre Cormon, auteur dramatique, est né à Paris, le 22 décembre 1845, a exposé pour la première fois en 1868. En 1870, son tableau, *Les Noces des Niebeliungen*, lui a valu sa première médaille. En 1873, il a exposé *Sita* et a obtenu une seconde médaille. En 1875, il remporta le prix du Salon pour une vaste composition, la *Mort de Ravana, roi de Lanka*, dont les hautes qualités rappelaient l'une des plus belles pages de Delacroix : *Les Massacres de Scio*. Ce tableau est actuellement au musée de Toulouse. M. Cormon a exposé depuis : *Jésus ressuscitant la fille de Jaïre*, le *Portrait de M. Carrier-Belleuse* (1877); *Plafond* (1878); *Caïn* (1880); *Retour d'une chasse à l'ours (âge de pierre polie*, 1884) (actuellement au musée de Saint-Germain); deux portraits en 1885; *Déjeuner d'amis* (1886); *Les vainqueurs de Salamine* (médaille d'honneur) (1887); *Henry Maret* (1888). *Bataille de Graves* (1890), *Portrait de M. Gérôme, Mariage de Brédeddin Hassan* (1891). Puis divers portraits. Depuis 1889, M. Cormon est officier de la Légion d'honneur.

Le premier homme, le premier lion, et la première bouteille de vin Mariani.
Fable préhistorique, dédiée à M. Mariani
par son très reconnaissant
F. Cormon

ALFRED DARIMON

Un petit vieillard sec, au regard clair venant de deux yeux très bleus, à la parole facile dès qu'il raconte une anecdote ou traite une des questions qui le préoccupent, vient s'asseoir tous les jours à la Bibliothèque nationale, à peu près à la même place.

Ils sont quelques habitués ainsi, et ceux qui les connaissent se plaisent à respecter le fauteuil qu'ils affectionnent.

Celui-là, M. Alfred Darimon, est un des anciens combattants des luttes politiques du second Empire. Il a passé la plus grande partie de sa vie à agir, et maintenant il raconte ce qu'il a fait et ce qu'il a vu, les événements auxquels il a été mêlé.

Avant de faire de la politique, M. Darimon s'était adonné aux études archéologiques, et c'est ainsi qu'il fit un catalogue des Chartes des XIIe et XIIIe siècles, pour cette région.

Dans ce genre d'études, il y a un côté passionnant : le chercheur, comme un mineur qui veut découvrir un filon, suit une piste à travers des séries de documents, guettant la pièce importante qui est le but de ses investigations. Parfois, le hasard vient en aide à l'érudit, et c'est au moment où l'on y pense le moins que l'on rencontre le diamant.

M. Darimon eut le flair et la chance de retrouver une lettre de Jeanne d'Arc au duc de Bourgogne, lettre que l'on croyait détruite, et qui fut plus tard insérée dans le livre de M. Quicherat sur le procès de Jeanne d'Arc.

La révolution de 1848 surprit M. Darimon au milieu de ses études. Comme toute la jeunesse d'alors, il se passionna pour les événements qui bouleversaient le pays, et se laissa entraîner dans le mouvement politique.

Il fut journaliste, et les bureaux du journal *le Peuple* dont il était rédacteur en chef, et où collaborait Proudhon, furent mis au pillage. La profession qu'il venait d'embrasser n'était pas toujours sans danger en ce temps de troubles.

M. Darimon ne tarda pas à publier de sérieuses séries d'articles d'économie financière et des études sur les méthodes d'enseignement. « Presque toutes les idées que j'exprimais alors, nous dit-il, ont été appliquées par la République actuelle. On me les prend ! Ainsi la fameuse suppression du baccalauréat, que l'on est entrain d'accomplir, je fus le premier à la proposer... et il y a longtemps de cela ! »

Le nom de M. Darimon reste attaché à un des événements les plus marquants de l'histoire du second Empire, l'opposition du fameux groupe des Cinq. L'opposition démocratique, qui n'avait pas joué de rôle actif avant 1857, se décida alors à entrer en lutte avec le gouvernement impérial, elle fit triompher, dans la septième circonscription de Paris, M. Darimon, qui l'emporta sur le candidat officiel.

Les Cinq firent à l'Empire une guerre acharnée, et le forcèrent à marcher d'une façon, encore timide il est vrai, dans la voie libérale. Ainsi ils obtinrent la présentation et le vote d'une adresse, ce qui constitua un premier pas dans le sens du régime parlementaire.

La loi sur les coalitions amena, en mai 1864, une scission parmi les membres de la gauche. La plus grande partie de la gauche voulut transformer l'opposition constitutionnelle qu'elle avait faite jusqu'alors au gouvernement, en une opposition systématique. M. Émile Olivier fut nommé rapporteur de la loi et rompit avec ses collègues ; M. Darimon, qui dans la *Presse* avait poussé le gouvernement à présenter la loi, crut devoir suivre son collègue.

Il continua, avec Émile Olivier, à combattre le gouvernement dans les mesures que celui-ci prenait pour retarder le moment où il serait forcé de donner les libertés réclamées par l'opinion. Le gouvernement impérial finit par céder. On se rappelle la fameuse lettre du 17 janvier qui accordait un commencement de liberté de la presse et le droit de réunion.

Insensiblement, MM. Darimon et Olivier ne se trouvèrent séparés que par des nuances de la politique gouvernementale. Il ne leur était plus possible de se considérer comme faisant partie de l'opposition, puisque le gouvernement marchait de plus en plus dans la voie qu'ils lui avaient tracée.

M. Darimon ne se représenta pas devant les électeurs aux élections de 1864. Le gouvernement impérial, l'Empereur en particulier, lui proposa des fonctions importantes. Il les refusa, et rentra dans la vie privée.

Depuis la chute de l'empire, M. Darimon réunit ses souvenirs, les met en ordre, compulse des documents et publie des volumes qui présentent le plus haut intérêt au point de vue de l'histoire des événements auxquels il a pris part, particulièrement sous le second Empire.

Entre temps, M. Darimon publie des articles dans différents journaux, et particulièrement dans le *Figaro*.

M. Alfred Darimon. — Né à Lille, le 17 décembre 1819. Rédacteur en chef du *Peuple* en 1848. Puis rédacteur en chef de la *Voix du peuple* et du *Peuple de 1850*. Sous l'Empire, il entra à la *Presse* en 1854, parce qu'alors on ne pouvait plus écrire dans d'autres journaux. Il publia la *Réforme banquière* en 1857, et émit des idées analogues à celles de Proudhon. Député au Corps législatif en 1857, il prête le serment. Réélu en 1863 par 18,195 voix sur 28,168 votants.

Nommé chevalier de la Légion d'honneur, le 15 août 1865, pour ses travaux littéraires et économiques. Rentré dans la vie privée depuis la chute de l'Empire.

Bibliographie. — *Histoire de douze ans*, 1857-1869 (Paris, 1883, in-18°). — *A travers une révolution*, 1847-1855.

Histoire d'un parti. — 1° *Les Cinq sous l'Empire*, 1857-1860 ; 2° *L'opposition libérale sous l'Empire*, 1860-1863 ; 3° *Le Tiers-État sous l'Empire*, 1863-1866 ; 4° *Les Irréconciliables sous l'Empire*, 1867-1869 ; 5° *Les Cent-Seize et le ministère du 2 janvier*, 1869-1870. — *Le principat de M. Thiers*, 1871-1873 (sous presse). — *L'agonie de l'Empire*, notes pour servir à l'histoire de la guerre de 1870. — *La maladie de l'Empereur*. — *L'histoire d'un jour*, journée du 12 juillet 1870.

Monsieur Mariani,

Qu'on ne recherche plus la composition des vieux philtres ; c'est elle, le vin de Coca alimentaire qui les remplace tous. Il possède toutes leurs qualités magiques, et il produit les mêmes effets merveilleux.

Alfred Marinoni

J.-B. DARLAN

Q UAND M. Darlan fut inscrit sur la liste des hommes dignes de figurer en cet album, il n'était que député, mais un des plus respectés et écoutés de la Chambre française d'aujourd'hui. Au moment où nous retraçons sa vie de labeur, le voici Ministre de la Justice.

C'est d'ailleurs un sympathique, qualité indispensable. Ce mot de sympathique demande une définition, ici, car on en fait depuis quelques années une consommation exagérée. Si l'on n'y prend garde, il ira rejoindre le mot « honorable » qu'on ne peut plus employer décemment, tel abus en a été fait. Un homme véritablement sympathique est celui qui possède au plus haut point les vertus de sa profession et qui, par ce fait, impose le respect à ses collègues quels qu'ils soient. La sympathie non seulement permet ce mélange, mais l'impose et c'est là sa marque propre. Elle crée un mouvement d'union, comme machinal. M. Darlan est un sympathique.

Fils d'un capitaine au long cours (qui, entre parenthèses, fut maire de sa commune au 4 septembre), M. Jean-Baptiste-Joas DARLAN est né à Podensac, dans la Gironde (arrondissement de Bordeaux), le 10 juin 1848. Il fit ses études classiques au lycée de Bordeaux, puis il vint à Paris prendre ses inscriptions de droit.

La vie publique ne l'attirant pas encore, ou bien les circonstances le voulant ainsi, il se fit notaire. Il acheta une étude à Marmande (Lot-et-Garonne) où il habita et exerça de 1874 à 1878. Il se trouvait donc au centre même des ravages lors de l'inondation de 1875 ; il y fit noblement son devoir. Il arracha des victimes à la terrible Garonne. Il lui fut décerné une « médaille d'or ».

Par son mariage, il devait se fixer définitivement dans le Lot-et-Garonne. Inscrit, en 1878, au barreau de Nérac, il devint vite l'un des avocats les plus célèbres de la région.

En 1881, il est nommé maire de Nérac. Depuis quinze ans, toutes les améliorations matérielles et morales, utiles ou artistiques de Nérac, c'est M. Darlan qui en fut le promoteur et l'auteur. La petite ville est devenue une charmante cité, avec des allures élégantes et toutes les commodités modernes.

M. Fallières, garde des sceaux, devenu sénateur, offrit son poste de député à M. Darlan (futur garde des sceaux ; c'est de Nérac décidément que vient le vent de justice). M. Darlan fut élu le 27 juillet 1890, sans concurrent. En 1893, il fut réélu.

Tout de suite M. Darlan prit une part active aux travaux de la Chambre, en particulier dans le débat sur la réforme de justice de paix, dans les discussions du tarif général des douanes, du rachat des canaux du Midi, de la loi des successions ; dans la discussion aussi des divers budgets, etc. ; il est encore aujourd'hui membre de la commission de la marine, des réformes judiciaires, des travaux publics, du crédit agricole, etc.

A la fin de l'année 1895, il a été nommé rapporteur de la commission relative aux conventions de 1883 et son intervention dans cet important débat acheva de mettre en lumière ses brillantes et fortes qualités oratoires. La Chambre, d'ailleurs, adopta les conclusions du remarquable rapport de M. Darlan, à une grande majorité.

Au renouvellement du bureau de la Chambre pour la session de 1896, un grand nombre de suffrages désignèrent M. Darlan pour l'un des postes de vice-président de cette assemblée. Par discipline, très dignement, il retira sa candidature ; mais cette spontanée manifestation de ses collègues montre en quelle estime sont tenus au Parlement le caractère et le talent de M. J.-B. Darlan, qui est vice-président du groupe de l'Union progressiste.

A la chute du ministère Bourgeois (29 avril 1896), M. Méline, chargé de former le nouveau cabinet, lui offrit le portefeuille de la justice. Dès lors, M. Darlan a pu affirmer par des actes le législateur qu'on sentait en lui, il a mis dans ses premières paroles de ministre une telle clarté et une telle crânerie qu'il convient de citer un fragment du discours qu'il adressa dès son début aux membres de la Cour de cassation.

« La Cour de cassation est à la fois l'honneur de la magistrature et du pays.... Elle ne suffit à sa tâche qu'au prix d'un labeur toujours plus lourd, et pourtant elle n'avait pas trouvé grâce devant certains réformateurs que l'idée d'économie politique hypnotise au point de ne leur laisser voir que sous un angle mesquin certaines grandes institutions dont l'œuvre n'est pas de celles que l'on puisse mettre en balance avec les charges qu'elles imposent au budget.

« Mais ce n'a été qu'un nuage qui passe ; la Chambre des députés a écarté le péril et je tiens à vous donner l'assurance que vous trouverez en moi, le cas échéant, le défenseur le plus convaincu de votre grande Compagnie qu'il ne faut pas laisser découronner et à laquelle on ne doit rien enlever de ce qui fait sa force et son éclat. »

DARLAN (M. Jean-Baptiste-Joas), député, garde des sceaux du ministère Méline 1896, est né à Podensac (Gironde), le 10 juin 1848. Études au lycée de Bordeaux ; droit à Paris. Notaire à Marmande de 1874 à 1878. En 1875, après les inondations, il reçoit une médaille d'or. Se marie et se fixe dans le Lot-et-Garonne, à Nérac. Inscrit en 1878, au barreau de cette ville, devient avocat recherché. En 1881, nommé maire de Nérac. L'est encore aujourd'hui. De 1885 à 1889, M. Darlan est vice-président et l'un des plus actifs conférenciers de l'association du Centenaire, fondée pour la propagande des idées républicaines. Depuis 1886, conseiller général du canton de Nérac ; 27 juillet 1890, porté à la députation et élu sans concurrent, en remplacement de M. Fallières, garde des sceaux, devenu sénateur. Réélu en 1893 par 7,104 voix. Part très active aux travaux de la Chambre : débat sur la réforme des justices de paix, discussion du tarif général des douanes, du rachat des canaux du Midi, de la loi des successions ; discussion des divers budgets, etc. Fait partie de nombreuses commissions. Nommé en 1895 rapporteur de la commission relative aux Conventions de 1883. Il est vice-président du groupe de l'Union progressiste.

CABINET
DU
Garde des Sceaux.

S'il est vrai que la bonté
soit l'un des apanages de la force,
le vin Mariani ne peut, en nous
rendant plus forts, que nous rendre
meilleurs, ... aussi nous devrions
tous en faire usage.

Tardant

Mlle MARIE DELNA

Au commencement de l'année 1892, le tout Paris artistique apprenait qu'une étoile nouvelle venait d'entrer dans le ciel lyrique et que bientôt chacun pourrait en admirer la splendeur du haut du paradis et même des fauteuils d'orchestre de l'Opéra-Comique. Son nom? Marie Ledant (dite déjà théâtralement Delna). Son âge? Seize ans à peine.

Là-bas, à Meudon, parmi les joyeux habitués des tonnelles ombreuses, un peintre entendit un jour, au restaurant où il s'était attablé, une voix pure de jeune fille. Sans prendre garde au refroidissement de l'omelette commencée, il écouta la chanteuse. Quand elle eut fini, il demanda tout émerveillé le nom du rossignol. On lui présenta une enfant blonde, aux jolis yeux doux. C'était la petite-fille de la bonne vieille dame à qui appartenait l'établissement.

— Savez-vous bien, dit le peintre Eugène Beaudoin, mort aujourd'hui, que vous avez une fortune dans le gosier?

— On me l'a dit, je finirai par le croire, répondit l'insoucieuse fauvette qui retourna à ses roulades.

Rentré à Paris, l'auditeur dit sa rencontre ou plutôt sa découverte. On vint en foule à Meudon écouter la jeune Marie Ledant, jusqu'au jour où il fut décidé de donner définitivement à l'art une artiste qui ignorait toutes les belles qualités dont l'avait douée la nature.

Mme Laborde, l'éminent professeur, se chargea de l'éducation de Mlle Delna et, quelques mois après, exactement au commencement de juin 1892, cette dernière débutait à l'Opéra-Comique par le rôle de Didon, dans les *Troyens* de Berlioz. Ses premiers pas dans la carrière furent un triomphe. La critique fut unanime à vanter la jeune cantatrice. Il y avait longtemps qu'on n'avait entendu une voix pareille.

Au cours d'un entretien qu'elle nous a fait l'honneur de nous accorder, Mlle Marie Delna a mis sous nos yeux l'album déjà si rempli où sont réunis les articles qui lui furent consacrés, les affiches des opéras qu'elle a créés ou repris, les programmes des soirées où elle a prêté son concours. Nous avons copié, avec permission de la destinataire, ces deux lettres venues après les *Troyens*.

« M. et Mlle Ch. Berlioz, artistes peintres, parents du maître, présentent à Mlle Marie Delna l'expression de leur plus vive admiration. Présents à la répétition et à la première des *Troyens*, ils ont éprouvé la plus douce comme la plus violente des émotions artistiques : celle qui fait verser des larmes... »

Le mot si flatteur se terminait par une prière à l'adresse de la débutante, « celle d'accueillir à brassées des roses pour ses triomphes futurs ».

Non moins élogieuse était la seconde lettre :

« Mme veuve Chapot, fille d'une sœur chérie de Berlioz et ses fils viennent d'entendre les *Troyens* et tiennent à exprimer à Mlle Delna l'enthousiasme qu'ils ont ressenti en la voyant interpréter le rôle de Didon, comme Berlioz, d'après leurs souvenirs, l'avait conçu. »

Mlle Delna était déjà une des premières, sinon la première, de nos cantatrices. Le public l'avait adoptée. Elle s'est manifestée tout aussi sincère et bruyante dans *Werther*. Oh ! l'exquise figure de Charlotte qui nous apparut dans ce tableau de Gœthe encadré dans la musique de M. Massenet. Vint *Falstaff*; Mlle Delna y montra une souplesse de talent tout à fait supérieure. Quelle crânerie également sous le bonnet de police de Marion dans la *Vivandière* ? Mais auparavant, Marceline nous avait donné le frisson par son évocation de la guerre « détestée des mères » dans l'*Attaque du Moulin*, de M. Alfred Bruneau. Passons vite sur la *Jacquerie* et *Paul et Virginie* où pourtant dans les deux rôles l'artiste admirable s'imposa pour en venir à *Orphée*.

Mlle Delna a dans cet ouvrage, chef-d'œuvre immortel, atteint au sublime et, comme l'a dit un confrère, « si Gluck avait été dans la salle, il eût crié : « Bravo, Delna ! » Comme elle vous prend aux entrailles, cette voix suppliante envers les esprits infernaux bientôt domptés par cette douleur et cet amour. Il faut mettre au défi tout spectateur de rester les yeux secs au dernier acte d'*Orphée*, où le chantre de Thrace passe par des sentiments si divers, miraculeusement rendus par Mlle Delna, cette AME !

A la ville, Mlle Marie Delna a gardé une simplicité et une gaîté d'enfant. Dans son calme appartement du quartier de l'Alma, elle vit simplement, entre ses amis et son étude de chant. Il semblerait que cette artiste qui est la perfection innée vocalement ne doive pas travailler à acquérir, puisqu'elle possède si bien. Erreur ! Son Orphée est le résultat de longues études et les parties du rôle qui ont l'air le plus *trouvées* sont celles qui ont été le plus *cherchées*.

L'engagement de Mlle Marie Delna expire à l'Opéra-Comique en 1897. Après quoi, elle ira — espérons pour nous, Parisiens, qu'elle changera d'avis ! — en Amérique. Vous allez désoler vos fidèles, Mademoiselle. Le public et les amis de l'art ont besoin de vous : le premier, pour comprendre les œuvres que vous faites vivre, les seconds, pour goûter plus à fond les sensations dont la beauté et le vécu ne sauraient mieux leur arriver que par votre organe.

DELNA (MARIE), de son vrai nom Marie Ledant. Elle a vingt ans et a déjà quatre ans de théâtre, quatre ans de triomphes, qui sont les *Troyens*, *Werther*, *Falstaff*, l'*Attaque du Moulin*, la *Vivandière*, *Paul et Virginie*, *La Jacquerie* et *Orphée* où, quoi qu'on en ait dit, l'artiste reste géniale d'âme et de voix. Doit, dit-on, créer un rôle dans *Cendrillon* de M. Massenet.

Une sonate de Beethoven
une promenade en montagne
un verre de Mariani et
vous m'en direz des nouvelles
Marie Delna

MARCELLIN DESBOUTIN

Arcellin Desboutin présente à la fois, par une complexité d'aptitudes assez familières aux bons artistes de ce siècle, des qualités aussi sérieuses de peintre que de pointe séchiste. Il est, avec Bracquemond, Félicien Rops, Redon et quelques autres, l'un des graveurs les plus originaux qui soient, et cela ne l'empêche pas, en même temps, d'être un artiste excellent, dont le pinceau se prête volontiers aux motifs les plus difficiles et aux sujets les plus différents et les plus complexes. « Desboutin, a dit avec raison M. Roger Milès, soit qu'il se serve de la pointe, soit qu'il essaie de l'aqua-tinte et de l'eau-forte, sait fixer une physionomie en pleine expansion de la vie, et ce n'est pas sans motif qu'un maître de la critique contemporaine a écrit de lui qu'il était peut-être le premier portraitiste du siècle. » Caractère d'origine romantique, tenant à la fois par la physionomie de Théophile Gautier et par les procédés de Daumier et de Gavarni, Desboutin ne s'en est pas moins bien adapté au milieu contemporain avec une aisance si tranquille que ses œuvres mêmes y ont gagné en finesse et en impromptu. A s'être inspiré peut-être des cinq tableaux de Fragonard, qu'il a su reproduire avec une maîtrise remarquable, son burin y a gagné encore en souplesse, en nouveauté et en élégance, et ce n'est pas sans surprise qu'on a vu ce pur artiste de la tradition un peu flamande de Rembrandt et de Hals s'imprégner aussi facilement des scènes de la vie moderne et apporter aux œuvres toutes récentes de ces dernières années son contingent d'épreuves fortes ou délicates où, semble-t-il, il a plus d'une fois égalé les meilleurs. *Mademoiselle Monmon*, *Chanteurs ambulants*, le *Bal*, unissent tout le précieux de Johannot à l'ampleur d'Édouard Manet, et voici que dans sa série de médaillons contemporains, il fait se succéder toute une suite de portraits d'une observation et d'un charme incomparables : Edmond de Goncourt, le collectionneur Haas, Henner, Henri Rochefort, Gœneutte, Degas, les fils de L. Halévy, puis ces figures romantiques pour les illustrations publiées par le libraire Rouquette : Augier, Feuillet, Baudelaire, G. Sand, Dumas fils, Mérimée, le baron Roger Portalis. Comme graveur, M. Desboutin a été l'un des premiers à substituer la pointe sèche à l'eau-forte, et c'est ce qui lui a permis de faire directement, d'après nature, ces nombreuses silhouettes contemporaines qui n'ont pas que peu contribué à sa réputation. « Desboutin, a dit M. Béraldi, a eu des imitateurs ; mais trop souvent, chez ces pâles disciples, la gravure à la pointe sèche n'est qu'un inoffensif et monotone grattage de cuivre. Desboutin, lui, est plus corsé. » C'est que Desboutin est le maître rompu à toutes les difficultés d'un art où, pour exceller, il ne suffit pas du savoir où peut-être on ne parvient à la perfection que par un exercice soutenu et répété. Les Salons derniers ont exposé plusieurs toiles de M. Desboutin, des portraits largement traités, et ses qualités, soutenues avec autant d'honneur par le pinceau que par la pointe, n'ont pas été sans revêtir l'apparence de sa peinture de cette finesse et de cette légèreté qui donnent tant d'attrait à ses physionomies. Son *Aristide Bruant* et son *Puvis de Chavannes* donnent raison aux dires de M. Roger Milès. Ces toiles peuvent prendre place dans la galerie des portraits les meilleurs du siècle. Ce sont des œuvres exceptionnelles de vérité, de touche et de correction. Dans le très beau portrait de lui-même qu'il envoya en planche gravée, au Salon de 1879, il s'annonçait déjà comme le maître qu'il s'est affirmé depuis. Il s'y est représenté un peu de profil, la face légèrement tournée et expressive, se détachant avec intelligence sous la toque « à la Masaccio » dont il se plut à se moquer doucement lui-même. Cette planche remarquable, à part sa grande valeur artistique, aide puissamment à faire comprendre le penseur et le poète qu'est aussi M. Desboutin, car M. Desboutin n'est pas que peintre et que graveur, il est aussi un auteur dramatique de haute valeur. La scène de la Comédie-Française a été honorée en 1870 d'un *Maurice de Saxe* qui sut gagner à l'époque les suffrages du public et que, seule, la déclaration de guerre vint entraver au moment où la pièce s'annonçait comme devant tenir l'affiche longtemps encore.

D'aucuns pensent que la meilleure de ses planches est cet *Homme à la pipe* qui lui valut une médaille en 1879. Mais cela n'est pas vrai si violemment. Cet artiste s'est exprimé plusieurs fois de manière différente. Il l'a fait, chaque fois, avec un souci si marqué d'art et de perfection qu'il sied de l'applaudir sans parti pris et sous toutes les formes où il lui plut de se manifester.

DESBOUTIN (Marcellin), peintre, graveur et homme de lettres français, né à Cérilly (Allier), en 1823. Il a fait ses études au collège Stanislas et à Louis-le-Grand. Se destina d'abord au barreau ; entra, en 1847, dans l'atelier de Couture ; alla achever ses études de peintre en Italie où il fit un séjour de dix-huit ans. En 1870 (3 juin), la Comédie-Française représenta son *Maurice de Saxe*, en collaboration avec M. Jules Amigues. S'est surtout fait connaître comme peintre et graveur. Parmi ses meilleures expositions aux Salons de peinture, nous citerons le *Portrait du peintre Leclerc* (1876) ; celui de l'*acteur Dailly* (dans le rôle de Mes-Bottes de l'*Assommoir*) ; un tryptique : *M. Hyacinthe Loyson, sa femme et son enfant* ; la *Femme au chapeau* (portrait-étude) qui lui valut une mention honorable au Salon de 1883 et fut acquis par l'État ; le portrait du *Sar Peladan* au salon du Champ-de-Mars. Le *Portrait de A. Mortier* ; la *Dame au Toutou* ; une *Bannière d'honneur au carnaval de Nice* (1897). Parmi ses nombreuses et admirables pointes-sèches, il faut citer aussi les portraits de Mme *Desboutin*, Mlle *Desboutin*, *Hippolyte Babou*, le Dr *Collin*, la duchesse *Marcella Colonna*, *Coquelin Cadet*, *Degas*, *Duranty*, *E. Goudeau*, le *Comte Lepic*, Mlle *Morisot*, *M. Renoir* et surtout les superbes portraits de *Marcellin Desboutin* par lui-même. M. Desboutin est chevalier de la Légion d'honneur.

— A Monsieur Mariani —

Hélas! votre flacon divin
Je l'ai trouvé brisé par terre!
Mon gosse expert dans le bon vin
L'a tout liché dans ce grand verre!

— Interrogez vos sommeliers,
O grand Mariani! — j'espère
Qu'il en reste dans vos celliers
Quelques gouttes — encor pour le père.

Marcellin Desboutin

ADRIEN DIDIER

'HISTOIRE des premières années du graveur ADRIEN DIDIER tient du roman. Il n'y a, dirait-on, que des héros imaginés pour, si jeunes, marquer aussi nettement leurs destinées. Un de ses amis et compatriotes, M. Martial Moulin, a eu l'heureuse idée de ressusciter ces jours écoulés et de les animer en un style de légende populaire, à la fois prolixe et clair, naïf et sentimental. Cette étude a paru, il y a quelques années, dans le *Journal de Valence*. On est ému à ce récit sincère.

ADRIEN DIDIER est né à Gigors (Drôme) en 1838 ; il était le dernier fils de cultivateurs aisés ; « ses parents eurent l'ambition de faire de lui un *savant*, c'est-à-dire un homme sachant bien lire, écrire et *tirer un compte*; capable d'être employé dans un bureau, s'il allait à la ville, ou de devenir conseiller municipal, s'il demeurait au pays ; à cet effet ils le placèrent à l'école communale de Gigors. » Gigors était alors un hameau de deux cents habitants. C'est dire que les écoliers ne devaient pas être nombreux. Il sut bientôt lire. « Chose bizarre, la vue d'un livre le charmait, non seulement à cause des histoires qu'il contenait, mais aussi et surtout à cause de sa belle *écriture de moule*, de ces lignes régulières qui faisaient des mots, des phrases, des pensées. » Et comme, chez l'enfant, la recherche des causes suit bientôt l'étonnement, il voulut connaître l'histoire de l'imprimerie. Le pasteur protestant de Beaufort lui prêta un jour une *Vie de Gutenberg*. Tout de suite après cette lecture, il se jura de devenir imprimeur. Il se mit à sculpter de petites lettres en buis et se confectionna un alphabet. Il fabriqua ensuite de l'encre d'imprimerie en faisant brûler de la résine de pins et en recueillant la suie sur du drap imbibé d'huile.

Après les lettres simples, il fabriqua des cachets. Comme outils, il avait des aiguilles à tricoter aiguisées à la meule. Pour tous ces travaux, il fallait du buis; l'histoire de son achat du précieux arbuste est bien amusante. Son biographe le peint partant avec les six francs amassés sou à sou pendant des mois et gravissant la route d'un hameau perché sur la montagne. Le père Trangout (tel est le nom du fermier, heureux possesseur des buis désirés) ne veut pas vendre ses arbustes. Ils ne lui servent à rien, mais tout de même il se méfie : pourquoi veut-on lui acheter ces méchants arbrisseaux ? Il renvoie le petit. Celui-ci, tout penaud, s'en va en disant : « J'en aurais donné six francs... » — « Six francs! s'écrie le vieux, où as-tu pris six francs? Ton père t'a-t-il autorisé? Six francs, c'est une somme! Fais-les voir? » Le marché se conclut enfin, et voilà le petit Didier attelé à son fardeau et détalant vers la vallée. En route, le fils du fermier l'arrête, le prenant pour un voleur. Mais il se nomme et raconte son histoire. On le laisse repartir. Bientôt, il ne peut plus marcher, tellement le sentier qu'il a pris est étroit et mauvais. Il cache son trésor et court chercher sa mère. Apercevez-vous cette excellente femme venant aider son Benjamin à tirer le buis qui va lui servir à apprendre un métier inconnu au village? La scène est biblique. En voici une virgilienne :

« L'enfant était heureux, surtout les jeudis et les dimanches, jours où il n'y avait pas école. De grand matin, il quittait la maison, menait au pâturage le troupeau de chèvres de la famille, s'installait en plein air, sous un chêne, sous un noyer, retirait du sac de toile les burins et le bois commencé, et travaillait avec ardeur. Les heures s'envolaient, et les bêtes, sachant bien qu'elles n'avaient pas à redouter alors la vigilance de leur gardien, en profitaient pour ne pas ménager les trèfles ni les choux du voisin, ni les jeunes pousses des arbres fruitiers. »

Il commençait à avoir du renom. Les mères, à la ville voisine, disaient avec admiration en le voyant passer : « C'est le fils Didier, de Gigors, qui fait des images avec du bois, sans avoir appris; ce *don* lui est venu tout seul en gardant les chèvres. »

C'est vers cette époque que se place une sotte histoire d'inspecteur d'Académie. On ne dit pas le nom du monsieur, mais il résidait à Valence, et après avoir fait semblant de s'intéresser à notre jeune artiste, il lui commanda une griffe dont il ne le remercia même pas! Un peu plus tard, le sous-préfet en tournée fut plus intelligent et il fit décerner à son petit protégé, par le Conseil général, une bourse, afin qu'il pût aller étudier à l'École de dessin de Lyon. Inscrivons le nom de ce fonctionnaire : M. de Courcelles.

En 1860, il arriva à Paris où il reçut quelques conseils d'Henriquel-Dupont et de Flandrin, qui ne lui firent pas oublier son premier maître, M. Vibert, de Lyon. En 1865, il exposa, pour la première fois, au Salon de Paris. En 1869, il obtint une médaille; en 1873, une première médaille le mit hors concours. Il obtint également une première médaille à l'Exposition universelle de 1878; un diplôme d'honneur à l'Exposition internationale de Munich. Il est chevalier de la Légion d'honneur depuis 1880.

Depuis 1878, Adrien Didier a été tous les ans, sans interruption, nommé par ses collègues membre du Jury de Gravure. Lors de la formation de la Société des Artistes Français, en 1880, il fut nommé membre du Comité directeur. Il est actuellement président de la Société des Graveurs au burin. Il sera de l'Institut.

DIDIER (Adrien), graveur français, né à Gigors (Drôme), le 19 janvier 1838, fut élève de Vibert, de H. Flandrin, de M. Henriquel-Dupont. On cite de lui : *Anne de Clèves*, d'après Holbein (1869); *Constantin*, d'après Lechevallier-Chevignard (1870); *Françoise de Rimini*, d'après Ingres (1872); *Pastorella*, d'après Hébert (1872); *l'Abondance*, d'après Raphaël (1873); *l'Ame*, d'après Prudhon (1874); *Portrait de J.-P. Laurens*, d'après J.-P. Laurens (1877); *Andréa Sulaï*, d'après Léonard de Vinci, et la *Poésie*, d'après Raphaël (1878); *Portrait de M. Thiers*, d'après Bonnat (1880); *le Jour et la Nuit*, d'après Bouguereau (1887); *la Vierge, l'Enfant Jésus, Sainte Catherine, Saint Benoit et Saint Georges*, d'après Véronèse (1888) et une foule d'œuvres récentes. M. Didier a obtenu une médaille en 1869, une médaille de première classe à l'Exposition universelle de 1878, une médaille d'or à l'Exposition universelle de 1889. Il a été décoré de la Légion d'honneur en 1880. Il fut cinq ans conseiller général de la Drôme.

Pour Mariani.

Ô vous graveurs ! fiers burinistes,
Gens de la pointe, aqua-fortistes,
Qui rêviez d'un philtre fameux
Vous conservant le trait nerveux;
Malgré quelque humaine faiblesse
Ne tremblez point d'être à la baisse !
Ceci n'arrivera qu'au cas.....
Où vous manqueriez de Coca.

Ad. Didier

JULIETTE DODU

PAR l'action courageuse qui l'a rendue célèbre, par sa détermination décisive et par son sang-froid dans le danger, Mlle Juliette Dodu mérite certainement de représenter au XIXe siècle le type immortel de l'héroïne française. C'est, en effet, grâce à son intervention inattendue dans les opérations militaires de 1870 que l'on doit en partie l'une des consolations les plus grandes de cette période néfaste : le succès de l'armée de la Loire.

Mlle Dodu, alors âgée de vingt ans, avait été nommée télégraphiste au bureau de Pithiviers. Quelque temps après avoir débuté dans son emploi, la funeste guerre franco-allemande était déclarée. Les défaites malheureuses de l'armée du Rhin avaient permis aux divisions prussiennes de se répandre par tout le territoire. Le 20 septembre les éclaireurs ennemis forçaient les portes de Pithiviers. Cette ville n'était reliée à Orléans que par un seul fil télégraphique. Mlle Dodu avait été chargée, par le directeur des Postes, du service d'observation militaire dans Pithiviers. Aussi, dès les premières hostilités des envahisseurs, son premier soin avait-il été d'avertir la Délégation du gouvernement de la Défense nationale cantonné à Tours, puis cette précaution principale prise, d'enlever tous ses appareils de communication et de dissimuler sa pile électrique. Le bureau télégraphique étant surveillé, elle dissimula son appareil Morse sous un vaste manteau et put passer ainsi sans éveiller le soupçon des factionnaires allemands. Les ennemis tranchèrent les fils dans la direction du chemin de fer, mais oublièrent de couper celui qui se dirigeait sur Orléans. Cette omission permit, pendant un certain temps, à Mlle Dodu, toujours munie de son appareil, de correspondre avec Orléans et de tenir le gouvernement au courant des opérations de l'ennemi.

Après la prise d'Orléans, le général d'Aurelle de Paladine, avec une armée de quinze mille hommes, vint camper à Pithiviers. Le troisième jour de son arrivée, à onze heures du soir, au moment où précisément le général se trouvait dans le bureau télégraphique de Mlle Dodu, le surveillant que cette dernière avait envoyé le matin même pour vérifier les lignes, fit tout à coup irruption dans les bureaux, les vêtements en lambeaux, une blessure au front et une autre à la main. Il raconta qu'il avait été fait prisonnier.

Dans la matinée du même jour, l'avant-garde du prince Frédéric-Charles entrait dans Pithiviers et s'emparait aussitôt du télégraphe, vide il est vrai de tout appareil, Mlle Dodu les ayant dissimulés.

Le prince avait amené avec lui des employés télégraphistes et tout un matériel de campagne, voire même des rouleaux de fil de fer. Il relégua Mlle Dodu et sa mère dans une pièce voisine du bureau. La jeune employée parvint à soustraire à nos ennemis deux rouleaux de ces fils de fer, et les cacha sous les matelas, au premier étage. A quelques jours de ces incidents se livrait le combat de Beaune-la-Rolande. Pendant toute l'échauffourée, le prince Frédéric-Charles demeura dans le bureau télégraphique ; il recevait les dépêches et expédiait des ordres. Voyant combien le télégraphe était utile aux Prussiens dans leurs opérations, Mlle Dodu, dédaignant toute prudence, s'écria : « Et dire, grand Dieu! que pas un Français n'a eu l'idée de couper le fil! » Le prince allemand, qui entendit ces paroles, y répondit textuellement : « Tout le monde, Mademoiselle, n'a pas votre courage et votre présence d'esprit, heureusement pour nous. »

C'est au lendemain de cette bataille que Mlle Dodu eut l'ingénieuse inspiration d'intercepter les dépêches allemandes au moyen d'un fil de dérivation établi sur l'appareil Morse. Durant dix-sept nuits de suite, elle réussit à surprendre le secret de la correspondance étrangère. Trois exprès furent envoyés au général pour l'avertir du danger. Deux exprès furent tués, mais le troisième parvint au but. Les quinze mille hommes étaient sauvés.

Le commandant de place ordonna de faire fusiller Mlle Dodu. Mais le prince Frédéric-Charles, aussitôt prévenu, ordonna de faire grâce. Il donna seulement l'ordre de faire Mlle Dodu prisonnière et de l'emmener en Allemagne. La jeune patriote aurait eu la douleur, peut-être pire que la mort, d'être éloignée aussi cruellement de la ville et de l'armée, que son sang-froid avait préservées, si la déclaration d'armistice ne fût survenue. Avant d'abandonner le territoire, les Allemands eux-mêmes tinrent à cœur d'honorer la brave Française. Ils vinrent la féliciter de son action glorieuse, et, ce fut ainsi que Mlle Dodu reçut l'hommage le plus hautain qui soit : celui arraché par le courage à des ennemis vainqueurs.

Une telle conduite eût mérité de suite les plus grandes dignités. Mais le gouvernement de la Défense nationale avait supprimé l'ordre de la Légion d'honneur. Gambetta ne put que décerner à Mlle Dodu la seule mention honorable. Aujourd'hui, dans sa simplicité si accueillante et si sympathique, elle préfère se montrer sans l'apparat des décorations. Il n'en est pas moins vrai que la poitrine de cette humble, modeste et admirable femme, peut s'étoiler des feux de la croix de chevalier de la Légion d'honneur et de ceux — non moins brillants — de la médaille militaire. La première de ces distinctions honorifiques lui a été décernée en 1878 ; la seconde, un an auparavant, en 1877.

DODU (Mademoiselle JULIETTE), née à l'île de la Réunion en 1850, de parents français (son père étant chirurgien de la marine) ; est arrière-petite-fille d'un conseiller du roi Louis XVI, lieutenant-criminel du Châtelet de Paris, M. Guérin de Sercilly, et sa grand'mère maternelle eut l'honneur d'avoir pour parrain La Fayette. Son père mourut de la fièvre jaune en activité de service, et ses deux frères sont morts en 1870 en défendant le sol de la patrie. Mlle Dodu appartient donc à une famille ancienne dévouée à la France. C'est en elle qu'il faut honorer ses aïeux, son père, ses frères.

Monsieur Mariani,

La célébrité du vin Mariani depuis longtemps m'était connue, et j'en doutais, jusqu'au jour, où j'en fis usage pour guérir des accès d'oppression que j'ai depuis 1870. Quel ne fut pas mon étonnement de constater que le vin Mariani faisait disparaître mes accès d'asthme ! Je n'en souffre plus et je tiens à vous remercier, cher Bienfaiteur de notre pauvre humanité souffrante.

Juliette Dodu
chevalier de la légion d'honneur

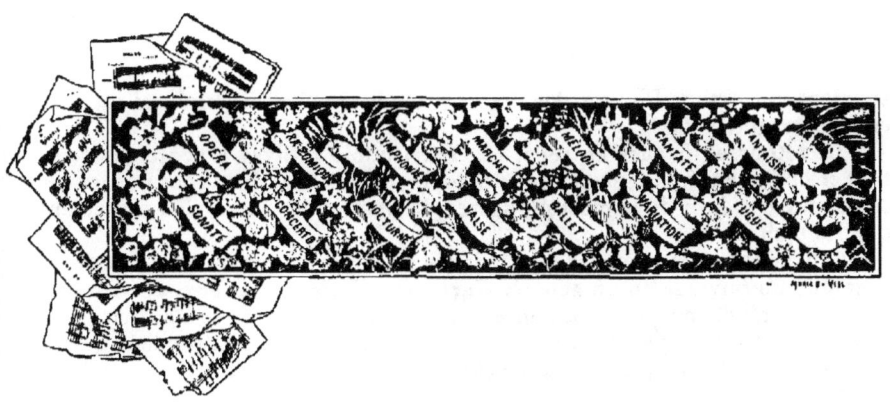

M. THÉODORE DUBOIS

Théodore Dubois a succédé à Ambroise Thomas comme directeur du Conservatoire national de musique et de déclamation.

Il vint très jeune à Paris et entra au Conservatoire où il fit de brillantes études sous la direction de M. Laurent pour le piano, de M. Bazin pour l'harmonie et l'accompagnement, de M. Benoît pour l'orgue, enfin de M. Ambroise Thomas pour la fugue et la composition. En 1855, il obtenait un premier accessit d'harmonie et d'accompagnement; en 1856, le premier prix d'harmonie et un troisième accessit de piano; en 1857, un second accessit de piano, un premier d'orgue et le premier prix de fugue; en 1858, le second prix d'orgue; en 1859, le premier prix d'orgue et le second prix de Rome à l'Académie des Beaux-Arts; enfin, en 1861, le premier Grand Prix de Rome. Le concours de Rome était particulièrement brillant en cette année 1861, puisque, outre le premier prix décerné à M. Th. Dubois, l'Académie jugea à propos de donner deux seconds prix, l'un à M. Salomé, l'autre à M. Anthiome, et qu'une mention honorable fut même décernée à M. Ch. Constantin. Et pourtant M. Dubois fut couronné dans des circonstances tout à fait exceptionnelles: à peine entré en loge, il tombait malade atteint de la petite vérole et était contraint de s'aliter. Tout le monde le pensait hors de concours. On comptait sans son courage et son énergie; à peine convalescent, il sollicita un mois, qui lui fut naturellement accordé et c'est dans de telles conditions qu'il acheva sa cantate et qu'il mérita le premier prix.

En séance publique, cette *Atala*, inspirée du poème-roman de Chateaubriand, fut chantée par Mlle Monrose, MM. Warot et Bataille, et ce fut un succès. Elle dépassait la moyenne ordinaire des œuvres de ce genre.

M. Dubois travailla avec ardeur à Rome.

C'est d'Italie qu'il prit part au concours ouvert au Théâtre Lyrique (1864) pour la composition d'un opéra en trois actes : *la Fiancée d'Abydos*. « Je me souviens, dit Arthur Pougin, d'en avoir entendu un chœur dansé qui est d'un effet charmant. »

De retour en France en 1866, M. Th. Dubois se livra à l'enseignement, tout en cherchant inutilement à se faire jouer, comme il arrive à tous nos jeunes compositeurs. Il fit de la musique sacrée, les *messes* se jouent plus facilement que les opéras.

Cependant, depuis quatre ans, le jeune artiste avait fait recevoir à l'Opéra-Comique un ouvrage en un acte, *la Guzla de l'Emir*. Impatienté de voir que ce théâtre, manquant à sa mission et à ses engagements, ne se décidait pas à le jouer, il retira sa partition et la porta au petit théâtre de l'Athénée qui la mit aussitôt à l'étude, et où *la Guzla* fut représentée avec un vif succès le 30 avril 1873.

« Voici, dit M. Léon Garnier, un charmant ouvrage dont la couleur vraiment orientale surprend un peu les échos du petit théâtre de la rue Scribe. L'élégante pastorale écrite par M. Dubois semble mal à sa place et réclame les perspectives plus lointaines et plus vastes de la salle Favart.

M. Th. Dubois avait concouru en 1867 pour la partition d'un *Florentin*. M. Ch. Lenepveu eut le prix. « Il n'en est pas moins vrai, dit M. Arthur Pougin, que le jeune compositeur semble posséder toutes les qualités qui constituent le musicien dramatique : le sentiment de la scène, l'abondance mélodique et la science de la modulation et de l'instrumentation. » Cependant, ne trouvant pas à se produire à nouveau au théâtre, il tourna ses vues ailleurs. Il obtint de beaux succès aux concerts populaires en 1874 et 1875.

Cependant, en 1879, l'Opéra-Comique lui joua *le Pain bis* ; en 1888, l'Opéra donna *la Farandole*, ballet en trois actes, enfin *Aben-Hamet*, opéra en quatre actes, fut joué le 16 décembre 1884, au théâtre Italien. Le succès fut très net, mais le théâtre ferma au bout de quelques semaines.

Par bonheur, M. Dubois, maître de chapelle, puis organiste à la Madeleine, n'était pas à la merci des directeurs de théâtres.

Et aujourd'hui, après avoir gravi tous les échelons des chaires du Conservatoire, le voici à la tête de ce grand établissement et il fournit aux directeurs des artistes comme il leur fournissait jadis des opéras.

DUBOIS (FRANÇOIS-CLÉMENT-THÉODORE), compositeur français, né à Rosnay (Marne), le 24 août 1837 ; se destinant à la carrière de l'enseignement musical, il vint à Paris de bonne heure et entra au Conservatoire où il suivit les classes d'harmonie, d'accompagnement et de composition lyrique, contrepoint et fugue. En 1861, il obtint le Grand Prix de Rome. Sa cantate inspirée de l'*Atala* de Chateaubriand, fut chantée avec le plus grand succès, au mois de septembre, par Battaille, Warot et Mme Monrose. Cependant, *la Guzla de l'Émir*, opéra-comique en un acte, qu'il composa à son retour d'Italie sur un libretto de MM. Barbier et Michel Carré, attendit dix ans avant de paraître au grand jour. Cette pièce à trois personnages fut enfin représentée le 2 mai 1873 au théâtre lyrique de l'Athénée. Ensuite, M. Dubois s'est fait connaître par un grand nombre de chants d'église. Il devint professeur d'harmonie au Conservatoire et membre de la commission pour l'Exposition de 1878 (art musical). Depuis cette année, il a fait paraître ou exécuter : *le Paradis perdu*, symphonie avec soli et chœurs (concerts du Châtelet, 27 nov. 1878), qui remporta avec *le Tasse* le prix du concours municipal de la ville de Paris ; *le Pain bis*, un acte, à l'Opéra-Comique (27 février 1879) ; *la Farandole*, ballet en trois actes, à l'Opéra (14 décembre 1883) ; *Aben-Hamet*, opéra en quatre actes (16 décembre 1884, au théâtre Italien) dont le succès fut bientôt interrompu par la fermeture du théâtre ; plusieurs compositions orchestrales ; une ouverture de *Fathiof*, enfin les *Sept Paroles du Christ*, oratorio de grande valeur qui est fréquemment exécuté dans les églises pendant la semaine sainte.

Depuis vingt-cinq ans, M. Théodore Dubois professe dans la maison du faubourg Poissonnière dont il a été l'un des plus brillants élèves et où il remplace aujourd'hui son ancien maître Ambroise Thomas. Professeur d'harmonie après Elwart en 1871, professeur de composition après Delibes en 1891, inspecteur des écoles de musique du département, il a succédé le 19 mai 1894 à Gounod comme membre de l'Académie des Beaux-Arts.

MLLE ADELINE DUDLAY

Depuis son début à la Comédie-Française, en 1876, jusqu'à sa dernière création de *Frédégonde*, en mai 1897, Adeline Dudlay a joué plus de cinquante rôles de haute importance, les héroïnes de tous les chefs-d'œuvre.

Lorsqu'elle paraît en scène, la première impression ressentie est celle du « sérieux », et non de l'étonnement ni de la curiosité, comme il arrive pour certaines artistes. Chaque spectateur semble partager l'anxiété de Camille, de Dona Sol, de Phèdre. On cherche une explication sur son front comme sur ses lèvres et jusque dans les frémissements de sa poitrine et les mouvements de tous ses muscles. Elle est tout entière à son rôle, sans une défaillance. Aucun mouvement du corps, aucun geste, aucun regard, n'est laissé à l'improvisation du moment. Tout a été étudié, composé, perfectionné. Aussi l'émotion va-t-elle en grandissant dans la salle, et l'exagération est si peu dans les habitudes de l'actrice, la vérité est si bien son seul guide, qu'on oublie parfois de l'applaudir! Cela me semble le comble de l'art, qui n'est que le comble du naturel. Telles l'oublient trop, forcent les bravos par certaines intonations extra-naturelles et raffinées, par certains arrêts brusques, comme fait un bel orateur, amoureux des murmures laudatifs.

Quelques critiques refusent le charme à Mlle Dudlay, sans voir que cette absence est voulue, et on passe trop vite sur ce que l'intelligente artiste a mis à la place de ce charme dans ces scènes d'aveu, de contentement passager, dans ces scènes enfin qui semblent à quelques-unes des scènes d'amour, tandis qu'elles sont des scènes passionnelles d'une espèce particulière. Mlle Dudlay « a trouvé le point » à force d'étude et de recherche.

Plus de douceur, plus de sourires simples! Chez toutes ces passionnées qu'on donne à ressusciter à Mlle Dudlay, le sourire serait un contresens. Il y a trop d'arrière-pensée dans leur amour. Pour caractériser d'un mot la physionomie, le talent et le jeu de notre belle tragédienne, il faut dire que la passion dans ce qu'elle a d'effrayant, de fatal, de magnifique, en est le foyer éclairant. Qui dit passion dit complexité. N'est-il pas complexe ce terrible rôle de *Frédégonde* qu'elle vient de jouer avec éclat? « C'est Mlle Dudlay, écrit Francisque Sarcey, sur qui pèse presque tout le poids de la pièce. Il n'y a pas à dire, elle est excellente; c'est d'un travail très consciencieux et très fini. Je parle quelquefois de l'idéal dans la perfection. Elle n'est que parfaite, mais elle l'est. Et si l'on songe combien ce rôle est complexe et difficile, on ne peut que la louer de l'avoir ainsi porté jusqu'au bout sans faiblir. (*Le Temps*, 17 mai 1897.)

Mlle Dudlay n'a pas l'instinct voyageur, ni l'humeur frondeuse, elle reste à son rang, toujours prête à jouer, docile, respectueuse des décrets, conventions, traditions. Qualités rares et fort louables qu'il convient d'ajouter aux puissantes vertus de l'artiste.

Nous avons pu la voir une après-midi chez elle, où elle est d'une belle simplicité élégante, parmi ses objets d'art. Aux murs, plusieurs portraits de la maîtresse de céans, l'un peint par sa camarade Émilie Lerou, la Jocaste de la Comédie-Française, l'autre par le bon peintre Boutet de Monvel, qui a su prendre, dans son visage, les lignes générales et les isoler en un masque synthétique tout à fait curieux. Son *Adeline Dudlay* est une belle page écrite autant que peinte.

Sur une table, le théâtre d'Hugo. Au centre de l'atelier de travail une jolie réduction de la statue de Talma. C'est sous son égide que lutte Mlle Dudlay.

Un vaste canapé avec dais de bois sculpté est le royal siège (tout fleurdelisé) où aime à s'étendre la digne élève des grands tragédiens aux heures des causeries d'art.

DUDLAY (Mlle ADELINE DULAIT, dite ADELINE), tragédienne; devait d'abord professer le piano, puis embrasser la carrière lyrique; enfin pensionnée par la Comédie-Française pendant qu'elle terminait ses études à Bruxelles (classe de Mlle Tordeus), elle obtient un premier prix de tragédie en 1876, et le 27 septembre 1876, débute à la Comédie-Française dans *Rome vaincue* de M. Parodi, dont c'était la première représentation (rôle d'Opimia) ; 1877 (3 avril), deuxième début dans Alcmène d'*Amphitryon* ; 6 juin, troisième début dans Camille d'*Horace* ; 6 août, Hermione d'*Andromaque* ; 2 mars 1878, remplaça Sarah Bernhardt dans Dona Sol d'*Hernani* ; 18 juillet, Junie de *Britannicus* ; 25 août, Émilie de *Cinna* ; 15 décembre, Pauline de *Polyeucte* ; 27 novembre 1879, Anne de *Anne de Kerviller* ; 12 juillet de la même année, à une représentation d'adieu : William Davenant de *Davenant* de Jean Aicard ; 3 avril 1880, Chimène du *Cid* ; 8 juillet, Aïscha de *Garin* ; 3 novembre, Ériphile d'*Iphigénie* ; 21 décembre 1881, *Phèdre* ; 10 juillet 1882, Monime de *Mithridate* ; 14 décembre, nommée sociétaire pour prendre rang le 1er janvier 1883 ; 11 août 1883, Mathilde du *Supplice d'une femme* ; 4 octobre, la marquise des *Maucroix* ; 1er octobre 1884, Pauline de *Polyeucte* ; 15 juin 1885, à la représentation extraordinaire à la mémoire de Victor Hugo, Mlle Dudlay dit *Stella* ; 22 mai 1886, fragment de la *Fin de Satan*, de Victor Hugo ; les *Armes de Caïn* ; 2 avril 1887, Roxane de *Bajazet* ; 6 juin, 281e anniversaire de Corneille, strophes de M. des Essarts : *La France à Corneille* ; 11 décembre, anniversaire de la naissance de Musset, Mlle Dudlay joue la Muse dans la *Nuit de juin* de M. Lecorbeillet ; 5 mai 1889, le *Chant du siècle*, à-propos de M. Émile Blémont (la poésie) ; 18 juin 1890, Berthe de la *Fille de Roland* ; février 1891, *Henri III et sa cour* (la duchesse) ; 21 décembre, *Hommage de la Muse tragique à Jean Racine* pour le 252e anniversaire de sa naissance, poésie de M. Maurice Bouchor ; 28 décembre, la *Mégère apprivoisée* (Catharina) ; 8 février 1892, première représentation de *Par le Glaive*, de Richepin (Bianca) ; 28 avril, *Athalie* (Athalie) ; 22 septembre, à l'occasion du centenaire de la République : la *Marseillaise* ; 13 novembre, l'*Aventurière* (Clorinde) ; 6 mars, première représentation de *Sapho*, d'Armand Silvestre (Sapho) ; 6 mai, première représentation de la *Reine Juana*, de M. Parodi (dona Juana) ; aucune création nouvelle en 1894 ; 7 février 1895, *Mithridate* (Monime) ; 14 juillet, la *Marseillaise* en matinée gratuite ; 27 novembre, première représentation du *Fils de l'Arétin*, de M. de Bornier (Angela) ; mai 1897, *Frédégonde*, de M. Alfred Debout.

Cher monsieur Mariani

Puisque de toc l'affreux toc est une pilule je vais en guérir avec votre excellent et merveilleux vin Mariani

Aline Dudlay

Dʳ MAX DURAND-FARDEL

 la nouvelle Sorbonne, un public sélect, composé d'hommes en tenue de soirée, de dames en toilettes élégantes, de jeunes filles très modernes ; ô Gerson ! ô vous, les vieux philosophes, ratiocineurs et scolastiques du moyen âge, cela vous changerait de vos auditeurs habituels, les étudiants pauvres qui accouraient de tous les coins de l'Europe pour entendre vos paroles sacrées.

Et cependant, ceux qui sont réunis ce soir sur ces gradins confortables, éclairés à la lumière électrique, viennent entendre parler d'un des hommes qui dominent le moyen âge : le Dante.

Le conférencier entre : droit, le geste sobre, la parole élégante et facile, sans une défaillance de mémoire, debout devant son auditoire, qu'il trouve le moyen de retenir et de charmer pendant une soirée, en lui parlant de la Divine Comédie.

Mais il en parle avec un tel feu, une telle ardeur, il a si bien compris et pénétré le poème, que nous sommes entraînés avec lui et que nous suivrions partout où elles nous mèneraient cette intelligence et cette âme étonnamment jeunes.

Car ce conférencier, c'est le Dʳ Durand-Fardel, qui porte allègrement sur ses épaules le poids de quatre-vingt-un printemps. Loin de l'incommoder, cela n'a l'air que de lui servir à posséder une expérience plus profonde du cœur humain, et à accumuler plus de souvenirs encore dans sa mémoire extraordinaire.

On prétend que les Parisiens ne vivent pas vieux : le Dʳ Durand-Fardel donne un éclatant démenti à cette croyance, car il est tout ce qu'il y a de plus Parisien de Paris, étant né en plein quartier du Marais, dans une rue appelée autrefois rue Culture-Sainte-Catherine, et située vis-à-vis de l'église Saint-Paul.

Possesseur d'une très modeste fortune, il travailla beaucoup pour conquérir tous ses grades en médecine et réussit promptement comme Docteur.

Médecin à Vichy, puis inspecteur des Eaux, cette célèbre station Thermale doit en grande partie son succès au docteur Durand-Fardel. Son fils l'a remplacé dans son cabinet médical de Vichy. Depuis qu'il a pris sa retraite comme médecin, il s'adonna aux travaux littéraires. Il connaissait l'anglais et l'espagnol, et la fantaisie lui vint d'apprendre la langue italienne, dans l'étude laquelle il rencontra le Dante, dont il s'éprit.

Sa voix s'échauffe, son œil, d'ordinaire un peu voilé par la paupière, se met à briller, lorsqu'il parle de son poète favori, dans le grand salon où un buste superbe du Dante se dresse au-dessus d'un extraordinaire meuble japonais que le Dr Durand-Fardel a rapporté lui-même d'un voyage en Extrême-Orient.

— A partir du moment où je le connus, nous dit-il, je m'efforçai de pénétrer de plus en plus au cœur de ce génie, et ce m'est aujourd'hui une douce satisfaction que de vivre dans l'intimité de cette puissante intelligence. Car le Dante, voyez-vous, c'est comme la musique de Wagner : la première fois qu'on l'aborde, on n'y comprend absolument rien. Il faut faire un effort pour pénétrer le voile et découvrir la splendeur de l'Idée.

Et il ajoute :

— Et voilà comment je finis ma carrière !

On ne peut mieux terminer une existence déjà si remplie, car le Dr Durand-Fardel n'est pas de ceux qui se contentent d'aimer cette Idée d'un amour platonique; il veut être l'apôtre de celle qui l'a conquis, il veut que ses contemporains puissent venir s'en nourrir dans la plus large mesure possible. Aussi a-t-il traduit la Divine Comédie; mais sa traduction est *libre*, non pas au point de vue du texte lui-même, qui s'y trouve intégralement reproduit, mais « libre » au point de vue des passages dépourvus d'intérêt pour nous parce qu'ils sont de l'actualité du xve siècle, de ceux qui sont de la scolastique pure comme on en faisait alors dans les Universités. Chose curieuse, cette traduction a été mieux accueillie en Italie qu'en France; c'est qu'en Italie, on s'est rendu compte du but que le traducteur s'était proposé, et que l'on a compris la bonté des moyens qu'il a employés.

A l'heure actuelle, le Dr Durand-Fardel termine une traduction du *Banquet*, l'ouvrage philosophique par excellence de l'Alighieri. Le texte publié sera celui de la quatrième ou de la cinquième traduction ; ce n'est qu'après un pareil effort que le Dr Durand-Fardel commence à être content de son travail.

Dr Max DURAND-FARDEL, né à Paris, le 24 septembre 1815. Études aux lycées Charlemagne, et Henri IV. En 1840, reçu interne des hôpitaux de Paris; 1848, nommé inspecteur-adjoint à Vichy ; 1852 nommé inspecteur de la source d'Hauterive, fonction qu'il exerça jusqu'en 1890. En 1847, membre correspondant de l'Académie de médecine, dont il fut plus tard membre associé. Le 12 mai 1860, chevalier de la Légion d'honneur.

A fondé la Société d'hydrologie médicale de Paris qui depuis quarante ans publie un volume tous les ans. Créa à l'école pratique l'Enseignement des Eaux minérales. En 1868, préside à Biarritz le congrès international d'hydrologie et de climatologie médicales, dont, à titre exceptionnel, il est nommé président honoraire. Il préside en outre plusieurs sociétés médicales, association des médecins de l'Allier, etc...

BIBLIOGRAPHIE. — *Traité du ramollissement du cerveau*, 1843. Ouvrage couronné par l'Académie de médecine, traduit en allemand. — *Traité des maladies des vieillards*, 2e édition, traduit en espagnol. — *Traité des eaux minérales de France et de l'étranger*, 3e édition. — *Traité des maladies chroniques*, 2 vol., 2e édition, traduit en espagnol. — Collaboration à l'*Union médicale*, et mémoires scientifiques. — *La Divine Comédie*, de Dante, traduction, chez Plon, 1895. — *L'Amour dans la Divine Comédie*, broch. in-18, Paris, 1895, Plon. — *Dante Alighieri*, broch. in-18, Paris, 1893, Plon. — *Dante Alighieri, Une vue du Paradis*, broch. in-18, Paris, 1894, chez Plon.

En préparation : *Le Banquet*, du Dante, traduction française. — *La Personne du Dante dans l'Enfer*, étude psychologique.

C'est un devot de Dante Alighieri,
Jadis adorateur du divin Esculape,
Qui vient, du vin précieux de la Coca
Faire une libation idéale
Sur l'autel qu'éleva à la Science et à l'Art
Le pieux Mariani.

Max. Durand Fardel.

VAN DYCK

Anvers, naissait, le 2 avril 1861, le jour même où avait lieu à Paris la troisième — et croyait-on dernière représentation — de *Tannhaüser*, celui qui devait être un des meilleurs interprètes de l'ouvrage sifflé, M. Ernest Van Dyck. Ses parents, gens aisés, le laissèrent d'abord s'adonner à ses goûts vocaux et musicaux. On le mit ensuite chez un notaire où, tout en copiant des rôles avec peu d'entrain, il songeait aux autres Roméo, Faust, etc., dont il rêvait déjà.

En 1883, Van Dyck débutait enfin en public, sous le nom de *Monsieur X*, aux concerts populaires chez Dupont, à Bruxelles. Il chantait le « Preislied » des *Maîtres chanteurs*. Près de lui, Mme Rose Caron débutait également dans « Élisabeth » de *Tannhaüser*. C'est après cette audition qu'elle signa son premier engagement à la Monnaie.

Désormais résolu à se consacrer tout à fait au chant, Van Dyck vient à Paris, sous le vague prétexte donné à sa famille qu'il va faire du journalisme, en réalité pour compléter ses études musicales. Parisien depuis quelque temps, et réellement rédacteur à la *Patrie*, il voit un beau matin Massenet tomber chez lui comme une bombe. (Le compositeur avait rencontré le ténor dans une soirée.)

— Il s'agit de nous rendre un grand service à Paul Vibert et à moi, dit tout fiévreux l'auteur de *Manon*. Voilà : on exécute à l'Institut la cantate de Paul Vidal, candidat au prix de Rome; Warot, son interprète, est malade, remplacez-le !

On se mit au travail séance tenante et, après une nuit presque entière passée sur la partition, Van Dyck chantait, le lendemain, à l'Institut où Vidal décrochait le prix de Rome.

« Quelques jours après, M. Charles Lamoureux signait, pour les concerts du Château-d'Eau, un engagement de cinq ans avec le jeune ténor. Vint la création de *Lohengrin* à l'Éden, de tapageuse mémoire. En 1888, au mois de juillet, Van Dyck débutait à Bayreuth où on l'a vu presque chaque saison. Il dut, avant de paraître sur la scène de la Mecque Wagnérienne, apprendre la langue allemande pour lui totalement inconnue.

Van Dyck est devenu l'idole des Viennois; à l'Opéra Impérial, il triomphe dans les rôles de notre répertoire. *Roméo*, *Faust*, *Manon*, *Werther*, sont les ouvrages où il est le plus applaudi. Nous, Français, nous ne connaissons le célèbre artiste que comme interprète wagnérien; à l'étranger, au contraire, c'est l'interprétation de nos personnages d'opéra qui lui a valu sa renommée.

Il a été le pensionnaire de notre Académie nationale de musique où il a débuté dans *Tannhaüser*, que Paris entendit pour la quatrième fois, après trente-quatre ans écoulés, entre la troisième et la quatrième représentation. D'ailleurs, Van Dyck est souvent notre hôte; chaque saison, d'abord, M. Lamoureux lui fait interpréter au Cirque les meilleurs morceaux du répertoire wagnérien; de plus, MM. Bertrand et Gailhard ne manquent jamais de s'assurer le concours du grand chanteur entre deux engagements à l'étranger.

M. Van Dyck est, à la ville, un simple, de physionomie accueillante. Sa vie privée est calme, toute aux amis, à son art et aussi aux scénarios d'auteur dramatique. Dès l'âge de seize ans, ne faisait-il pas représenter, d'après Paul Féval, une pièce intitulée le *Joli Château*? Il a donné depuis plusieurs pièces très applaudies, telles que *Matteo Falcone*, le ballet *le Carillon*, dont la partition est signée Massenet, et dont Vienne a eu la primeur. L'Opéra doit, de plus, mettre à la scène une autre œuvre chorégraphique de M. Van Dyck, baptisée déjà *Les Cinq sens*.

Van Dyck mène la vie tranquille. A Vienne, il habite Dolling, qui est à la capitale autrichienne ce que Passy est à Paris. Dans un des pavillons de son hôtel, Beethoven composa la *Symphonie héroïque*.

Les honneurs n'ont pas manqué au créateur de *Lohengrin* à Paris. Sa maison de Dolling, près Vienne, garde les nombreuses couronnes, palmes et autres lauriers cueillis dans ses tournées. Mais parmi toutes les distinctions dont il a été comblé, il en est une qu'il considère plus que les autres : sa nomination de chevalier de l'ordre de Léopold. « J'en suis tellement fier, insistait auprès de nous le sympathique décoré, d'abord pour la récompense elle-même, qui est des plus hautes, ensuite parce qu'elle est décernée pour la première fois à un chanteur. Jusqu'ici, reste de l'ancien préjugé contre le comédien, préjugé que vous, Français, vous avez fait des premiers disparaître, puisque Got, Delaunay, Febvre, etc., sont chevaliers de la Légion d'honneur, le roi Léopold s'était refusé à conférer l'ordre royal à un acteur.

« Aussi suis-je tout heureux de cette croix, la première aux comédiens, en Belgique! »

VAN DYCK (Ernest), né à Anvers, le 2 avril 1861. A l'instigation de ses parents, entre chez un notaire qu'il quitte pour des études musicales et pour Paris. Avait déjà paru, appelé *Monsieur X* sur l'affiche, dans les concerts Dupont à Bruxelles. Chante chez nous dans les salons d'abord, puis la cantate de M. Paul Vidal, à l'Institut, ensuite aux concerts Lamoureux; crée *Lohengrin* à l'Eden. Engagé à Bayreuth, il est célèbre à Vienne, en Allemagne, en France où il reprend *Tannhaüser* et chante *La Walkyrie* et *Lohengrin*. Auteur dramatique, il fait jouer, à seize ans, le *Joli Château*, *Matteo Falcone*, le *Carillon*, etc. *Les Cinq sens*, ballet, attendent leur tour à l'Opéra. Chevalier de l'ordre de Léopold, chevalier de l'ordre de François-Joseph d'Autriche.

Je ne veux pas rimer en vain,
Je mettrai les pieds sur les i
Et dirai que le meilleur vin
Est le vin de Mariani ! —

Ernest Van Dyck

FRÉDÉRIC FEBVRE

« Mon cher Febvre, dit Alexandre Dumas fils, dans sa Préface au *Journal d'un comédien*, vous avez été un des heureux de ce monde. Vous avez eu le talent, le succès, l'indépendance, laborieusement, brillamment, fièrement acquise, la santé, qui est le meilleur des auxiliaires dans la lutte, la bonne humeur qu'elle crée qui est la meilleure des compagnes dans le voyage, l'énergie, la volonté, le sens si rare du gouvernement de soi, et, comme couronnement, cette philosophie supérieure qui nous fait renoncer aux choses avant qu'elles se détachent de nous. C'est ainsi que vous quittez en pleine force et en plein succès cette carrière du théâtre encore aussi pleine pour vous de promesses que de souvenirs. »

Frédéric Febvre est le fils d'un officier d'administration. Il fit ses études complètes à l'institution Brion, qui suivait les cours de Louis-le-Grand. Les arts déjà l'attiraient, tous les arts : il dessinait fort joliment, jouait du violon, et il eut même un prix de fugue au cours d'harmonie de Diestch. Mais l'amour du théâtre l'emporta bientôt.

Frédéric débuta à Montparnasse, puis s'en fut au Havre où il joua à côté de Dumaine. En 1852, il entre à l'Ambigu (direction Saint-Ernest, Arnaud, Vernet et de Chilly), puis successivement joue à Beaumarchais, à la Porte-Saint-Martin, enfin à l'Odéon où il reste quatre ans, jouant le répertoire et dans toutes les grandes premières, les reprises retentissantes : Les *Grands Vassaux*, le *Droit chemin*, l'*Oncle Million*, le *Testament de César Girodot*. Après un court passage à l'Ambigu, il entre au Vaudeville, où il se prodigue pendant cinq années (*Nos Intimes*, les *Ressources de Quinola*, *Germaine*, le *Mariage d'Olympe*, le *Drac*, le *Roman d'un jeune homme pauvre*), et cette

Famille Benoiton, dont le succès le rendait furieux, tant il y avait en lui de fièvre de travail nouveau. Enfin, en 1866, d'après la recommandation de Camille Doucet, Édouard Thierry le fait entrer à la Comédie-Française. Le plus cher désir de Febvre était accompli. Nous donnons plus bas la nomenclature, pas complète, — mais la place nous manque — de ces innombrables pièces que le parfait artiste mena au succès.

Ainsi parlait Armand Silvestre, par la bouche de Mlle *Bartet*, à la belle représentation d'adieu du 24 mai 1893. Il est certain que peu de carrières furent aussi bien remplies...

Il excella dans les personnages militaires, comme dans le *Vrai Courage*, le *Demi-Monde*, *Un Mariage de Paris*, *Chamillac*. Il était superbe dans *Marcelle*, puis dans *Christiane*, où il prenait l'emploi des rôles accentués. Nul mieux que lui ne joua les rôles de simple tenue où le comédien a tout à apporter. Enfin, ce fut un metteur en scène incomparable; ce fut lui qui monta *Mariage blanc* où il fit sa dernière création.

Commencements difficiles, durs, avec l'apéritif de la vache enragée, selon l'expression de Jules Claretie, puis, de la persévérance, du travail fertile, du succès et *de la gloire*. Vingt-sept ans enfin à cette Comédie-Française, où il est encore regretté aujourd'hui.

Et ce beau geste de la fin de la carrière, ce départ coquet avant la vieillesse. Tout est crâne, fier et beau dans cette vie d'un grand comédien et d'un parfait gentilhomme à la boutonnière duquel fleurit la Légion d'honneur, si bravement gagnée.

FEBVRE (FRÉDÉRIC), né à Paris, le 21 février 1834. A l'Ambigu, joue dans : *Du côté de la barbe*, *Croquemitaine*, le *Vampire*, la *Peau de chagrin*, les *Pâques véronaises*. A Beaumarchais (1853) : *Vicomte Paul d'Arthenay*, le *Mauvais Gars*. A la Porte-Saint-Martin (1854) : la *Jeunesse des Mousquetaires*, les *Noces vénitiennes*, *Schamyl*, la *Vie d'un comédien*, le *Gamin de Paris*, *Pauvre Jacques*. A la Gaîté : les *Chansons de Béranger*, le *Médecin des Enfants*, les *Zouaves*, les *Aventures de Mandrin*, les *Sept Châteaux du Diable*, *Henri III et sa cour*, le *Sonneur de Saint-Paul*. Entre à l'Odéon (direction Le Rouat et Fechter) : le *Rocher de Sisyphe*, les *Grands Vassaux*, le *Droit chemin*, *Daniel Lambert*, *Un Parvenu*, *Béatrix*, l'*Oncle Million*, *Jaloux du Passé*, *Une Femme heureuse*, la *Mouche du coche*, *Ce que fille veut*, le *Testament de César Girodot*. Tout cela en quatre ans. Prêté à l'Ambigu, il joue *la Maison du Pont Notre-Dame*. Bien entendu, à l'Odéon, il joue tout le répertoire : Corneille, Molière, Beaumarchais, Lesage, Regnard. Au Vaudeville (1861-1866) : les *Mariages de Paris*, *Nos Intimes*, les *Ivresses de l'Amour*, *Un Duel sous Richelieu*, les *Ressources de Quinola*, *Germaine*, le *Mariage d'Olympe*, les *Brebis de Panurge*, le *Drac*, le *Roman d'un Jeune homme pauvre*, la *Famille Benoiton*, etc. Cette dernière pièce, il la joue plus de deux cents fois de suite ! Entre à la Comédie-Française (1866) : *Don Juan d'Autriche*, *Mademoiselle de la Seiglière*, *Mademoiselle de Belle-Isle*, *Bataille de Dames*, le *Lion amoureux*, le *Chandelier*, *Dalila*, le *Gendre de M. Poirier*, *Maurice de Cambre de Julie*, *Hélène*, *Laffémas de Marion Delorme*, l'*Acrobate*, *Marcel*, l'*Autre motif*, *de la Brive de Mercadet*, le *Sphinx*, *Emmeric d'Une chaîne*, *Raymond de Nanjac du Demi-Monde*, le *comte de Briac de la Grand'Maman*, *M. de Morlière d'Un Cas de conscience*, *Louis de Nohant de Petite pluie*, *Clarkson de l'Étrangère*, *Fritz Kobus de l'Ami Fritz*, le *Caprice*, *Ch. Sternay du Fils naturel*, *Don Salluste de Ruy Blas*, *Anne de Kerwiller*, *Fargis de Daniel Rochat*, *Fabrice de l'Aventurière*, *Jean de Hugues de la Princesse de Bagdad* ; il fut aussi entre temps : *Dorante*, *Valère*, *Tartufe*, le *comte Almaviva*. Puis : le notaire *Bourdon* dans les *Corbeaux*, *Saltabadil du Roi s'amuse*, *Vernouillet des Effrontés*, l'*amiral de Smilis*, *Van Hove des Pattes de Mouche*, le *général d'Antoinette Rigaud*, le *général dans Chamillac*, *Lucien de Riverolles de Francillon* (17 janvier 1887). 29 mars 1887, M. F. Febvre est nommé chevalier de la Légion d'honneur. Le *duc de Richelieu dans Mademoiselle de Belle-Isle*, *Pepa*, le *duc de Guise dans Henri III et sa cour* (en 1885, il jouait le *duc d'Epernon*) ; *M. Boisvillette de Margot* (1890) ; *Olivier de Jalin du Demi-Monde* ; *Jacques de Thièvre d'Un Mariage blanc* (20 mars 1891). Voyage artistique en Autriche et en Russie. Le *marquis dans le Marquis de la Seiglière* (1892), le *comte de la Rivonnière du Père prodigue*. Voyage à Vienne. Représentation de retraite le 24 mai 1893. Bibliographie : *Journal d'un Comédien*, tome Ier, préface de M. Jules Claretie; tome II, préface de M. Alexandre Dumas fils (Ollendorff, 1895), illustrations de M. Julian Damazy. Outre la Légion d'honneur, M. F. Febvre pourrait porter à la boutonnière les croix de chevalier de la Couronne d'Italie, de chevalier d'Isabelle-la-Catholique, du Christ de Portugal, du Mérite de Saxe-Cobourg-Gotha, du Nicham de Tunis, etc.

Cher Monsieur Mariani

Je viens de lire votre si intéressant album où ce merveilleux vin de Coca est chanté en vers et prose par tant d'illustres noms.

Puisque ce précieux breuvage est salutaire aux Empereurs, aux ministres aux Prélats, aux hommes de lettres aux artistes — ayant été moi-même plusieurs fois journaliste même, grand d'Espagne... que sais-je encore ! ayant fait dans ma longue carrière un peu de musique un peu de littérature et beaucoup de théâtre.

Voilà, ce me semble la seule excuse pour justifier ma présence dans une si noble et si brillante compagnie

Deux fois merci et Dieu vous

Frédéric Febvre
vice Doyen de la Comédie française

CAMILLE FLAMMARION

LÀ-HAUT, là-haut, plus loin que le bassin du Luxembourg, plus loin que la fontaine de Carpeaux, tout près de l'Observatoire, dont les dômes doivent apparaître à qui passe au-dessus de Paris, comme des verrues blanches sur la figure de la Capitale, et puis, une fois qu'on est là, plus haut encore, aussi près que possible du ciel, un vaste appartement avec des fenêtres s'ouvrant à tous les points cardinaux ; partout de l'air et de la lumière ; c'est bien là, n'est-ce pas, la demeure qui convient à un homme voisinant sans cesse avec les astres.

Camille Flammarion est l'ennemi des mandarinats. Il ne veut pas que la science reste l'apanage de quelques privilégiés, et que, seuls, les professionnels soient à même de profiter des bienfaits qu'elle répand.

— Il faut, nous dit-il, renverser le boisseau ! Il faut prendre le flambeau à la main, accroître son éclat, le porter sur les places publiques, dans les rues profondes, jusque dans les carrefours. Tout le monde est appelé à recevoir la lumière, tout le monde en a soif, surtout les humbles, surtout les déshérités de la fortune, car ceux-là pensent davantage, ceux-là sont avides de science, tandis que les satisfaits du siècle ne se doutent pas de leur ignorance et sont presque fiers d'y demeurer. Oui, la lumière de l'astronomie doit être répandue sur le monde ; elle doit pénétrer jusqu'aux masses populaires, éclairer les consciences, élever les cœurs, et ce sera là son bienfait, ajoute-t-il après une pause.

Nous ne sommes plus au temps où le bonhomme Chrysale trouvait que ses gens s'occupaient beaucoup trop de ce qui se passait dans la lune, et pas assez de ce qui se passait chez lui.

Camille Flammarion a mis ses idées en pratique et ne s'en est pas tenu aux spéculations vaines : pendant trente ans, il a publié une succession d'ouvrages qui se rapportent à ses études astronomiques, mais tous présentent un cachet particulier, et tous écrits avec un style vif et coloré. La plume ne lui a pas suffi, il a répandu ses idées avec sa parole vibrante et chaude, dans des séries de conférences ; il trouvait le moyen d'intéresser un public mondain en traitant des sujets pris parmi les plus sérieux et les plus graves. Aussi a-t-il fait de nombreux amis à l'astronomie.

Car ne se bornant pas strictement à sa spécialité, il a su en extraire les idées générales et philosophiques qui en découlent, et il les résume ainsi:
— L'univers est un dynamisme.

Camille Flammarion dirige aujourd'hui l'observatoire de Juvisy, où se font tous les travaux que négligent les observatoires officiels, il s'occupe activement de la Société astronomique de France qu'il a fondée en 1887, et cela ne l'empêche pas de continuer ses importants travaux astronomiques, et de publier constamment de nouveaux ouvrages ; son nom est populaire par toute la France.

En passant ses examens, il eut la chance d'être remarqué par Babinet, examinateur de l'École Polytechnique, qui le fit entrer à l'Observatoire comme élève astronome à l'âge de seize ans. Il dut quitter ce poste à la suite de dissentiments avec Leverrier, qui plus tard devint son ami et lui rouvrit toutes grandes les portes de l'Observatoire.

Flammarion n'avait pas tardé à donner une preuve de ce qu'il serait plus tard ; à l'âge de dix-neuf ans, il publia la *Pluralité des mondes habités ;* cet ouvrage en est aujourd'hui à sa trente-sixième édition.

Son tempérament de philosophe et de poète le porte à se plaire en compagnie d'artistes et de lettrés. Aussi reçoit-il, avec l'aide d'une charmante maîtresse de maison, dont la tête gracieuse fleure l'élégance du dernier siècle, à côté de savants comme Janssen, Faye, le colonel Laussedat, le prince Roland Bonaparte, des hommes tels que Legouvé, Daudet, Saint-Saëns, Massenet, Gailhard, Colonne, Carolus Duran, Anatole France, et bien d'autres encore.

La place nous manque pour citer complètement des travaux qui marquent des étapes de cette vie si bien remplie. Il nous faut nous borner aux plus importants.

FLAMMARION (Camille), né à Montigny-le-Roi (Haute-Marne), en 1842. 1858 à 1862 : Observatoire de Paris ; 1862-1866, Calculs de la connaissance des temps ; 1866-1870, Études des taches du soleil, études météorologiques faites en ballon ; carte du pôle ; 1870-1879, Mesure de la lumière solaire ; 1872-1875, Étude de Jupiter ; 1873, Dessins des continents et des mers de Mars ; 1873-1878, Travaux remarquables sur les étoiles doubles dont il découvre de nouvelles ; 1875, Carte géographique de Mars ; 1877, Mesures micrométriques des étoiles doubles faites au grand équatorial de l'Observatoire de Paris ; 1879, Détermination théorique de l'existence de la planète transneptunienne ; 1883, Fondation de l'Observatoire de Juvisy ; 1887, Fondation de la Société astronomique de France ; 1890, Synthèse des études faites pour déterminer la constitution physique de la planète Mars.

Ouvrages philosophiques. — *La Pluralité des mondes habités*, in-12. *Les Mondes imaginaires et les Mondes réels*, in-12. *Uranie*, roman sidéral, in-12. *La Fin du Monde*, in-12. *Récits de l'Infini. Lumen*, in-12. *Lumen*, in-18. *Dieu dans la nature*, in-12. *Les Derniers jours d'un philosophe*, de Sir H. Davy, in-12.

Astronomie pratique. — *La planète Mars et ses conditions d'habitabilité*. 580 dessins télescopiques et 23 cartes aréographiques, gr. in-8°. *Les Étoiles doubles*, in-8°. *Études sur l'Astronomie*, 9 vol. in-8°. *Grand Atlas céleste*, contenant plus de cent mille étoiles, in-fol. *Grande Carte céleste*, contenant toutes les étoiles visibles à l'œil nu. *Planisphère mobile*, donnant la position des étoiles visibles chaque jour. *Carte générale de la Lune. Globes de la Lune et de la planète Mars.*

Enseignement de l'Astronomie. — *Astronomie populaire*, exposition des grandes découvertes de l'astronomie contemporaine, gr. in-8°. *Les Étoiles et les Curiosités du Ciel*. Supplément de l'*Astronomie populaire. Les Merveilles célestes*, in-12. *Petite Astronomie descriptive*, in-12. *Qu'est-ce que le Ciel? Copernic et le Système du monde*, in-18. *Petit Atlas astronomique de poche*, in-24. *Annuaires astronomiques.*

Sciences générales. — *Le Monde avant la création de l'homme*, gr. in-8°. *Mes Voyages aériens*, in-12. *Contemplations scientifiques*, 2 vol. in-12. *L'Atmosphère*, Météorologie populaire, gr. in-8°. *L'Éruption du Krakatoa et les Tremblements de terre*, in-8°.

Variétés littéraires. — *Dans le Ciel et sur la Terre*, in-12. *Rêves étoilés*, in-18. *Clairs de Lune*, in-18.

à Mariani

Rayons de soleil en bouteilles,
tandis que d'éminents artistes
vous dégustent en gastronomes,
je vous salue en astronome,
O vin Mariani, Vive le Soleil!

Flammarion

ANATOLE FRANCE

ET homme, dit Thaïs, parle de vie éternelle et tout ce qu'il dit semble écrit sur un talisman. Nul doute que ce ne soit un mage et qu'il n'ait des secrets contre la vieillesse et la mort. » (*Thaïs*, page 144.) On est volontiers tenté de prendre cette phrase pour épigraphe à une étude sur le maître écrivain. Il est certain que par leur perfection de lignes, leur resplendissante beauté morale et l'allure magistrale de leur nombre, les livres de M. Anatole France semblent écrits par quelque être supérieur, intermédiaire, créé par un Dieu compatissant pour nous servir de guide et de modèle.

La qualité maîtresse de l'œuvre de France, c'est qu'elle fait aimer la vie... Car la vie est bonne à vivre ! « Tout passe, puisque vous avez passé, — dit Sylvestre Bonnard en songeant à Clémentine, son unique amour, — mais *la vie est immortelle ; c'est elle qu'il faut aimer dans ses figures sans cesse renouvelées. Le reste est jeu d'enfant, et je suis avec tous mes livres comme un petit garçon qui agite des osselets.* » (*Le Crime de Sylvestre Bonnard*, p. 131.) Rappelez-vous les terreurs de l'ermite devant la force splendide de la vie : « Il s'en allait par les chemins solitaires. Quand venait le soir, le murmure des tamaris caressés par la bise lui donnait le frisson, et il rabattait son capuchon sur ses yeux pour ne plus voir *la beauté des choses.* » (*Thaïs*, p. 27.) « J'ai été enclin de tout temps à prendre la vie comme un spectacle. Je n'ai jamais été un véritable observateur ; car il faut à l'observation un système qui la dirige et je n'ai point de système. L'observateur conduit sa vue ; le spectateur *se laisse prendre par les yeux*. Je suis né spectateur et je conserverai, je crois, toute ma vie, cette ingénuité des badauds de la grande ville que tout amuse et qui gardent, dans l'âge de l'ambition, la curiosité désintéressée des petits enfants... » Il y a beaucoup d'Anatole France dans cette dernière phrase. Le spectacle de la vie a toujours été son grand souci. Cet amour dominateur des choses éclate dès ses premiers vers. Son ode A la Lumière en fait foi :

> Dans l'essaim nébuleux des constellations,
>   O toi qui naquis la première,
> O nourrice des fleurs et des fruits, ô Lumière,
>   Blanche mère des visions,
>
> Tu nous viens du soleil à travers les doux voiles
>   Des vapeurs flottantes dans l'air :
> La vie alors s'anime et, sous ton frisson clair,
>   Sourit, ô fille des étoiles !
>
> ... Sois ma force, ô Lumière ! et puissent mes pensées,
>   Belles et simples comme toi,
> Dans la grâce et la paix dérouler sous ta foi
>   Leurs formes toujours cadencées !

C'est la multiple vie de son âme que France nous conte à travers mille tableaux riants. Ses livres réchauffent le cœur. Car il voit tout en beau : « Aimer, c'est embellir ; embellir, c'est aimer. » Il répète ailleurs cette idée : « Il y a chez les hommes un incessant désir d'orner la vie et les êtres... Pour embellir la vie, que n'avons-nous pas inventé ? Nous nous sommes fait de magnifiques habits de guerre et d'amour et nous avons chanté nos joies et nos douleurs. Tout l'effort immense des civilisations aboutit à l'embellissement de la vie. »

Jean Servien, Paphnuce, Nicias, Balthazar, Sylvestre Bonnard, l'abbé Jérôme Coignard enfin, tous ses héros, si près de nous, autant de fins morceaux de ce délicieux France, le plus merveilleux évocateur parmi les romanciers, les critiques et les philosophes de ce jour. « Est-ce outrepasser la mesure que de voir en M. Anatole France l'homme doué de ces plus grandes clartés, de cette sensibilité universelle et de cette grâce céleste de tout concevoir harmonieusement, qui profite de tout, pour qui tout semble avoir été préparé, qui a la lumière des psychologues, la vérité des naturalistes et même cet innommable fruit, chimère de tout temps... » C'est ainsi que parle un jeune et ardent analyste et nous aimons à conclure avec lui : « France est parmi les hommes qui nous semblent avoir répandu par le monde le plus d'intelligence, d'ampleur d'idées et de délectation, c'est-à-dire de beauté. »

Sa vie fut simple et pourrait tenir en deux mots ; « Il aima les livres et en fit de très beaux. » Il est membre de l'Académie française et porte la rosette de la Légion d'honneur.

FRANCE (ANATOLE-THIBAUT, dit Anatole), né à Paris, le 16 avril 1844, fils d'un libraire du quai Malaquais ; acheva ses études au lycée Stanislas. Dès dix-neuf ans, il écrivait ; c'est en effet de 1863 que date la jolie pièce de vers le Désir, qu'il mettra en 1873 dans ses Poèmes dorés. Son premier écrit publié est une Étude sur Alfred de Vigny (1868). Son second volume de poésie, les Noces corinthiennes, est de 1876. Il fut longtemps bibliothécaire du Sénat. Il fut chargé par la maison Lemerre de nombreuses préfaces qui sont les plus profondes et des plus bellement littéraires qui aient été publiées sur nos classiques. Collabore au Journal des Débats, au Journal officiel, au Temps, à la Jeune France, etc. Réunit ses articles de critique en quatre volumes : Vie littéraire. Romans, contes, nouvelles : Jocaste et le Chat maigre (1879) ; le Crime de Sylvestre Bonnard, membre de l'Institut (1881), ouvrage couronné par l'Académie française ; les Désirs de Jean Servien (1882) ; le Livre de mon ami (1885) (le Livre de Pierre, le Livre de Suzanne) ; Nos enfants (1886) ; Balthazar, nouvelles (1889) ; Thaïs (1890) (a été mis en vers pour être transformé en opéra par M. Jules Massenet) ; l'Étui de nacre, nouvelles, entre autres le Procurateur de Judée, Sainte Euphrosine et Amicus et Célestin (1892) ; la Rôtisserie de la reine Pédauque (1893) ; les Opinions de M. l'abbé Jérôme Coignard, le Puits de Sainte-Claire, nouvelles ; le Lys rouge, roman ; l'Orme du Mail (1897). Élu membre de l'Académie française, en 1896, fauteuil de M. Ferdinand de Lesseps. Il est officier de la Légion d'honneur

Il est vrai que le vin de Coca Mariani est excellent et répand un feu subtil dans l'économie

Anatole France

EMMANUEL FRÉMIET

'ART de Frémiet échappe absolument à ce défaut caractéristique où la plupart du temps les artistes modernes s'égarent avec le succès : il demeure d'une solidité dans le concept et d'une conscience dans le labeur presque incroyables à une époque où la hâte productive diminue les plus grands et affaiblit même les plus robustes. Pour qui connaît la vie du maître, l'explication de cette anomalie heureuse se trouve facilement donnée si l'on considère la dignité d'une existence toute de travail et de recherches, de persévérance et de labeur constants. Emmanuel Frémiet a été éduqué au dur et précoce enseignement des études les plus rigoureuses et les plus continuelles. Cet artiste souvent charmant et délicat, quelquefois considérable et gigantesque, presque toujours parfait dans toutes ses œuvres, a commencé d'abord par se pencher sur les tables d'anatomie et de dissection. Avant d'entreprendre de traduire la Vie en de colossales fresques d'airain, M. Frémiet a tenté d'en saisir les secrets les plus mystérieux et d'en pénétrer les plus profondes raisons. Ses travaux de l'hôpital Saint-Antoine et de la Morgue ont précédé, dans son éducation, ses groupements d'animaux et ses statuettes militaires. Ce sculpteur est allé aussi loin dans la perfection plastique et dans la réalisation, pour ainsi dire, primitive des formes amplement développées d'une création originelle, que Eugène Delacroix, lorsqu'il lui a plu de peindre le *Daniel dans la Fosse aux lions* ou l'*Éducation d'Achille*, et que M. Leconte de l'Isle lorsqu'il écrivit ses admirables *Poèmes Barbares*. Certes M. Frémiet est demeuré dans le domaine le plus concret de la Nature : son *Homme de l'âge de pierre* et son *Centaure* ne procurent point de sensations aussi indéfinies. Le caractère pelasgique, énorme, de ces statues s'harmonise davantage avec un ensemble monumental de décoration. Au palais du Trocadéro, par exemple, les hauts-reliefs et les admirables blocs si intenses et si violemment travaillés des animaux divers qui décorent les bassins, offrent quelque chose de si formidable et de si étonnamment fort que, malgré soi, on songe, en les considérant, à ces extraordinaires fresques ciselées des Assyriens et des Babyloniens. Les taureaux ailés qui flanquaient les portes des grandes villes d'Asie, les solennelles et imposantes chimères de granit dont les Egyptiens se plaisaient à peupler leurs déserts, sont les ancêtres directs de ces êtres vigoureux et préhistoriques, dont M. Frémiet a si rigoureusement rendu la frémissante et sauvage beauté. L'art du maître moderne est moins hiératique que celui de ces Anciens. C'est par son aspect grandiose seulement qu'il semble devoir se rattacher à cette tradition séculaire. Autrement, M. Emmanuel Frémiet se groupe avec les artistes de génie qui ont été l'honneur de ce siècle, avec Rude, son maître vénéré; avec Barye, ce Michel-Ange du règne animal; avec Carpeaux, son condisciple le plus illustre. Lorsque M. Frémiet a participé à l'ornementation de la fontaine de l'Observatoire et lorsqu'il a ciselé les animaux fantastiques qui agrémentent l'escalier du château de Pierrefonds, il s'est approché aussi près que possible de l'art commun à ces trois sculpteurs, ses pairs. S'il ne les a point surpassés par la fougue et par son énergie dans la plupart des motifs, où, du moins il les égala, il s'est peut-être plus exactement rendu maitre de la justesse des formes. Si d'un côté, en effet, M. Frémiet aborde avec facilité les sujets historiques ou légendaires qui ont fait justement sa réputation, dans un autre sens il excelle *à illustrer* d'une façon vraiment grandiose les pages de l'Histoire Naturelle. Ce grave artiste qui, sur la physionomie de Jeanne d'Arc, a su, avec le tact d'un poète, graver cet indéfinissable prestige de la Divinité, qui, sur le visage de Corneille, a su marquer l'empreinte même du génie, qui, sur le masque de Velasquez, a su imposer le sceau presque religieux d'un idéal suivi et abordé, est le même qui, avec la patience d'un Cuvier, s'est avancé jusqu'à la perfection dans le domaine de la Zoologie. Qui se douterait en effet que l'*Homme de l'âge de pierre* de Frémiet est reconstitué à l'aide de fragments humains de l'époque! M. Frémiet, dès ses premiers envois au Salon, était déjà passé maître. Pourtant cela n'avait pas suffi à lui assurer une gloire un peu tardive. L'admirable *Jeanne d'Arc*, de 1874, devait venir enfin rompre la persévérance de cette injustice. M. Frémiet ne se vit cependant décerner la médaille d'honneur qu'en 1887; ce n'est qu'en 1892 qu'il est entré à l'Institut. C'est M. Larroumet qui a écrit à propos de M. Frémiet : « Cette vie d'artiste, on dirait parfois un chapitre de Vasari par tout ce qu'elle contient de sincérité, de travail et d'efforts. »

FRÉMIET (Emmanuel), sculpteur français, né à Paris, le 25 décembre 1824, et neveu du sculpteur Rude, suivit quelque temps l'atelier de son oncle, passa plusieurs années à la Clinique et exécuta des travaux anatomiques pour le musée Orfila. Il débuta au Salon de 1843 par une *Gazelle*, étude en plâtre. Il a donné, depuis : *Un dromadaire* en cire (1847); divers types de chiens : *Ravaude et Mascareau* (1848); *Matador*; un *Chameau tartare* (1849); un *Ours blessé*; des *Poules cochinchinoises*. *Le Chien courant blessé*, son chef-d'œuvre, aujourd'hui au musée du Luxembourg (1850); *Ravageod et Ravageode*; le *Cheval à Montfaucon*, qui fit sensation et fut acheté par le ministre d'Etat (1853); puis : *Centaure emportant un ours* (bronze, 1863); *Paon et Ours*; *Cavalier romain* (à l'Exposition universelle de 1867); *Napoléon Ier* (statue équestre); *Louis d'Orléans*, pour le château de Pierrefonds; un buste colossal de *La Guerre* (1872); *Jeanne d'Arc* (1874); *Ménestrel du XVe siècle* (bronze argenté, 1875); *Rétiaire et Gorille*, groupe en terre cuite, 1876); *Saint Grégoire de Tours*, statue en marbre pour le Panthéon (1878); *Saint Michel en spadassin* (1879); *Le grand Condé* (bronze); *Miss Jenny* (bronze et marbre, 1881); *Charles V*, buste marbre pour la Bibliothèque, (1882); *Porte-Falot à cheval* pour l'Hôtel de Ville; *Saint Louis* (statuette); *Gorille* (groupe plâtre, 1887); *L'Incroyable* (bronze, 1888); *Velasquez* (1890); *Saint Georges* (1891). M. Frémiet a obtenu une 3e médaille en 1849, une 2e en 1851, une 3e classe à l'Exposition universelle de 1855, une de 2e classe à l'Exposition universelle de 1867, une médaille d'honneur en 1887. Il a été décoré de la Légion d'honneur en 1860; il a été promu officier en 1878. Membre de l'Institut en 1892. Commandeur de la Légion d'honneur, 1896. Il a succédé à Barye, en 1875, comme professeur d'animaux au Muséum.

a Vénus Astarté sortant de l'onde amère
Je préfère le vin dont Mariani est le père
Frémiet

LUCIEN FUGÈRE

ond, très franc, d'aspect alerte, l'œil bon, la bouche spirituelle, tel apparaît M. Lucien Fugère. Il est de ceux qui, dès l'abord, attirent la sympathie.

Son talent souple et sérieux, les faits le proclament mieux que les dithyrambes; depuis plus de vingt ans que M. Fugère tient l'affiche, il n'a connu que des succès, et interrogez les fidèles de l'Opéra-Comique, pas un qui ne lui accorde son suffrage. C'est qu'il n'est pas seulement un chanteur délicat, en parfaite possession de ses moyens; peu d'artistes lyriques possèdent, comme lui, l'intelligence d'un rôle et l'art de donner du caractère au personnage le plus effacé.

L'acteur joue son rôle, l'artiste le vit: celui-là peut séduire une fois, en passant; celui-ci, seul, retient. Or, M. Fugère compte vraiment parmi les artistes, d'où sa réputation solide. Il s'identifie assez avec les figures qu'il incarne pour n'être jamais le même, aussi ne lasse-t-il point, on fait plus que l'estimer, on l'aime. Comédien de race, tour à tour Bartholo, Capulet, La Balafre, passant de Girot et de Gille au comte des Grieux, il tire parti des types les plus divers, se *compose* avec une sûreté rare, et bien fin qui reconnaîtrait le métier en lui tant son jeu vaut par le naturel.

Qualité fort précieuse aussi, son comique est de bon aloi, sa verve pleine de tact s'atténue d'un exquis sentiment; il présentera un bonhomme d'une façon plaisante, il en soulignera les côtés drolatiques; ne craignez rien, ce sera toujours sans tomber dans la charge. Il a trop la compréhension des nuances et son goût s'allie à trop de bon sens pour rechercher des effets au moyen de pitreries; quelle que soit la part de fantaisie dont il les affuble, ses personnages restent des hommes, ce dont doivent lui savoir gré les épris de théâtre, ceux qui demandent à l'action scénique au moins du vraisemblable.

M. Fugère n'a pas suscité cette minute d'enthousiasme qui, d'un presque inconnu, fait parfois une étoile, — plutôt filante, hélas! Non, l'emploi qu'il tient ne s'y prête guère; il a provoqué, par des efforts soutenus, un courant d'admiration plus calme et plus durable, il s'est conquis un public et, chose plus difficile, il a su le conserver.

M. Fugère débuta à Ba-ta-clan et, là, il se rompit, dans l'interprétation du répertoire, dans un labeur incessant, au métier fort complexe de la scène. Il y joua plus de quatre-vingts rôles en trois ans. Aussi fut-il très remarqué dès qu'il parut aux Bouffes dans la *Branche cassée*. Il silhouette avec bonheur le Castellardo de *Madame l'Archiduc*, se taille un très personnel succès dans Souchard de la *Boîte au lait*, et, dans les reprises comme dans les créations, fait preuve d'originalité, de tempérament. Pendant les vacances, il se familiarisa avec le répertoire ordinaire d'opéra comique, en chantant à Néris: le *Farfadet*, la *Poupée de Nuremberg*, le *Maître de Chapelle*, les *Noces de Jeannette*.

C'est dans ce petit bijou de Massé qu'il débuta, salle Favart, lorsque M. Carvalho se l'attacha. Il avait trouvé sa place, ce fut le cri unanime. Dès lors, il se prodigue vraiment avec cette ardeur, cette conscience que donne, seul, un amour réel, profond, de l'art. Il se prête à toutes les combinaisons, paraît dans des emplois assez différents en somme, accepte même des *pannes*... dont il fait des rôles et sauve de la chute à plat quelques pièces.

Nul n'ignore qu'il a dessiné, dans le *Pré aux Clercs*, un inoubliable Girot, dans le *Postillon*, un ineffable Biju, et que son interprétation de Bartholo lui valut, honneur peu dédaignable, d'être comparé à Lablache. Ce fut l'affirmation de son talent. Mais maintes reprises, Papogeno dans la *Flûte enchantée*, le Figaro des *Noces*, et des créations remarquables, Sganarelle dans l'*Amour médecin*, et ce folâtre Joli Gille l'avaient déjà révélé. Sa moisson de lauriers ne devait point s'interrompre. Il serait trop long d'énumérer tous les personnages que M. Fugère mit au jour de la rampe et dans lesquels il s'affirma avec une autorité sans cesse grandissante; d'ailleurs, ses triomphes sont d'hier. Qui donc a oublié le Longueville de la *Basoche*, Dicéphile de *Phryné* et cet étonnant La Balafre?

Ce n'est pas seulement une carrière bien remplie, c'est aussi une carrière riche en enseignements et que nos débutants devraient prendre en exemple.

Né à Paris en 1848, M. LUCIEN FUGÈRE fit ses premiers pas sur la scène à Ba-ta-clan, le 3 mars 1870. Quatre ans après, il entrait aux Bouffes-Parisiens et, en 1877, débutait à l'Opéra-Comique. Principaux rôles : Grégoire (*la Branche cassée*), Saint-Chamas (*la Créole*), Camusot (*le Moulin de Vert-Galant*), Souchard (*la Boîte au lait*), Daniel (*le Pain bis*), Sganarelle (*l'Amour médecin*), Gille (*Joli Gille*), Longueville (*la Basoche*), Mélibée (*Enguerrande*), Dicéphile (*Phryné*), Des Grieux (*le Portrait de Manon*), La Balafre (*la Vivandière*).

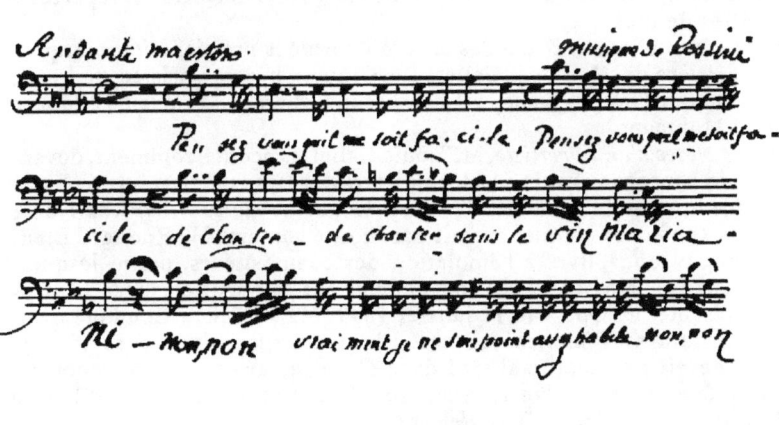

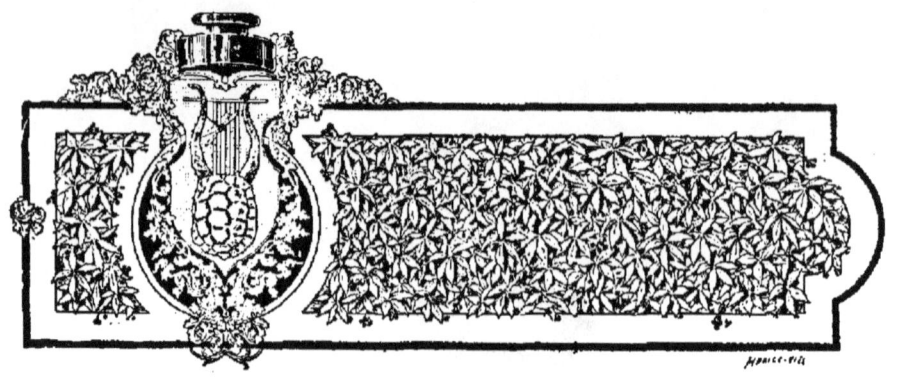

M. LOUIS GALLET

É au pays d'Émile Augier et de Championnet, à Valence, en 1835, M. Louis Gallet n'attendait pas de venir à Paris pour débuter dans la carrière littéraire. Les feuilles dauphinoises publièrent sa prose, des nouvelles, ainsi que ses premiers vers, poèmes courts pleins de pensées justes et de sentiments naturels qu'un petit volume, titré *Gioventû*, et paru d'ailleurs sous le pseudonyme trop modeste de *Louis Marcelly*, a recueilli. Devenu parisien, il se met aussitôt en devoir de marcher vers la conquête des deux situations qu'il occupe aujourd'hui : Inspecteur général de l'Assistance publique, et le poète lyrique, le dramaturge, collaborateur indispensable de nos compositeurs musiciens, dont les livrets forment le répertoire de nos théâtres de musique.

Mikaïla, drame joué à Bruxelles en 1860, forme la première étape dramatique de la carrière de M. Louis Gallet. Le Grand-Théâtre Parisien de Paris, petite scène aujourd'hui disparue, vit son second ouvrage, où avait collaboré M. Edouard Montagne.

Dans ses *Notes d'un librettiste*, M. Louis Gallet a raconté comment, devant l'annonce d'un concours ouvert par le ministère des Beaux-Arts pour un livret d'opéra, l'idée lui vint de soumettre au jury le poème de la *Coupe du roi de Thulé* dans la confection duquel entrait par moitié son ami M. Edouard Blau. L'ouvrage fut couronné, livré à l'émulation des compositeurs, parmi lesquels Georges Bizet et M. Massenet. M. Eugène Diaz eut sa partition jugée la meilleure et représentée à l'Opéra le 11 janvier 1873. Mais l'Opéra-Comique avait déjà donné asile à sa *Djamileh*, un acte, dont Georges Bizet, avec tout le talent qu'on devait reconnaître si tard dans *Carmen*, avait musicalement revêtu de la grâce et de la rêverie orientales. Le *Kobold*, musique d'Ernest Guiraud avait même précédé *Djamileh* (1870).

La Princesse jaune devait commencer avec M. Camille Saint-Saëns une collaboration qui s'est depuis glorieusement et victorieusement affirmée par *Etienne Marcel, le Déluge, Proserpine, Ascanio* et *Frédégonde*. D'ailleurs tous les compositeurs de l'école musicale française ont recherché le concours dramatique et poétique de M. Louis Gallet que se sont adjoints : M. Massenet, pour *Marie-Madeleine, Ève, le Cid, le Roi de Lahore, Thaïs* ; Charles Gounod pour *Cinq-Mars* et *Maître Pierre ;* M. Paladilhe, pour *Patrie, Dalila* et *Vanina* (ces deux derniers ouvrages inédits) : M. Bourgault-Ducoudray, pour *Thamara* et *Bretagne* ; M. Alfred Bruneau pour *Le Rêve* et l'*Attaque du Moulin* ; M. Théodore Dubois pour *Xavière* ; M. Edmond Audran, pour *Photis*, etc. etc.

Ce qui fait le grand mérite de ce «Quinault moderne» comme on a appelé le librettiste du *Roi de Lahore* c'est qu'en lui, le poète aux belles rimes et le dramaturge, le *ficellier*, habile à nouer et à dénouer la trame théâtrale, se mêlent et ne font qu'un. Il est tel de ses opéras qui, de par la musique du vers, et la seule vérité du dialogue et la charpente de la construction scénique, soutiendrait la représentation en dehors de la moindre note de partition.

Là est le secret du talent de M. Louis Gallet. Sa muse a su d'ailleurs maintes fois échapper à cette cohabitation musicale. Il a dans ses cartons divers drames, pièces ou comédies qui pourraient figurer avec succès à la Comédie Française, au Gymnase ou au Vaudeville. Mais voilà : M. Louis Gallet, comme tous les vraiment forts et les doués, est modeste et réservé. Il redoute, à tort, selon nous, cette manie parisienne de cataloguer et de spécialiser les producteurs dans toute espèce de branche d'art et de littérature. Librettiste il s'est fait connaître, librettiste il devra rester. Heureusement qu'il ne s'est pas tenu à cette rigueur et qu'il a fait avec succès des incursions dans d'autres domaines que celui de l'*Opéra. Les Confidences d'un baiser, Le Capitaine Satan, le Petit Docteur, le Régiment de la calotte, Le Médium, Sarah Blondel, Doris,* etc., romans et nouvelles écrits de prose alerte et d'un sûr tour de main dans l'exposé d'intrigues et d'analyses intéressantes dénotent un vrai romancier.

M. Louis Gallet a publié en outre deux volumes de vers : *Patria* où se révèlent à la fois l'âme d'un français et la psychologie du philosophe. *Au pays des Cigaliers*, dix pièces, impressions, paysages, recueillies en un voyage en Provence. Il est de plus critique musical à la *Nouvelle Revue*.

Enfin pour retrouver à la fin de cette notice biographique, l'administrateur, le fonctionnaire hospitalier dont nous parlions au début, disons que le poète de *Patria* a publié avec compétence *Un grand hôpital parisien*, le *Prompt secours*, observations consignées de son expérience et de son séjour dans les hôpitaux. Dans ces établissements dont sont les hôtes les miséreux et les malades, ce public des assistés et le personnel des employés purent apprécier jusqu'où va en M. Louis Gallet la bonté secourable et indulgente. Sa bonté souriante est basée sur un fond de justice, qualité qui, jointe aux autres, a fait autour de la personnalité sympathique du librettiste, inspecteur de l'Assistance publique, se grouper tant d'amitiés solides.

GALLET (Louis), né à Valence en 1835. Débute dans les journaux dauphinois. A Paris obtient au concours un emploi dans l'Assistance publique et poursuit concurremment la carrière littéraire et la carrière administrative. Après un drame à Bruxelles et un autre à Paris, au Grand-Théâtre Parisien, se met à écrire seul ou en collaboration cette longue série de poèmes, d'opéras, d'opéras-comiques et d'oratorios qui va jusqu'au dernier représenté, *Frédégonde*, en passant par le *Kobold, Princesse jaune, Djamileh, Marie-Madeleine, Cinq-Mars, Étienne Marcel, le Roi de Lahore, le Cid, Patrie, Proserpine, Ascanio, le Rêve, l'Attaque du moulin, Xavière, le Vénitien, la Femme de Claude, Stratonice, Thamara, Photis, le Drac, Dalila, Vanina*, etc., etc. Plusieurs romans, deux volumes de vers, ouvrages hospitaliers. Critique musical de la *Nouvelle Revue*. Chevalier de la Légion d'honneur, Prix Vitet partiel décerné par l'Académie française.

À Mariani.
Chanson à boire
Dans le vieux style

Jadis, j'ai vanté la coca,
Dans un petit poème, qu'a
Mis en musique un jeune maître.
Ce vin, au goût si délicat,
Que nous vous devons de connaître
N'était pas encore inventé.
Or, moi, qui le chantais d'avance
Tardivement je l'ai goûté :
Et j'en suis tout réconforté !
Et je n'aspire, en vérité,
Qu'à cultiver sa connaissance !

Il est chaleur, force et gaîté,
Célébrons cette vertu rare,
Car notre pauvre humanité
A bien besoin qu'on la répare !

Refrain

Braves gens, malades ou sains,
Prenez ma morale pour guide :
« Quand mon verre est plein, je le vide,
« Quand il est vide, je le plains ! »

Louis Gallet

HECTOR GIACOMELLI

Les oiseaux de Giacomelli sont bien particuliers à l'idée qu'il s'en est faite, par rapport à la nature. Son originalité n'a rien de littéraire. Ni l'oiseau bleu qui conduit Siegfried à travers la forêt, dans le poème de Wagner, ni le corbeau qui heurte aux vitres de la maison d'Edgar Poe pour crier *never more! never more!* n'ont hanté ses visions intimes et bien à part. Giacomelli est tout simplement un sincère et un modeste, qui s'est retiré dans une charmante maison isolée, de verdure, de guirlandes et de lianes, dans l'inextricable et infinie forêt de l'art moderne. Giacomelli a voulu le grand air libre, l'espace céleste, les clairières vastes où peuvent se déployer, s'étendre et battre les ailes, les ailes, les ailes !

« M. Giacomelli, dit M. Henry Béraldi, a son domaine à lui, il s'y tient résolument, habilement, en homme de talent et d'esprit, et il n'y a point d'égal. Il est le Van Huysum des petits oiseaux, des oiseaux expressifs, tendres, ravissants, qui ont l'air d'en penser long. » Voilà qui est exquis et véridique. M. Béraldi a touché juste. M. Émile Zola lui-même ne dira pas mieux, un jour, lorsqu'il écrira, à son tour : « M. Giacomelli a des finesses exquises... Imaginez la légèreté des gravures anglaises, moins la sécheresse et la dureté. Il dessine avec une aiguille, mais avec une aiguille qui a toute la vigueur et toute l'ampleur du pinceau. C'est fin et gras tout à la fois, très souple et très ferme, admirablement fini et cependant très large. M. Michelet ne pouvait choisir un meilleur artiste pour illustrer *l'Oiseau*. Il a trouvé, dans cet artiste, les qualités rares que demandait cette tâche difficile. » Et combien d'autres témoignages non moins illustres encore nous pourrions citer ! Celui de Louis Depret, écrivant : « Giacomelli aussi est un poète de race et de nature, et, depuis ses premières pages, il n'a pas cessé de nous charmer. » Celui de Charles Pitou, avec cette jolie remarque : « Giacomelli! Voici un nom prédestiné pour un peintre d'oiseau. Ne vous semble-t-il pas, en effet, que ces joyeuses et harmonieuses voyelles s'envolent à tire d'L au milieu des gracieux dessins qu'il signe et prennent, elles aussi, comme le disait Gautier, « le bleu chemin de l'air? » Et aussi et surtout celui, laconique, fraternel, d'une émotion profonde, du grand Michelet : « L'*Oiseau Giacomelli* nous est arrivé ce matin, c'est une vraie merveille, et sublime parfois. »

Passereaux, chardonnerets, hochequeues, alcyons, canaris, oiseaux-mouches, perruches se mêlent à qui mieux mieux dans un joli paradis de gouache et de camaïeu, d'aquarelle et de crayon noir. C'est là un domaine inattendu et enchanteur dont M. Giacomelli connaît tous les recoins et tous les mystères. Bien que M. Émile Zola, et cela avec raison, fasse un rapprochement étroit entre l'art de la gravure anglaise et celui de M. Giacomelli, il me semble que là-bas, très loin, à l'Extrême-Orient, dans l'Empire du Soleil, il y a des peintres de kakémonos dont les grands éventails et les grandes nattes agrémentés de lotus, de fleurs de glycines et aussi de vols de mésanges et de fauvettes ne sont pas sans analogie avec les petits chefs-d'œuvre du peintre français. Tout ce qui fait la saveur de l'art japonais, art admirable que nous ignorons tous, se retrouve en partie dans certaines des œuvres de Giacomelli. Qui se souvient d'*Un bâton de cage*, l'œuvre la plus populaire de l'artiste et celle qui a été le plus justement appréciée, le remarquera aisément. Mais ce ne sont là que des rapports lointains. M. Giacomelli se rapproche trop de la belle école française moderne et il s'apparente assez avec MM. Meissonier, Charles Jacque, Gustave Doré, Henner et Barye, pour qu'on ne l'éloigne pas du berceau où il se plut, parmi les rossignolets et les linots, à achever une série d'œuvres de la plus remarquable et de la plus fine beauté. Sa passion pour Raffet et le mal qu'il se donna pour recueillir une partie des travaux de ce maître et en publier une historiographie sous ce titre : *Raffet, son œuvre lithographique et ses eaux-fortes*, suffirait à prouver son attachement et ses affinités étroites avec les plus célèbres des représentants de l'art contemporain. Pour nous, tant le charme particulier qui se dégage de ses productions est précieux, raffiné et alerte, en même temps que si naïf et si naturel, il nous apparaît semblable à un saint François d'Assise moderne, à un saint François d'Assise charmeur et attirant comme l'autre et aussi aimé des petits oiseaux, mais à un saint François d'Assise qui aurait appris à prier avec Gavarni et à dessiner avec Gustave Doré !

GIACOMELLI (Hector), peintre, graveur et illustrateur français, né en 1822, à Paris, de parents étrangers. Commença par être graveur, puis devint dessinateur industriel pour l'orfèvrerie et les bijoux. Vers trente ans, une maladie grave le força à s'éloigner de Paris. C'est avec l'amour de la Nature qu'il acquit celui de la fleur, de l'herbe, de la mouche et de l'oiseau. Il a exposé les gouaches suivantes : *Oiseaux et Fleurs* (1878); *Un blessé* (1879); *Farniente* (1883); *le Nid de Rossignols des murailles* (1884); *la Chasse, le matin et le soir; la Chanson du printemps, le soir* (1885); *la Jeunesse de l'année* (1887); on lui doit l'illustration de : *Jean-Paul Choppart*; du *Livre de nos petits enfants*; de *l'Oiseau* et de *l'Insecte* de Michelet ; de *Nature*, par Mme Michelet (Londres); des *Poésies* de Maria Howit (Londres); des *Esquisses d'histoire naturelle* (Londres): de *The History of the Robins* (Londres); de *The Bird World* (Londres); d'*Ailes et Fleurs*; des *Nids* d'André Theuriet, de *Sous bois* et *Nos Oiseaux* du même auteur. M. Giacomelli est un collectionneur distingué, et il a été l'un des organisateurs de l'Exposition des Estampes du siècle, ouverte en 1887 à la galerie Petit. En 1887, également, il a été nommé membre de la commission chargée d'organiser la section rétrospective des Beaux-Arts. M. Giacomelli est chevalier de la Légion d'honneur depuis 1878.

Ce que j'étais avant
Et ce que je suis après
avoir bu votre délicieux Coca.
Merci, merci
Cher Monsieur Mariani.

H. Giacomelli

EUGÈNE GRASSET

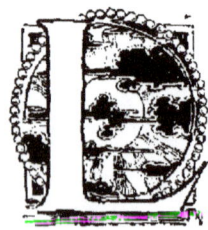E décorateur moderne. Eugène Grasset ne peut porter que ce titre, car c'est un artiste universel : peintre aquarelliste, lithographe, illustrateur, architecte, ouvrier d'art. De son doigt prodigieux d'enjoliveur du réel, de créateur, il a touché à toutes les cordes de la lyre, à toutes les branches de l'art.

Il fut longtemps inconnu du public. Malgré son œuvre énorme, il n'est pas *célèbre*, à la façon de certains. Dans son style pittoresque, Octave Uzanne, l'éminent lettré, l'a noté d'une façon amusante : « Grasset n'est pas de ceux qui ont fait retentir avec toute la puissance et tout l'éclat de leur aimable médiocrité le pavillon des cuivres engorgés de la Renommée; la Déesse aux cent bouches polluées par toutes les irrumations littéraires et artistiques ne s'est pas plus souciée de sa gloire, que lui ne s'est préoccupé des complaisantes fanfares et sonneries de cette vieille buccinatrice. C'est un dévot de l'art qui, jusqu'ici, a vécu fier, mystérieux et béatifié, sous la cagoule de son idéal et qui a nourri plus de rêves élevés que de basses ambitions courantes. »

C'est un maître. C'est aussi un professeur. Nous voici chez lui, boulevard Arago. Son atelier est un beau et large rez-de-chaussée, dans un jardin où fleurissent des lilas et des roses.

La pièce est peu décorée; à peine quelques maquettes du maître, quelques affiches et quelques meubles qu'il composa. Toutefois, quelques solides morceaux de sculpture : de l'antique, du Rodin, des Carriès très beaux.

M. Eugène Grasset, le décorateur général, le professeur aidant au progrès et à l'art, n'enseigne point à l'École de l'État, mais à la concurrence, sise rue Vavin, à l'École Normale de l'Enseignement du dessin. Aucune subvention ne lui vient en aide; mais tous, maître et disciples, ont le sentiment d'être dans la bonne voie.

Eugène Grasset est né en 1850 à Lausanne, en Suisse; mais il s'est fait naturaliser Français. Nous l'en remercions. Enfance tranquille et crayonneuse. Ses premières lectures : Berquin, Bernardin de Saint-Pierre, Ducray-

Duminil et Marmontel, qui activent son imagination. La plus vive impression d'art qui lui ait été donnée alors fut celle des gravures fantastiques de Gustave Doré. Son professeur de dessin fut vite ravi du petit Eugène, car sa vocation se forma tôt. Il fut conseillé à ses parents d'aiguiller son existence vers la peinture. D'où effroi naturel, on ne voulut combattre ouvertement les tendances artistiques du jeune homme; on chercha un moyen terme, et il fut convenu qu'il deviendrait *architecte*. Il pratiqua deux ans, sans enthousiasme. Le hasard d'une commande le mit en relation avec un sculpteur. Ils se prirent d'amitié et partirent ensemble pour l'Égypte où, selon un biographe, « Grasset puisa dans la réserve de sa rétine, ce sentiment intense de la couleur et cette somptuosité décorative qu'on retrouve aujourd'hui dans son œuvre. » Il revint en Europe léger d'argent mais « assoupli, aimable et fort content de son équipée ». Il vint habiter Paris vers 1872, entra dans une maison de décoration où l'on préparait des dessins pour l'ornement des étoffes, cet atelier le tenait tout le jour, mais le soir il fréquenta assidument une académie de dessin et les bibliothèques. Dès qu'il fut en mesure de faire œuvre qui vaille à son propre sentiment, difficile à satisfaire, GRASSET, conformément à sa devise *Toujours plus haut*, recherca des travaux exigeant de grands efforts, — gymnastique féconde.

Ses premiers essais originaux furent les *Contes* pour les enfants qui marquent bien, par leur façon à la fois savante et naïve, la constante préoccupation de *l'art dans tout* et *pour tout* qui est la caractéristique d'Eugène Grasset.

Pour l'hôtel de M. Charles Gillot, il composa des meubles exquis, des cheminées phénoménales, des lustres d'une grâce fantaisiste qu'on ne saurait assez admirer. C'est lui qui composa la lanterne du Chat-Noir, cabaret fameux. Que n'a-t-il fait encore comme bibelots intimes, lampadaires de fer forgé, candélabres, sièges étranges, coffrets, cabinets de bois de style très imprévu, étagères, bibliothèques ou médaillers ? « Son originalité puissante, dit Octave Uzanne, s'est répandue de toutes parts, car il est de ceux, combien rares, hélas ! qui pensent avec raison que l'art gît aussi bien et aussi grand dans la configuration d'un objet, dans la création d'un menu bibelot, que dans une lourde statue, ou la mise sur toile d'une peinture quelconque. » Il sait ennoblir tout ce qu'il touche.

Vers 1881, il entreprit une œuvre considérable : l'illustration en couleurs de l'*Histoire des quatre fils Aymon*. Il y consacra deux années. Mais à l'apparition du livre il était connu des amateurs. Des illustrations lui furent commandées de tous côtés. Le moyen âge avait son chantre, à la fois inspiré et savant.

En dehors de l'illustration à laquelle il se consacra surtout désormais et avec quels succès, on le sait, GRASSET composa de merveilleux cartons de vitraux, ceux surtout qui devraient être placés dans la cathédrale d'Orléans, vie épique de Jeanne la Pucelle, qui n'avait pas trouvé encore de panégyriste, de poète plus puissant.

Il fit des affiches et créa un genre. Il renouvelle tout ce qu'il entreprend. La *Librairie Romantique*, les *Festes de Paris*, *Jeanne d'Arc*, la *Place Clichy*, le *Cavalier Miserey*, sont les plus célèbres.

Doué d'une faculté de travail énorme, d'une persévérance jamais lassée, d'une insatiable curiosité, GRASSET est un juste et noble artiste, dont l'œuvre restera, par elle-même et par les puissantes ramifications de son influence sur tout l'art actuel.

GRASSET (EUGÈNE), né en 1850 à Lausanne (Suisse). Naturalisé français. D'abord architecte. Voyage en Égypte. Dessinateur, illustrateur, peintre, aquarelliste, lithographe, ouvrier d'art. 1883 : L'*Histoire des quatre fils Aymon*. Collaboration à tous les grands journaux illustrés de France et de l'Etranger, en particulier le *Figaro illustré*. Affiches nombreuses. Cartons pour vitraux, etc. Est chevalier de la Légion d'honneur.

Cher Monsieur Mariani
Votre vin est un Cordial merveilleux
E. Grasset

YVETTE GUILBERT

Dessin suggestif, l'affiche de Bac représentant Mlle Guilbert debout, s'avançant sur la scène, est, certainement, la plus compréhensive explication qui ait été donnée de cette admirable et de cette grande artiste. Presque impassible, se sachant reine, et toute de charme, elle se tient droite et élancée, imposante comme la grande Image aimée de cette Fin de siècle.

Le grand succès de mademoiselle Yvette Guilbert est dû autant à sa tenace persévérance qu'à son très beau talent. Elle-même, de façon délicieuse et pleine d'à-propos, a bien voulu parler un peu de sa vie aux lecteurs de l'*Album Mariani* : « J'ai été élevée en Normandie, à Saint-Lô, puis mise au couvent du Bon Sauveur, pendant deux ans. Ma jeunesse a été maladive. Jusqu'à quinze ans, tant l'anémie me rendait souffrante, j'ai dû être éduquée chez moi. Je chantais du matin au soir, tellement que mère mettait dix sous dans ma tirelire quand je restais une demi-journée sans chanter ! J'avais, étant fillette, une voix très grave qui s'est dérangée vers quatorze ans et est devenue ce qu'elle est. J'avais quatorze ans lorsque mon père est mort. Il était commissionnaire en marchandises, rue Richer, et n'avait laissé que des dettes. Ma mère et moi avons été obligées de travailler pour vivre. Ma mère s'occupa alors de broderies, et moi, j'entrai chez Hentenaar, rue du Quatre-Septembre, comme mannequin. J'étais très grande, très mince. J'avais alors dix-huit ans, et l'on m'accepta, à raison de 150 francs par mois, pour essayer des robes et des manteaux de cour ! Et parler anglais ! Tout cela ne satisfaisait ni mes besoins d'existence, ni mes ambitions. J'avais l'idée fixe et très arrêtée de devenir *quelqu'un*, j'entrai au théâtre. J'étais trop désorientée, trop jeunette pour comprendre et admettre qu'il fallait être une flirteuse de premier ordre pour attraper un rôle. Je fus dégoûtée et je partis. J'étais persuadée, même absolument certaine de me faire un nom au Café-Concert. Naturellement je ne croyais pas être si tôt l'*Étoile* que la bonne volonté du public a bien voulu faire de moi ! Oh ! non ! mes rêves n'allaient pas si loin. Et, après avoir trimballé ma longue taille et mes grands bras à Cluny, aux

Nouveautés, aux Variétés, j'entrai au Concert. En un an, j'étais célèbre. De seize francs que je gagnais par jour, je sautai à cinq cents francs! Mais, tous mes efforts faits au théâtre, pendant quatre ans, m'avaient servi; je connaissais les planches, je savais dire, j'étais probablement moins bête que d'autres, car les qualités des artistes de premier ordre qui m'entouraient aux Variétés me servaient d'exemple, et j'apprenais, près d'eux, les mille petits trucs du métier. J'eus alors l'idée de me faire un répertoire à moi, une silhouette à moi. Je me mis à lire tous les romans des jeunes modernes, pour connaître l'état cérébral des gens, et je fus convaincue que des chansons devaient apporter une note nouvelle qui fût de la même famille que celle des auteurs des livres qui sont des réponses, somme toute, aux demandes des lecteurs, du public. J'essayai de peindre mon époque d'une façon compréhensible pour tous; des chansonniers m'y aidèrent, et si j'ai le succès que vous savez, je le dois beaucoup à l'affabilité de la foule, et un peu beaucoup aussi à une persévérance énorme, à une volonté qui jamais ne s'est fatiguée de lutter. J'ai travaillé, et toujours je travaille, et, chaque fois que je chante une chanson j'y ai le même cœur et le même plaisir. J'ai débuté en 1890, à l'*Eden-Concert*, et la même année, au mois d'octobre, au *Concert-Parisien*, depuis j'ai été à *la Scala* et *aux Ambassadeurs*. Je suis allée en Belgique, Autriche, Roumanie, Hongrie, Italie, Angleterre, Amérique, partout, la chance m'a suivie, une curiosité extraordinaire, un déplacement de public inouï... Et, quand je pense que c'est moi, la petite Guilberte, comme on m'appelait au Printemps où je suis restée deux ans, qui dérange tous ces gens-là... Je remercie le ciel du fond de mon cœur, de m'avoir donné l'importance d'un homme intelligent, puisque mon indépendance ne vient que de moi... »

En ces quelques lignes spontanément dictées, tout l'à-propos, la virtuosité, le caprice personnel et bien féminin de Mlle Guilbert, se retrouvent comme adoucis par la mélancolie tranquille du souvenir et la satisfaction méritée du succès constant et prolongé. Il suffit de quelques mots pour révéler une âme. Celle de Mlle Guilbert vient, en peu de phrases, de nous apparaître toute sincère, pétrie à la fois, de force et de malice, faite de poésie funambulesque et de naturalisme délicat. On la reconnaît toute en ce délicieux profil autobiographique, coudoyant avec un sans-façon primesautier et dominateur, aussi bien le prestigieux enchanteur Théodore de Banville, que le roide, cruel et persifleur chansonnier Xanrof.

GUILBERT (Mlle YVETTE), née à Paris, le 20 janvier 1868, d'une mère flamande et d'un père normand. Débuta au théâtre, joua successivement à *Cluny*, aux *Nouveautés*, aux *Variétés*, puis entra à l'*Eden-Concert* en 1890, passa la même année au *Concert-Parisien*. A été depuis à la *Scala* et aux *Ambassadeurs*. Les principales pièces de son répertoire sont : *l'Abonnement* (Byrce); *les Cabotines* (Xanrof-Guilbert); *Demandez plutôt à maman* (Spencer); *les Demi-Vierges* (Yvette Guilbert); *les Demoiselles à marier* (Fragson); *J'vas prendre Alphonse* (Xanrof); *le Lion de la ménagerie* (Mac-Nab); *l'Orange* (Baliveau); *les Pensionnaires* (Chaudoir); *le Petit modèle* (Yvette Guilbert); *la Première fois* (Stretti); *le Petit cochon* (Fragson); *les P'tits vernis* (Y. Guilbert); *Quand il est tard* (Xanrof); *le Rapin* (Spencer), etc., etc.

Si je n'avais pas bu souvent
du vin Mariani, mes pauvres
cordes vocales, se seraient ressenties
fortement des fatigues de tous
mes voyages, mais Mariani nous
garde… Aussi que de remerciements
je lui adresse !

Yvette Guilbert

GUILLEMET

Il offre l'aspect à la fois fier et sympathique d'un officier de cavalerie au retour d'une campagne. La campagne annuelle du célèbre peintre Guillemet, c'est la campagne de Normandie. On pourrait dire qu'il a gagné comme cela cent combats, aux environs de Villers et de la Hougue, cent combats contre la nature, s'il n'était pas au contraire l'ami intime de cette nature sauvage et belle. De même, il fit siège de Paris, et prit maintes fois la ville adorée, surtout par la voie de la Seine, le fleuve préféré.

Pour Guillemet ces deux amours se partagent sa vie et son cœur : l'amour de Paris, l'amour de la Normandie. Six mois en ville, six mois sur la côte normande. A Paris, le jour, il vit de Bercy au quai Henri IV; le soir, le frac revêtu, membre du Tout-Paris, il va aux premières et aux solennités mondaines. Car, c'est un lettré; l'été le chasse de son atelier de la rue Clauzel, le montmartrois descend de sa demi-butte et le voici, sous la vareuse blanche, parmi les rochers et les sables de la Manche. Il pousse parfois jusqu'à Dieppe; mais, c'est encore la Normandie; et jusqu'à Moret.

A qui oserait s'étonner de ses préférences d'homme et d'artiste pour le sol de Normandie, et pour les ponts de la Seine, il répéterait avec enthousiasme le joli mot de Courbet, devant les exotismes hâtifs de certains peintres : « Les malheureux ! ils n'ont donc pas de Patrie ! » Ce mot, c'est tout l'art sincère des paysagistes d'aujourd'hui et d'hier : Courbet, Daubigny, Rousseau et le maître des maîtres, le divin Corot. Ils ont un pays et ils sondent son âme, jamais las des recherches, joyeux comme des fils respectueux dont le père serait un génie admirable.

Quels furent ses maîtres ? Il n'en eut point, si ce n'est « les maîtres ». « Je suis un enfant-trouvé de la peinture. Je me suis égaré dans les champs, sur les grèves, et j'ai admiré et je me suis efforcé de rendre ce que je voyais... Plus tard, respectueusement, je me suis approché de Daubigny, de Corot, notre père à tous; j'ai reçu des conseils de Vollon... » A propos de ce dernier, Armand Silvestre, le poète critique, a dit : « Vollon fut son conseiller; et leur légendaire amitié ne fut pas sans influence — influence disparaissant de plus en plus à mesure que s'affirmait sa personnalité — sur les côtés vigoureux du talent de Guillemet. Il en apprit le secret de ces belles coulées d'argent où vraiment s'emprisonne la lumière et cette finesse des gris qui donne tant de distinction à la tonalité générale. De ces belles leçons, lui-même est sorti maître, le plus complet représentant aujourd'hui de la grande école des paysagistes qui fit, de la seconde moitié de ce siècle, une école de nature comparable à celle de Haarlem. »

Et la conclusion de cette étude de Silvestre est à citer ici. On ne saurait mieux dire : « S'il me fallait caractériser de deux mots, son talent, je dirais que, de tous les paysagistes contemporains, c'est celui qui a le plus de style, j'entends de tradition de la grande école, dans une liberté d'exécution personnelle absolue, faite, à la fois, d'une grande netteté dans la vision des choses, et d'une grande sûreté dans le maniement du pinceau. C'est un robuste, en cet âge de mièvres, un sain, dans ce monde artistique de névrosés. »

Nous donnerons plus loin la nomenclature exacte de ses « Salons » réguliers. Depuis 1872, il n'a point manqué un seul des rendez-vous aux Champs-Élysées. Sa première exposition lui valut une mention honorable, et en 1874, avec *Bercy en décembre*, aujourd'hui en bonne place au musée du Luxembourg, il avait une 2me médaille. Chevalier de la Légion d'honneur, en 1880; médaille d'argent, en 1889, à l'Exposition universelle, il fut fait officier de la Légion d'honneur.

Ses œuvres sont toutes parties de chez lui pour des galeries célèbres, voire même pour l'étranger. Quelques musées ont su en retenir, et c'est leur honneur : Grenoble, Rouen, Amiens, Bordeaux, Mulhouse, Toulon, la ville de Paris, etc. Nous avons dit que le Luxembourg possédait une des premières œuvres du peintre normand.

Enfin, la ville de Paris, lui commanda pour le salon des Lettres un panneau : la *Fontaine de Médicis*, qui est une des œuvres les plus harmonieuses de l'Hôtel de Ville.

Si nous revenons à l'homme, notons que logiquement c'est un gai, puisque c'est un sain et un fort. « C'est un gamin normand affiné par Paris. » Il a le rire franc et l'esprit bon garçon. Il est très aimé des jeunes qu'il conseille et dirige amicalement, maitre à son tour, lui qui eut toute sa vie la vénération des maîtres. Quant à ses compagnons de vie, ils l'ont en cette particulière amitié réservée aux simples, aux bons, aux grands.

GUILLEMET (JEAN-BAPTISTE-ANTOINE), né à Chantilly (Oise), le 30 juin 1843. Voici un catalogue exacte de ses œuvres régulièrement exposées au Salon des Champs-Élysées. 1872 : *Mer basse à Villerville (Calvados)*, qui lui vaut une mention honorable. Ce tableau est aujourd'hui au musée de Grenoble. 1873 : *le Vieux Monaco*. 1874 : *Bercy en décembre*, actuellement au musée du Luxembourg, après avoir obtenu une 2ᵉ médaille. 1875 : *le Quai d'Orsay*. 1876 : *Vue de Villerville* (rappel de 2ᵉ médaille). 1877 : *les Falaises de Dieppe et Environs d'Artemarefain*. 1878 : *la Plage de Villers (Calvados)*, au musée de Rouen. *Le Chao de Vellin*, de 1879, est au musée de Mulhouse. 1880 : la Légion d'honneur lui arrive avec son *Vieux Quai de Bercy*. 1881 : *le Vieux Villerville* et *la Plage de Saint-Waast-la-Hougue*. 1882 : *Marsalines (Manche)*. 1883 : *Saint-Juliac (Ille-et-Vilaine)*, actuellement au musée d'Amiens. 1884 : *Villerville (Calvados)* et *Meudon*. 1885 : *Paris, vue prise de Meudon*. 1886 : *le Hameau de Landemet (Manche)* acheté par le musée de Bordeaux. 1887 : *la Baie de Morsalines (Manche)* et *La Hougue*. 1888 : *la Chapelle des Marins à Saint-Waast-la-Hougue* et *la Plaine de Cayeux (Somme)*. 1889 : *l'Épave à Villerville (Calvados)* et *la Tour de la Hougue* ; une médaille d'argent lui est décernée cette année d'Exposition Universelle. 1890 : *la Baie de Saint-Waast* et *Coup de Vent*. 1891 : *le Quai de Bercy-Charenton* qui est resté au musée de la ville, *le Loing à Moret (Seine-et-Marne)*. 1892 : *la Seine à Conflans-Charenton* et *l'Automne à Moret*. 1893 : *Carrières-Charenton*, acheté par le musée de Toulon, et *Saint-Waast-la-Hougue*. 1894 : *le Pont-Marie*. 1895 : *le Quai Henri IV* et *Mer basse à Saint-Waast-la-Hougue*. 1896 : *Paris, vue des hauteurs de Belleville, mer basse à Barfleur* (1897). Acheté par la Ville de Paris. Il a été nommé cette année officier de la Légion d'honneur. Il est aussi depuis longtemps chevalier de Léopold de Belgique. A l'Hôtel de Ville, salon des Lettres, *la Fontaine de Médicis*.

Un rêve : tout à la Cola. mers et continents
et Mariani en est nommé empereur. On marche, on nage
dans la Cola - on peint à la Cola. On ne vieillit plus.
on est toujours jeune toujours aimé. on ne meurt plus.
Il y a un vers par exemple. Il y aurait trop de
peintres et trop de b. [Kn.] mines.

A. Guillemet

JANE HADING

La carrière dramatique de Mme Jane Hading est une des plus belles que nous connaissions tant le travail s'y montre secondant d'exquises qualités naturelles, tant le succès triomphal y complète et y consacre, en toute justice, le talent.

Née à Marseille, Jane Hading fait ses premiers pas sur la scène à l'âge de trois ans. Il est difficile d'être plus précoce. Au Gymnase de sa ville natale, elle remplace avantageusement dans le *Bossu* la poupée de carton qui jusque-là représentait la petite Blanche de Caylus. — Son père jouait au même théâtre les grands premiers rôles.

Quelques années plus tard, M. Hading, ayant reconnu à sa fille une très belle voix et de réelles dispositions musicales, la fait entrer au Conservatoire de Marseille où, grâce aux soins de deux excellents professeurs, MM. Martin et Peyronnet, et aussi à ses aptitudes étonnantes, elle obtient le prix de solfège.

Voici venir l'âge des débuts. La jeune artiste est pensionnaire du théâtre d'Alger à la fois comme ingénuité et chanteuse d'opérette, et elle chante et joue de la façon la plus heureuse le *Passant*, le *Chef-d'Œuvre inconnu*, le *Feu au couvent*, les *Deux Orphelines*, *Giroflé-Girofla*, etc.

D'Alger allons au Caire où Jane Hading fait partie de la troupe du théâtre Khédivial. Elle consent complaisamment à tenir pour ses débuts le rôle d'Amaranthe dans la *Fille de Madame Angot*, mais elle prend peu après les jeunes premières et les coquettes, ainsi que les soubrettes et les ingénuités.

Mais, adieu l'opérette! et vivent la tragédie et la comédie! Jane Hading rentre à Marseille et fait applaudir son talent transformé dans la reine de *Ruy-Blas*, dans Esther des *Faux Ménages* et dans la *Fille de Roland*. Elle part en tournée avec son père et on la voit avec plaisir dans le *Lion amoureux* de Ponsard, dans *Marceau* et dans le *Bossu*. De retour à Marseille, elle redevient artiste de chant dans la *Petite Mariée*, la *Fille de Madame Angot*, etc. C'est elle qui créa le *Grand Mogol*.

Plunkett, directeur du Palais-Royal, passe par la Cannebière, on lui parle de la jeune étoile qu'il entend et que, séduit, il engage et emmène à Paris. Nouveaux adieux à l'opérette, retour à la comédie. Dès son premier rôle (dans la *Chaste Suzanne*, vaudeville en deux actes de M. Paul Perrier) elle a conquis le public de la capitale.

Victor Koning dirigeait la Renaissance où Jeanne Granier triomphait; celle-ci tombe malade et son directeur supplie Plunkett de lui céder sa pensionnaire qui accapare vite les bravos dans la *Petite Mariée*, la *Jolie Persane*, *Belle Lurette*, puis *Héloïse et Abélard*.

Montigny étant mort, Koning le remplace à la tête du Gymnase et le 19 octobre 1883, Jane Hading, qui rompt cette fois définitivement avec le chant, paraît dans Paulette d'*Autour du Mariage*. Le rôle de Claire de Beaulieu, joué trois cents fois dans le *Maître de Forges* et sans aucune défaillance, classe la belle artiste parmi les reines du théâtre. Elle est désormais la première grande jeune première de Paris. On l'applaudit dans le *Prince Zilah*, dans *Sapho* qui lui vaut l'enthousiasme des plus récalcitrants. Viennent ensuite la *Comtesse Sarah* et la reprise de *Froufrou*. Nous sommes en 1887. A cette époque, des événements intimes obligent Mme Jane Hading à quitter le Gymnase. Elle part pour l'Amérique avec Coquelin. Moisson de bravos, pluie de dollars pour le comédien et la comédienne.

M. Jules Claretie réclame l'ancienne pensionnaire du Gymnase pour la faire entrer dans la maison de Molière. Mme Jane Hading refuse et signe avec le Vaudeville; cependant, après avoir créé à ce théâtre la *Comtesse Romani*, le *Député Leveau*, le *Prince d'Aurec*, à la Porte Saint-Martin, l'*Impératrice Faustine*, elle se décide à aller rue Richelieu. On sait quelle superbe apparition elle fit en marquise d'Auberives des *Effrontés*, joués avec des recettes superbes, interrompues par une nouvelle tournée américaine, mais reprises avec l'*Aventurière*, seconde et dernière pièce où on devait l'acclamer au Théâtre-Français.

Depuis, en décembre 1894, MM. Carré et Porel ont reconquis leur étoile qui a brillé de tout l'éclat de son talent et de sa beauté dans l'un et l'autre théâtre en créant ou reprenant la *Princesse de Bagdad*, les *Demi-Vierges*, *Marcelle* et le *Prince d'Aurec*, *Idylle tragique*.

A la ville, Mme Jane Hading a le charme sympathique qui attache et retient. La physionomie, sans perdre de sa grâce imposante qui est, en scène, sa qualité dominante, s'adoucit. Le regard a dans sa profondeur comme un sourire de bonté, et la voix, malgré son timbre grave, a des inflexions gaies qui ne laissent pas de surprendre.

HADING (Jane), née à Marseille, où son père était jeune premier au Gymnase. Elle débute à 3 ans, remplaçant une poupée (Blanche de Caylus du *Bossu*). Prix de solfège au Conservatoire. Débuts à Alger, continués au Caire, comme chanteuse d'opérette, se fait uniquement comédienne, puis redevient chanteuse. Actrice au Palais-Royal à Paris, rechante à la Renaissance. Enfin, avec Koning au Gymnase, reste définitivement comédienne. *Le Maître de Forges*, *Zilah*, *Sapho* sont ses principales créations. Tournée en Amérique avec Coquelin. Pensionnaire du Vaudeville, puis du Théâtre Français, quitté après deux débuts éclatants. Enfin aujourd'hui, triomphante au Vaudeville et au Gymnase tour à tour dans *Marcelle*, les *Demi-Vierges*, le *Prince d'Aurec*.

À Monsieur Mariani

*J'apprécie avec ferveur
votre délicieux Coca-
Mariani.*

*J'en prends pour soin
quand je suis fatiguée,
et par plaisir lorsque
je suis en bonne santé !*

Jane Hading

GABRIEL HANOTAUX

Voici un ministre de la grande lignée : un homme arrivé au pouvoir avec des idées personnelles et une vraie et féconde volonté.

C'est un élève du cardinal de Richelieu, dont il s'est fait à la fois l'historien et le continuateur. Comme lui, tout jeune, il se traça un plan de vie qu'il ne trahira jamais. Il eût pu écrire, comme le grand cardinal se préparant à la lutte glorieuse pour la défense de son pays : « Tous les pas sont comptés, toutes les paroles sont pesées, tous les gestes sont surveillés ; rien n'est abandonné au hasard de l'improvisation. Un continuel empire sur soi-même subordonne toutes les manifestations de la pensée à la discipline d'une volonté toujours en éveil. »

On assistera, par la lecture de la note biographique par quoi se terminent ces lignes, à la laborieuse carrière de M. Hanotaux. Il est né dans l'Aisne en 1853 et il arriva au pouvoir en 1894, à quarante ans. Trois ministères déjà ont eu sagement recours à ses lumières. Tout porte à croire qu'il deviendra une sorte de ministre perpétuel et qu'on pourra dire de lui comme de son maître à la robe rouge : « Il put ainsi garder, pendant vingt ans, ces quatre pieds carrés du cabinet du roi, plus difficiles à conquérir que tous les champs de bataille de l'Europe. »

Deux volumes ont paru de l'*Histoire du Cardinal de Richelieu*, par M. Gabriel Hanotaux, — dont la *Revue des Deux-Mondes* a eu la primeur, chapitre par chapitre. A ce propos je veux vous dire une anecdote : A un dîner, Mme Pailleron fit un éloge pompeux de M. Hanotaux. « Il sera ministre et aussi, un jour, de l'Académie. » Je retins ce mot qui fut répété à la mère de l'écrivain : « Académicien, je le souhaite et il le mérite, dit-elle ; mais pas ministre, ils me le tueraient. »

Dans le premier volume de l'*Histoire du Cardinal*, M. Hanotaux raconte le « drame de cette vie » avec une merveilleuse minutie. Loin d'en être diminuée, la figure du grand ministre s'en détache plus ferme, vivante, fiévreuse.

La qualité principale de notre ministre des affaires étrangères est son dévouement à ses idées, sa volonté à les faire vaincre.

Dans cette « affaire de Madagascar » encore toute d'actualité, il a montré une fermeté et une sagesse qui ont étonné même ses ennemis. Après avoir, avec un haut talent et une vigueur communicative, défendu le protectorat, il dut changer d'avis et faire voter l'annexion complète de l'île, aujourd'hui notre colonie. « Si nous soutenons, dit-il dans sa déclaration du 20 juin 1896, si nous soutenons aujourd'hui ce système, ce n'est pas par choix, c'est par nécessité. C'est qu'après avoir mûrement pesé et délibéré, nous avons pensé qu'il n'y avait pas d'autre issue à la situation politique et administrative dans laquelle nous nous trouvions engagés, et qu'enfin il nous a paru qu'il valait mieux sacrifier un vain amour-propre à la nécessité du bien public, dans les circonstances qui nous étaient imposées. »

Par 330 voix la Chambre adopta l'ensemble du projet déclarant Madagascar et les îles qui en dépendent : *Colonie française*.

Entre ses deux derniers ministères, M. Hanotaux avait travaillé cette grosse question de notre nouvelle conquête d'Afrique et il avait publié, sur ce sujet, un volume plein de documents intitulé : *L'Affaire de Madagascar* (1896).

Son premier ouvrage de librairie parut dans la collection : *Bibliothèque des Merveilles : Villes retrouvées*. C'est une suite de pittoresques tableaux, visions de l'antiquité : Thèbes, Ninive, Babylone, Carthage, Pompéi, Herculanum, etc. Puis vinrent : *Origines de l'institution des intendants de province*, d'après des documents inédits ; *Études historiques sur les XVIe et XVIIe siècles en France ; instructions aux ambassadeurs de France à Rome, depuis 1648 ; Vie d'Henri Martin, ses œuvres et son temps*. Enfin parut cette œuvre, pas encore achevée, bonheur de notre écrivain qui aime à s'isoler en la bonne compagnie des grands morts, cette *Histoire du Cardinal de Richelieu* auquel l'Académie, qui a appelé l'auteur dans son sein, a décerné le grand prix Gobert.

HANOTAUX (ALBERT-AUGUSTE-GABRIEL), diplomate, puis ministre des affaires étrangères, né à Beaurevoir (Aisne) le 19 novembre 1853. Suivons sa carrière date par date : licencié en droit ; archiviste-paléographe, autorisé à prendre part aux travaux de la direction des archives, 29 janvier 1879 ; attaché au cabinet, 14 janvier 1880 ; attaché payé à la sous-direction des archives, 1er février 1880, secrétaire adjoint de la commission des archives diplomatiques, 20 mars 1880 ; commis principal, 20 janvier 1881 ; sous-chef du cabinet du ministre, 18 décembre 1881 ; rédacteur aux archives, 27 janvier 1882 ; secrétaire de la commission des archives diplomatiques, 10 février 1882 ; chevalier de la Légion d'honneur, 30 décembre 1882 ; chef adjoint du cabinet du ministre, 25 février 1883 ; secrétaire de la commission de réorganisation consulaire, 28 avril 1883 ; conseiller d'ambassade hors cadre, 14 décembre 1883 ; membre de la commission des archives diplomatiques, 1er février 1885 ; chargé de travaux particuliers, 6 avril 1885 ; chargé des fonctions de conseiller d'ambassade à Constantinople, 13 juillet 1885 ; confirmé dans les mêmes fonctions, 27 octobre 1885 ; secrétaire de la conférence de Constantinople pour le règlement des affaires de Bulgarie, 5 novembre 1885 ; délégué de la France à la même conférence, 5 avril 1886 ; mis sur sa demande en disponibilité, 10 avril 1886 ; député de l'Aisne, 18 avril 1886 ; ministre plénipotentiaire de seconde classe en disponibilité, 19 avril 1886 ; sous-directeur à la direction politique, chargé de la sous-direction des pays placés sous le protectorat de la France, 30 octobre 1889 ; commissaire du Gouvernement aux conférences relatives à la délimitation des sphères d'influence françaises et anglaises de l'Afrique du Nord, 10 août 1890 ; officier de la Légion d'honneur, 11 juin 1891 ; directeur des consulats et des affaires commerciales, 15 octobre 1892 ; ministre plénipotentiaire de 1re classe, 1er juillet 1893 ; ministre des affaires étrangères, 30 mai 1894, cabinet Dupuy ; puis cabinet Ribot, janvier-novembre 1895 ; n'accepte pas d'entrer dans le cabinet Bourgeois (nov. 1895). Le 30 avril 1896, M. Hanotaux est rappelé au ministère des affaires étrangères par M. Méline, président du Conseil.

BIBLIOGRAPHIE : *Les Villes retrouvées* (Thèbes d'Égypte, Ninive, Babylone, Carthage, Pompéi, Herculanum, etc.) ; *Origines de l'institution des Intendants des provinces*, d'après des documents inédits ; — *Études historiques sur les XVIe et XVIIe siècles en France* ; — *Instructions aux ambassadeurs de France à Rome depuis 1848* ; — *Henri Martin, sa vie, ses œuvres, son temps* ; — *Histoire de Richelieu*, 2 volumes (ouvrage couronné par l'Académie française : Grand Prix Gobert) ; — *l'Affaire de Madagascar* (1896). Articles, études, chapitres de ses livres dans la *Revue de Paris* et la *Revue des Deux-Mondes*. DÉCORATIONS : Outre la croix d'officier de la Légion d'honneur, M. Hanotaux est décoré du Grand Cordon de Saint-Alexandre Newski, de l'Ordre de Charles III d'Espagne, de l'Imtiaz (Turquie), du Double Dragon d'Or de Chine et de plusieurs autres Ordres étrangers. Il a été élu membre de l'Académie française en remplacement de M. Challemel-Lacour, le 1er avril 1897.

Affaires Étrangères
Cabinet du Ministre

Le vin Mariani donne de la voix et de l'estomac. Que lui demander de plus.

G. Hanotaux

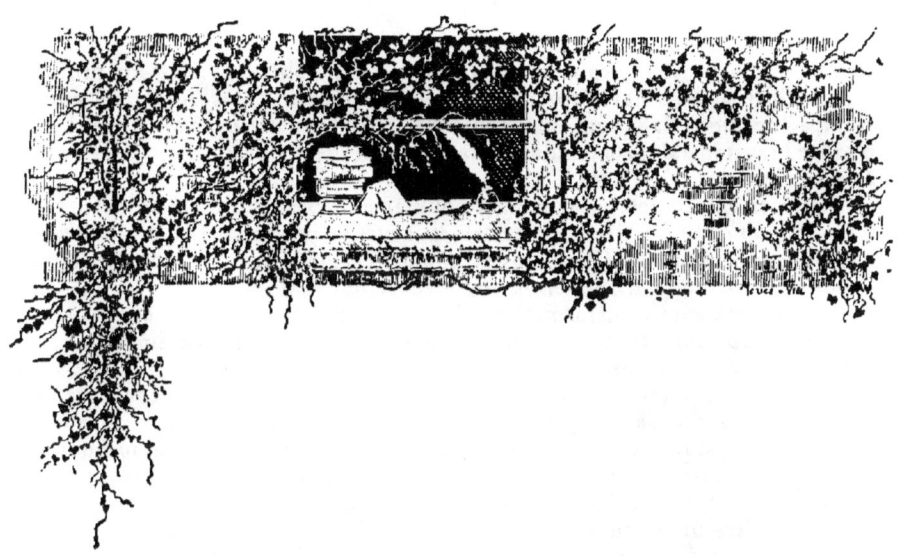

EDMOND HARAUCOURT

GRAND, carré d'épaules, bien découplé, amateur d'haltères et de bicyclette, il a traversé à la nage la baie d'Ajaccio qui compte 6 kilomètres de large. Dans son appartement de l'avenue du Trocadéro, E. Haraucourt s'est entouré de bibelots, de tableaux, d'objets d'art, pour lesquels il apporte un goût très vif; chacun de ses meubles lui est cher, car il a son histoire, il est un souvenir, et tous sont entrés là, un par un, soldés par un poème qu'on payait, un livre, une pièce, et tous ont pour l'auteur un nom, comme des enfants : c'est l'image de ses enfants.

Parmi les tableaux accrochés au mur, nous remarquons un très bon portrait du maître du logis par Axilette, puis, plusieurs toiles, dessins et pastels, signés : Edmond Haraucourt.

C'est qu'il a fait un peu de tout, sauf de la musique, et en 1891, il eût chez Bernheim une exposition qui fut un succès. De plus, deux de ses tableaux ornent actuellement des musées de l'État.

M. Haraucourt débuta comme avocat stagiaire, et comme clerc d'avoué à 3o francs par mois; à cette époque, il mangeait dans son tiroir et « faisait le palais ». Il se sauva : il voulait être peintre.

Sa famille avait pour son compte des visées administratives et cela ne faisait pas le sien. Placé comme fondé de pouvoir dans une recette des finances, un beau matin, il envoya promener la finance et partit pour Ajaccio, comme chef de cabinet du préfet de la Corse.

Après avoir été rédacteur en chef d'un journal de province, qui paraissait tous les jours et qu'il rédigeait entièrement, depuis le titre jusqu'au nom du gérant, avec quelques économies, il rentra à Paris, et fut secrétaire d'une commission à la Chambre des députés. Las de la politique, il devint professeur de littérature. Mais, comme le métier ne lui parut pas fameux, il entra comme ingénieur dans une compagnie d'électricité anglaise, et s'occupa d'appliquer le système des accumulateurs au premier théâtre de Paris qui fut éclairé à l'électricité : les Variétés.

Sur ces entrefaites, un concours pour un emploi de commis-rédacteur au ministère du commerce fut affiché. Haraucourt se précipita à la Bibliothèque nationale, « potassa » les Chambres de commerce, etc..., et réussit son concours. Il pouvait désormais travailler en toute sécurité.

Enfin, onzième transformation, il fut nommé en 1893, conservateur du musée de sculpture comparée du Trocadéro. L'archéologie l'a empoigné ; il l'étudie en vers et en prose.

Avant tout, et au-dessus de cette variété de professions, Haraucourt fut littérateur et poète, et sa poésie porte l'empreinte vive de son caractère ; au moral comme au physique, c'est un gars, solide et bien vivant, un énergique qui ne craint pas la lutte, et qui s'est fortifié chaque fois qu'il a rencontré un obstacle.

Il ne s'intitule pas écrivain de l'âme, ne s'affuble pas d'étiquettes, et se contente d'être un poète dans toute la force et la plénitude du terme.

Il n'est pas de ceux qui se plaquent aux tempes les bandeaux de Boticelli, et joignent leurs mains longues et blanches en s'affirmant mystiques, c'est un vivant qui aime la vie, c'est un homme, en un mot.

Aussi ne s'est-il laissé englober dans aucun clan littéraire. Il s'est senti assez fort pour jouer des coudes, seul, et l'événement lui a donné raison.

Les premiers vers qu'il composa, il les garda pour lui, à l'inverse des affamés de gloire qui publient leurs élucubrations à l'heure où ils sont encore sur les bancs du lycée.

Et tandis qu'il nous parle de toutes ces choses, sa parole, lente et un peu traînante lorsqu'il traite de sujets indifférents, s'anime, devient brusquement nette, incisive, dès qu'il laisse échapper une saillie, un trait d'observation, une expression pittoresque.

Son talent prit sa première volée aux Hirsutes, que Goudeau et Rollinat avaient institués pour remplacer les défunts Hydropathes. Haraucourt s'y fit rapidement connaître. Ce premier succès l'invita à publier un premier recueil « La Légende des sexes » qu'il ne signa point. Peu après, il émigra au Chat-Noir avec Goudeau et Willette.

Lorsqu'il récite ses vers, sa voix se fait grave ; il articule nettement, souligne bien les passages qui doivent « porter ». On le recherche dans le monde : il a su le traverser sans subir l'influence affadissante des salons. Ce monde lui a même inspiré des pièces d'une satire fine, un peu mordante, telles que le *Roi et la Cheminée*, qui font la joie de ceux auxquels il veut bien en faire part.

HARAUCOURT (EDMOND). Né à Bourmont (Haute-Marne), en 1857, de parents lorrains. Nous ne répéterons pas ici les différentes phases de sa carrière que nous avons tracées plus haut. Ajoutons seulement qu'en 1891, l'Académie Française lui décerna un prix de poésie, et que, la même année, il fut nommé Chevalier de la Légion d'honneur.

BIBLIOGRAPHIE. — 1883, *la Légende des sexes*, par le sire de Chambley. 1885, *l'Ame nue*. 1887, *Amis*, roman. 1889, *Shylock*, adaptation de Shakespeare, en vers, à l'Odéon. 1889, *Aliénor*, livret d'un opéra représenté à Pesth, Prague et Berlin, dont la musique est de J. Hubay. 1890, *la Passion*, reprise tous les ans depuis lors sur différents théâtres. 1891, *Seul*, poésies. 1893, *Héro et Léandre*, poème d'ombres représenté au Chat Noir. 1894, *la Première*, un acte, en prose, à la Renaissance ; *l'Effort*, conte philosophique merveilleusement illustré et édité par la Société des Bibliophiles contemporains (Académie des Beaux Livres), fondée et dirigée par Octave Uzanne.

M. Haraucourt a terminé *Don Juan*, drame en cinq actes et en vers, reçu à l'Odéon, et qui sera joué cet hiver ; *Manetti*, drame en cinq actes et en vers ; *Circé*, livret d'opéra en trois actes ; *Marfa*, drame en prose, *le Châtiment* ; un volume de vers qui paraîtra l'an prochain et qui aura pour titre : *le Temps passé* ; enfin *le Tsarévitch*, drame en cinq actes, en prose, reçu à la Porte-Saint-Martin, et qui sera représenté en 1897.

Je chante vos bienfaits, Mariani, en vers
brisés, comme les gens que vous guérissez,
en vers de la nouvelle école,
et je découvre qu'à défaut de la rime
ils pourraient avoir la raison,
s'ils ne chantaient que vos bienfaits, Mariani.

Edmond Haraucourt

LE GÉNÉRAL HENRION-BERTIER

ACHILLE-FRANÇOIS-JEAN HENRION-BERTIER est né en 1817, près de notre frontière d'est, à Nancy, et il manifesta de bonne heure un goût prononcé pour la carrière militaire. Après de fortes études au collège de sa ville natale, il fut reçu à vingt ans, à l'école de Saint-Cyr. A sa sortie, il fut nommé sous-lieutenant au 40e régiment d'infanterie et y conquit successivement les grades de lieutenant en 1844, de capitaine en 1848, de capitaine adjudant-major en 1852. Étant lieutenant, il fut choisi, comme officier d'ordonnance, par les généraux Faverot et Tartras, en 1845 et en 1847. En 1856, il fut attaché, en qualité de chef de bataillon, au 34e régiment d'infanterie, devint lieutenant-colonel au 87e, en 1863, puis colonel du 70e, en 1869; enfin général de brigade en 1874. Périgueux, où il commanda pendant cinq ans dans le 12e corps d'armée, n'oubliera pas de longtemps la sympathie que sut inspirer le général, non pas seulement à ses officiers et à ses soldats, qui trouvèrent toujours en lui un ardent défenseur de tous leurs intérêts, mais à la population civile elle-même, heureuse de posséder au milieu d'elle un officier général d'une cordialité si franche et si largement ouverte à toutes les inspirations généreuses.

Pendant ses quarante-deux ans de service actif, il a traversé une longue période historique où les événements militaires n'ont point manqué ; il a pris part à toutes les campagnes où les troupes françaises se sont trouvées engagées. Sa courageuse conduite à Melegnano lui valut d'être cité à l'ordre du jour de l'armée; et la blessure qu'il reçut à Gravelotte, les trois blessures de Sébastopol, dont il porte encore les traces glorieuses, sont de bien positifs témoignages de sa bravoure. Il subit en 1870 ce cruel supplice de voir, sous Metz, anéantir le régiment qu'il commandait.

C'est après une carrière si longue et si bien remplie, après avoir obtenu pour ses actes de courage : la médaille de Crimée, la croix de l'ordre de Pie IX, celle de commandant de l'ordre de Saint-Grégoire, celle du Lion et du Soleil décernée par le shah de Perse, celle de commandeur de l'ordre de la Légion d'honneur, etc., qu'il atteignit, à Périgueux, la limite d'âge, en 1879, et fut inscrit, le 4 avril de cette année, au cadre de la réserve.

C'est à ce moment qu'il se retira à Neuilly, pour se reposer.

Mais l'inaction devait vite peser sur ce soldat. Ses nouveaux concitoyens remarquèrent son visage énergique et connurent bientôt quel il était. Il fut porté au conseil municipal et bientôt élu maire.

« J'ai servi ma patrie pendant quarante ans ; aujourd'hui elle me demande les forces qui me restent, je les lui donnerai avec bonheur... Sachez, messieurs, que je n'aurai pour guide que ma conscience. »

Dans la bouche du brave soldat qui prononçait ces paroles devant le conseil municipal de Neuilly, après sa première élection comme maire de cette commune, ces paroles n'étaient pas une banale formule ; elles soulevèrent les vigoureux applaudissements de la majorité.

Il a tenu sa parole de soldat ; aussi des comités se formèrent en 1889 et lui proposèrent de le porter aux élections législatives ; il y eut, comme l'on sait, ballottage et le général, fidèle à son attitude loyale et militaire, se retira au second tour. Relisons sa profession de foi :

« Ma vie tout entière a été consacrée au service de la patrie ; j'ai souffert pour elle les plus cruelles épreuves dans diverses guerres, notamment dans celle de Crimée et dans celle de 1870, où j'ai vu le régiment que je commandais presque anéanti sous les murs de Metz... Arrivé au grade d'officier général, j'étais en droit, à mon âge, de jouir d'une retraite paisible et honorée. Les habitants de Neuilly sont venus m'y chercher pour me confier les intérêts de leur commune ; j'ai dû céder à leurs désirs. On sait maintenant le bien que j'ai pu faire avec le concours d'un conseil composé de citoyens honnêtes et éclairés, et l'amélioration générale qui a été obtenue, enfin, une alliance formée avec les maires des communes voisines dont l'union sera une force contre les prétentions excessives des pouvoirs de Paris. Aujourd'hui, soit en témoignage de sa reconnaissance, soit par confiance dans mon caractère, au-dessus de toute ambition personnelle, on me propose la candidature aux élections législatives. Je ne puis décliner cet honneur : tel j'ai été par le passé, tel je serai dans l'avenir, soucieux avant tout des intérêts de la France, qui sont mes seuls guides. » Les passions politiques l'emportèrent sur les patriotiques intentions du général-maire.

Le soldat et l'administrateur restent sur la brèche, prêt à de nouvelles batailles pour l'intérêt de ses concitoyens et de la France.

HENRION-BERTIER (François-Jean-Achille), né à Nancy le 4 avril 1817. Général de brigade en retraite depuis le 2 octobre 1879. Commandeur de la Légion d'honneur le 22 mars 1872. A vingt ans (25 novembre 1837) il entre à Saint-Cyr. Il y fut caporal et sortit sous-lieutenant d'infanterie le 1ᵉʳ octobre 1840. Lieutenant le 12 mai 1844, capitaine le 9 juin 1848, chef de bataillon le 15 novembre 1856, lieutenant-colonel le 4 janvier 1863, colonel le 27 février 1867, général de brigade le 4 novembre 1874. Atteint par la limite d'âge en 1879, le général Henrion-Bertier vint prendre sa retraite à Neuilly-sur-Seine, où il ne tarda pas à être remarqué par la population. Élu conseiller municipal le 19 avril 1885, il démissionna en août 1886. Réélu en 1887, puis le 8 mai 1888, il est choisi comme maire le 18 mai, il est réélu maire en mai 1892 et en mai 1896, ces deux dernières fois à l'unanimité. Grâce à son activité et à son énergie, il a obtenu pour Neuilly de l'eau saine et en abondance, il a fait construire des égouts dans toutes les rues, et malgré toutes ces dépenses considérables, il a mis les finances de la ville dans une situation très prospère et a fait de Neuilly une des banlieues parisiennes les plus agréables à habiter, propre et salubre.

VILLE DE NEUILLY

Cabinet du Maire

Cher Monsieur Mariani

Je suis heureux de dire que je considère le vin Mariani comme un puissant reconfortant, et que s'il était possible un jour de bataille d'en donner un grand verre à nos braves soldats cela leur donnerait la force de remporter la victoire.

Veuillez cher Monsieur agréer l'assurance de mes meilleurs sentiments

Le Général
Henrion-Bertier

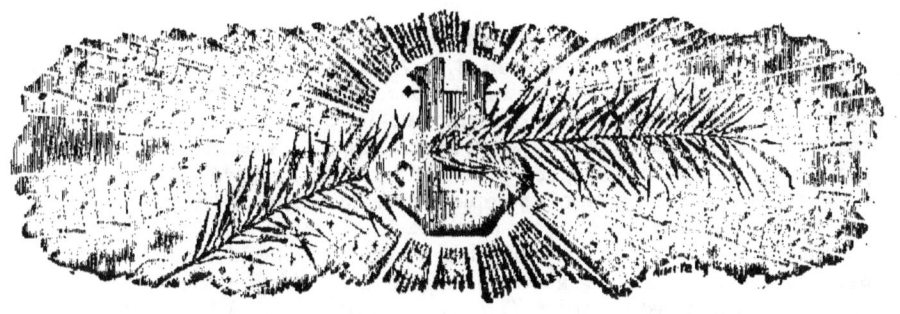

JOSÉ MARIA DE HÉRÉDIA

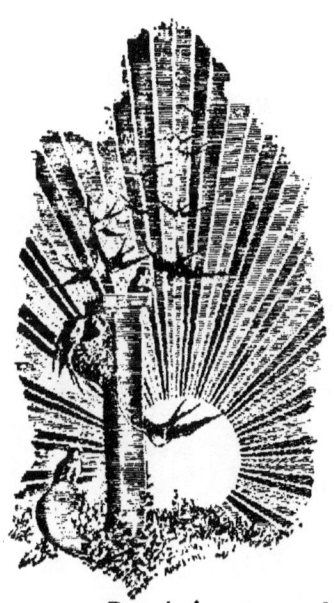

osé-Maria de Hérédia est assez grand, un peu fort, de physionomie à la fois noble et simplement accueillante, avec son front haut, ses yeux de flamme intelligente, sa barbe d'ébène où paraissent çà et là quelques fils d'argent et ses cheveux courts et grisonnants. La voix attaque ou riposte, dans une belle note claironnante de baryton qui a du creux, mais n'en abuse pas.

Le samedi, l'auteur des *Trophées* reste chez lui. De trois à sept heures, ce jour-là, dans son cabinet de travail ses amis défilent. Jeunes poètes qui viennent chercher encouragements et conseils, peintres, avocats, journalistes, etc. Rien n'est plus familier et moins apprêté que ces réunions. Dans la fumée des cigarettes, émancipées par l'exemple du maître de la maison, qui, entre deux bouffées, promène son veston simple de groupe en groupe, se mêle avec esprit à la conversation, littéraire et très parisienne.

Depuis longtemps déjà, avant d'être réunis en splendide faisceau chez Lemerre, les *Trophées*, exposés un à un dans les journaux et les revues, avaient marqué les victoires parnassiennes de José-Maria de Hérédia. L'ensemble — le tutti — des voix fut jugé superbe, ainsi qu'avait été jugé chaque organe entendu isolément. L'évolution fut progressive ; ne nous attardons pas à noter les étapes qu'on pourrait établir avec quelques détails biographiques.

José-Maria de Hérédia est né le 19 novembre 1842, à la Fortuna, dans les montagnes de la Sierra Maestra, proche Santiago-de-Cuba. Cet extrait de naissance que nous possédons sur un autographe du maître est le seul exact. Attrape, Larousse !

Venu jeune en France, il fut élevé au collège de Saint-Vincent, à Senlis ; ses études terminées, il rentre à Cuba, qu'après dix-huit mois de séjour il quitte définitivement pour Paris où il suivit les cours de l'École des chartes.

Ses premiers vers paraissent en 1862 dans la *Revue de Paris*, il avait alors vingt ans! Puis, successivement, la *Revue française*, la *Renaissance*, le *Temps*, les *Débats*, la *Revue des Deux-Mondes*, etc., s'honorent de sa collaboration. A chaque sonnet, tous d'une même impeccabilité de forme, mais de sentiments si différents, sa réputation s'accroît. « On les récite, on se les copie, parmi la jeunesse littéraire, ces poésies d'un travail achevé où chaque vers, chaque mot est en harmonie complète avec le sentiment que l'auteur veut exprimer, avec l'image qu'il veut peindre. Elles donnent l'idée de la beauté absolue, telle que l'expriment par leurs formes admirablement proportionnées les chefs-d'œuvre de la statuaire grecque. » Ainsi parle de l'ensemble des poèmes qui constituent les *Trophées*, un critique, M. Alcide Bonneau.

L'éloge n'est point exagéré, tout extrait qu'on donnerait de l'ouvrage viendrait à l'appui de ce dire ; tel l'admirable *Antoine et Cléopâtre*, où se trouve cette vision d'Antoine contemplant Cléopâtre et qui dans les yeux de sa royale maîtresse découvre

> Toute une mer immense où fuyaient des galères.

Ailleurs, c'est le peintre avec toute une différence de touche dans le pinceau :

> Le temple est en ruine au haut du promontoire...
> (*L'Oubli*).
> Et l'Angélus courbant tous ces fronts noirs de hâle,
> Des clochers de Roscoff à ceux de Sybiril,
> S'envole, tinte et meurt dans le ciel rose et pâle.
> (*Maris Stella*).

Voici le sculpteur :

> Le bras tendu, l'œil fixe, et le torse en avant,
> Une sueur d'airain à son front perle et coule,
> On dirait que l'athlète a jailli hors du moule,
> Tandis que le sculpteur le fondait tout vivant.
> (*Le Coureur*).

Enfin, la lyre de José-Maria de Hérédia sait faire entendre aussi l'attendrissement et la mélancolie, comme dans l'*Exilée* :

> Courbant ton front qu'argente une précoce neige,
> Chaque soir, à pas lents, tu viens t'accouder là.
> Tu revois ta jeunesse et ta chère villa,
> Et le flamine rouge avec son blanc cortège,
> Et lorsque le regret du sol Latin t'assiège,
> Tu regardes le ciel, triste Sabinula.

Tout serait à citer des *Trophées* ; bien de ces citations seraient d'ailleurs inutiles pour la raison que les sonnets sont connus de tous et chantent dans toutes les mémoires. Donnons pourtant deux vers encore, ils nous apprendront quel est le blason du poète. Il descend, en effet, d'un des Conquistadores, don Pedro de Hérédia, qui fonda, au bord de la mer des Antilles, Cartagena de Indias et qui timbrait son écu :

> d'un palmier ombrageant
> De son panache d'or une Ville d'argent.

HÉRÉDIA (José-Maria de), né aux environs de Santiago-de-Cuba, a aujourd'hui cinquante-quatre ans. Officier de la Légion d'honneur, membre de l'Académie française. Son œuvre, admirable, se compose de : Les *Trophées* (118 sonnets, un poème et un fragment épique), d'une traduction en 4 volumes, de la *Conquête de la Nouvelle-Espagne* (H. Bernal, Diaz del Castillo), et d'un petit roman picaresque : la *Nonne Alferez*.

à Angelo Mariani

Pérou, terre de l'or où régna Manco-Capac, tu n'as rien produit qui vaille la Coca.

J. M. de Heredia

CHARLES LECOCQ

Parmi ceux qui, depuis longtemps déjà, nous tiennent sous le charme de leurs partitions et sous l'exquise mélodie de leurs préludes et de leur inspiration délicate, Charles Lecocq est certainement un des plus remarquables, des mieux doués et celui qui peut-être apporte toujours le plus de variété à l'écriture de sa musique.

Il n'y a guère que Charles Lecocq qui soit, parmi les rares, parvenu à donner à l'opérette un attrait persistant et qui demeure vibrant, — telles ces pièces restées toujours jeunes, *Fleur de Thé*, *Madame Angot*, *Giroflé-Girofla*.

C'est que Charles Lecocq a introduit dans sa composition autre chose que le charme futile de l'à-propos et de la revue de fin d'année. Il a fait mieux qu'adapter un air sur des paroles, il y a, oserons-nous dire, recréé le tout, paroles et musique, livret et partition, pour nous offrir une œuvre où le gracieux et le jeune, le naturel et le plaisant reposent de l'opéra-bouffe ordinaire; une œuvre dont l'attraction n'est point vide de sens, mais triomphe en un spectacle exquis et original, à la fois ravissant d'harmonie et plein d'esprit dans son intrigue scénique.

Son art primesautier, si attirant et si joli, qui, par une anomalie de temps et de circonstances, semble s'apparier à la fois à celui de Lulli et d'Olivier Métra, de Rameau et de Jacques Offenbach, mérite aussi bien par l'impromptu de ses motifs que par la frivolité précieuse de ses gammes les louanges les plus hautes. A en entendre ses créations diverses et si nombreuses, on penserait volontiers à ces marches somptueuses des musiques orientales qui s'éveillent au lever des houris; ou au murmure berceur de flûtes japonaises dans un fouillis inextricable de roseaux chantants; ou au prélude prestigieux et étincelant de joie d'un ballet d'Eden ou de Folies-Bergères. Il y a, à la fois, tant de prestige inattendu et de folie lumineuse, de charme mouvementé et entraînant dans les compositions où il excella, que le public, toujours et toujours, s'est trouvé surpris et attentif à en goûter la préciosité, le caprice et le vif éclat.

Charles Lecocq a connu, relativement jeune, la bonne étoile du succès. Avant de devenir le compositeur émérite de la *Petite Mariée*, il s'était exercé dans des genres plus légers et plus difficiles encore à aborder. Cependant son réel premier succès ne lui fut octroyé qu'en 1868, avec *Fleur de Thé*, opérette-bouffe en trois actes, représentée sur la scène de l'*Athénée*. Cette pièce eut successivement plus de cent représentations. C'était un encouragement méritoire et important. L'auteur ne devait pas déconcerter toutes les espérances qu'on avait fondées sur son talent si nouveau et si appréciable. La *Fille de madame Angot*, aujourd'hui si populaire, si répandue et si universellement interprétée, fut la nouvelle œuvre que Charles Lecocq s'empressa de donner à ses admirateurs. Cette pièce fut jouée d'abord à Bruxelles, le 4 décembre 1872, puis aux *Folies-Dramatiques* le 21 février 1873. Par une circonstance surprenante, ce chef-d'œuvre de bonne humeur, d'impression saisissante et de franche allure ne fut acclamée que peu à peu, à mesure qu'augmentaient les représentations. De telle sorte que froidement accueillie au début, la pièce fut jouée avec de plus en plus de triomphe, et cela, jusqu'à tenir quinze mois durant les affiches du théâtre. Un pareil succès, pour ainsi dire sans précédent, plaça Charles Lecocq au rang des plus célèbres compositeurs français. Des écrivains illustres collaborèrent avec lui pour les livrets : Ludovic Halévy, Henri Meilhac, Charles Nuitter, Beaumont, Duru, Vanloo, d'autres encore. Les meilleures scènes se disputèrent ses ouvrages : la Renaissance, les Nouveautés, les Bouffes, les Folies-Dramatiques. De nouvelles compositions répondirent au précédent de la *Fille de madame Angot*, ainsi *Giroflé-Girofla*, le *Petit Duc* et l'*Oiseau bleu*.

Charles Lecocq a en outre écrit des mélodies et des chansonnettes de moindre envergure, mais qui, dans leur genre, n'en sont pas moins des notes caractéristiques de sa valeur et de son savoir (*Ma femme est blonde*, *Lettre d'une cousine à son cousin*, etc...).

Durant de longues années les orchestres nous donneront la joie d'entendre encore les répétitions de ces ouvrages qui, par leur empreinte si marquée de parisianisme et de fantaisie, portent en soi un caractère de durée prolongée. Charles Lecocq lui-même travaille encore, malgré tout le labeur d'une carrière bien remplie qui lui donne droit au repos, et, de temps à autre, une affiche de colonne Morris nous rappelle son nom, qui pour nous reste désormais inséparable de quelques instants d'oubli et de bonheur, de mélodie simple et de joie sans pareille.

LECOCQ (Charles-Alexandre), compositeur français, né à Paris, le 3 juin 1832, entra au Conservatoire en 1849, y obtint divers prix et devint professeur de piano. Après avoir fait jouer aux Bouffes-Parisiens, en 1857, une opérette qui avait été reçue au concours, *le Docteur Miracle*, il donna aux Folies-Nouvelles et aux Folies-Marigny diverses bouffonneries qui attirèrent l'attention, entre autres *le Baiser par la poste*, *Liline et Valentin*, *les Ondines au champagne*, *le Cabaret de Ramponneau* ; il écrivit aussi la musique d'une pièce en un acte, *le Myosotis*, représentée au Palais-Royal en mai 1866. Donna *Fleur de Thé* à l'Athénée, en 1868. En 1871, fit représenter à Bruxelles les *Cent Vierges*, opérette en 3 actes, qui précéda son grand succès, *la Fille de madame Angot*. Depuis *la Fille de madame Angot*, M. Charles Lecocq a écrit les compositions des pièces suivantes : *Giroflé-Girofla* (à la Renaissance, en 1874); *la Petite Mariée* (1875); *le Pré-Saint-Gervais* (Variétés, 1874); *le Petit Duc* (1878); *la Camargo* (1878); *la Petite Mademoiselle* (1879); *la Jolie Persane* (1879); *Janot* (janvier 1881); *le Jour et la Nuit* (1881); *le Cœur et la Main* (1882); *la Princesse des Canaries* (février 1883); *l'Oiseau bleu* (janvier 1884); *Plutus* (1885); *les Grenadiers de Mont-Cornette* (1887); *la Volière* (1888); *Ali-Baba* (ballet pour l'Éden, en 1889); *l'Égyptienne*, en 1890, etc. Tout récemment, l'éminent compositeur a écrit des mélodies absolument délicieuses sur quelques « Fables de La Fontaine ». Des auditions en ont été données avec un vif succès à la Bodinière.

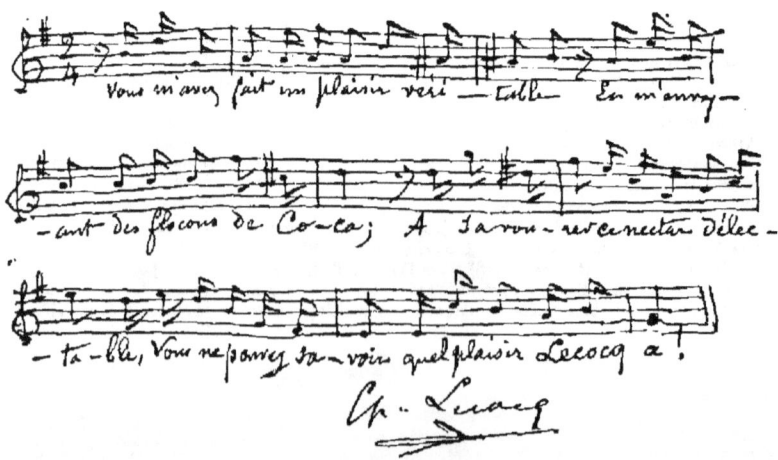

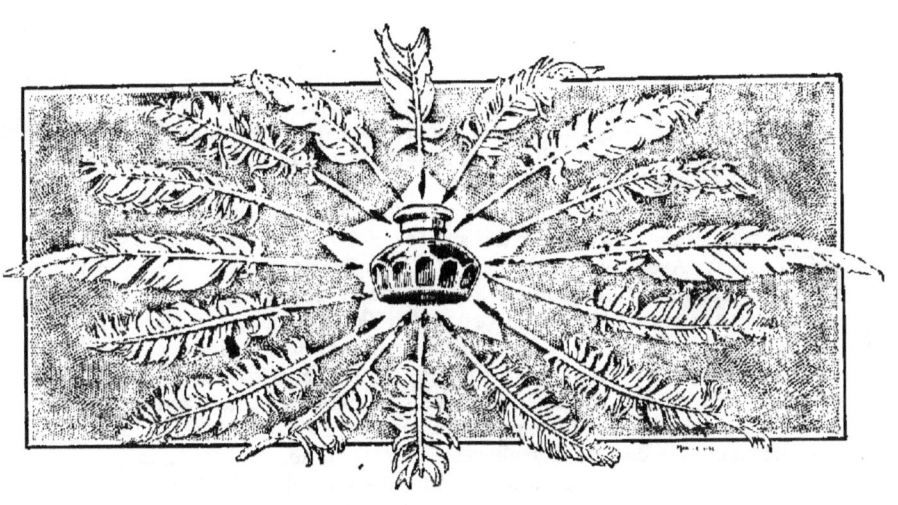

JULES LEMAITRE

Ui, certes, M. Jules Lemaitre est un profond moraliste, tout en demeurant un délicieux poète et un très fin critique. Il a fait, récemment, devant l'Institut réuni, la lecture d'un travail sur les snobs qui a été fort apprécié. Sans se borner à juger des choses du théâtre et de celles des écrits, son expérience s'étend, encore, à celles des mœurs et des coutumes du temps. Sa façon d'écrire est soignée, originale et claire. Il est franc dans ses paroles comme il est net dans ses critiques. Quelque chose en lui rappelle ce je ne sais quoi qui faisait le charme austère de La Bruyère et de M. le duc de Saint-Simon. Un léger cachet des manières de jadis teinte quelque peu l'apparence très moderne de son style. La rhétorique devient, lorsqu'il s'en sert, éminemment curieuse et étudiée. Il ne s'embarrasse pas de métaphores pour s'exprimer ; les classiques lui sont chers. Sa langue a l'abondance suffisante des meilleurs. Dans la tradition de Montaigne, de Vauvenargues et de Buffon, M. Jules Lemaitre présente, à l'Académie française, un bel exemple de ce qu'est l'esprit national, dans le sens le mieux choisi du mot. M. Jules Tellier a eu raison de le rapprocher de Sainte-Beuve. Un homme admirable servirait volontiers, par sa pensée qui confine assez étroitement à celle de ces auteurs, de lien entre ces tendances diverses. Il s'agit de M. Taine. Quoique bien personnel, M. Lemaitre agrémente la plupart de ses études de ce délicat et précieux jugement qui avait tant d'attrait chez le père de Thomas Graindorge. Une telle ressemblance n'existe qu'entre ceux qui sont imbus des littératures semblables. Au cours de sa longue série des *Contemporains*, M. Lemaître indique bien quelles sources transparentes furent les ondes originelles où il s'abreuva. Ses travaux sur M. Leconte de Lisle, M. Daudet, Beyle, Bourget, Mérimée, Théodore de Banville, Coppée, Armand Silvestre, Zola, portent l'empreinte de longues et sagaces méditations.

M. Lemaître a parlé aussi du théâtre, il en a parlé en critique éclairé et convaincu, non pas selon les hasards des soirées, ainsi, hélas ! que cela se pratique trop facilement. Avec une adresse et une perspicacité rares il a su aussi bien traiter de la scène antique comme de la scène moderne; Sophocle et Shakespeare, Scarron et Henri Meilhac, Corneille et Tolstoï, malgré le disparate qu'ils présentent, ne lui furent pas aussi indifféremment chers. Il les a compris avec intelligence. C'est en parlant de M. Renan que M. Lemaître écrivit : « M. Renan se sent souverainement intelligent comme Cléopâtre se sentait souverainement belle ». M. Lemaître pourrait se porter ce jugement à soi-même. Il a le bonheur d'être intelligent, et, cela, sans sécheresse ni recherche, dans toute la simplicité à part de son goût et de sa pensée. Le pédantisme lui est inconnu. Il écrit savamment, en auteur consommé, mais sans fioritures. C'est pourquoi il apparaît ne point manquer de sagesse. Il fit plus d'une fois preuve de cette vertu. Depuis le séminaire jusqu'à l'Académie, en passant par l'Université, il a tenu à cœur de rester honnête, au sens littéraire de l'expression. Les prêtres qui l'enseignèrent, les élèves qu'à son tour il forma dans les écoles, ses confrères peuvent s'unir pour affirmer cela. Alors que Paul Verlaine était méconnu, il n'a pas craint de le louer hautement. C'était d'un courage très digne. Tenir la place de M. Weiss aux *Débats* et, volontairement, écrire ces choses sur le pauvre génie malheureux, peu s'en seraient chargés.

Par lui-même aussi, M. Lemaître a doté la littérature contemporaine de l'apport personnel d'œuvres poétiques ou scéniques. C'est un des ouvriers en vers les plus remarquables parmi les Parnassiens. Au théâtre *Révoltée*, *le Député Leveau*, *Les Rois* remportèrent des succès mérités. *Mariage blanc*, à la Comédie-Française, tint longtemps l'affiche. Frédéric Febvre, Mme Pierson, Mlle Reichemberg s'y montrèrent dans la perfection de leur talent.

Aujourd'hui encore M. Lemaître continue avec autorité à tenir l'emploi de critique et de conteur dans les grands journaux et les meilleures Revues. On a raison de l'apprécier, plus raison encore de l'aimer et de le lire. M. Lemaître est un de rares auteurs qui aient su conserver à la littérature française moderne son caractère bien personnel et bien exquis.

LEMAITRE (JULES), poète et critique français, né le 27 avril 1853 à Vennecy (Loiret), fut élevé à Tavers, près de Beaugency, commença ses études au petit séminaire de La Chapelle Saint-Mesmin: près d'Orléans, et vint terminer ses classes au petit séminaire de Notre-Dame-des-Champs, à Paris. Entré à l'École normale supérieure en 1872, il fut reçu agrégé des lettres en 1875 ; nommé alors professeur de rhétorique au lycée du Havre, il occupa ce poste pendant cinq ans. Reçu docteur ès lettres en 1883, il fut nommé l'année suivante professeur à la Faculté des lettres de Grenoble. En 1884, M. J. Lemaître quitta l'Université pour se livrer entièrement aux travaux littéraires. Il a publié alors successivement, outre sa collaboration aux *Débats* et à la *Revue Bleue* : *la Comédie après Molière* et *le Théâtre de Dancourt*; *les Contemporains* (1886-1889), 4 séries in-18 ; *Impressions de théâtre* (1888-1890), 5 vol. in-18. M. Lemaître a donné aussi au théâtre : *Révoltée*, étude psychologique et dramatique, reprise l'année suivante au Vaudeville, puis, à ce dernier théâtre : *le Député Leveau* ; *l'Age difficile* ; *Flipote* ; *les Rois* à la Renaissance, pièce tirée d'un roman; et, au Français : *le Mariage Blanc*, *le Pardon*. A citer encore de M. J. Lemaître : des contes et des nouvelles, tels que *Sérénus*, histoire d'un martyr ; *Contes d'autrefois et d'aujourd'hui* (1886, in-18) et *Dix Contes* (1889, gr. in-18 illustré) ; un roman : *les Rois*. Enfin deux recueils de poésies d'une facture agréable et facile : *les Médaillons*: *Puellæ-Puella*, *Risus-Rerum*, *Lares* (1880, in-18) et *les Petites Orientales* (1883, in-18). M. Jules Lemaître a été élu en 1895 membre de l'Académie française, en remplacement de Victor Duruy. Il est officier de la Légion d'honneur.

Laudes celebrabo vini
Illius peruviani,
Quod dicitur Mariani;

Quo redit ægrotanti vis,
Mutis vox, venus grandævis,

Jules Lemaître

MADELEINE LEMAIRE

ST, après Rosa Bonheur, la plus célèbre de nos femmes-peintres.

L'Amérique à juste titre la compte pour une de nos plus grandes artistes.

Donnons tout de suite l'appréciation d'un critique éminent. « Je ne crois pas aller trop loin, dit Charles Blanc, à propos des envois de l'artiste à l'Exposition universelle de 1878, en affirmant que les grenades, les giroflées, les chrysanthèmes et les autres fleurs que Madeleine Lemaire a peintes haut la main sont le dernier mot de l'aquarelle; tout son lavis est franc, vif, enlevé, brillant, triomphant; ces natures mortes sont d'une vigueur tout à fait inattendue et d'une exécution magistrale. »

Il est superflu d'ajouter que depuis 1878, le talent de Mme Madeleine Lemaire s'est affirmé et confirmé. Les œuvres ont succédé aux œuvres et ce n'est plus seulement un peintre de fleurs que nous applaudissons chaque année, mais un très remarquable peintre de tous sujets de poésie. Au dernier Salon du Champ-de-Mars où sont allées, dès la fondation, ses préférences d'artiste libre, elle exposait deux belles toiles d'esthétiques fort différentes, *Phébé* et *Soir d'hiver*. *Soir d'hiver*, dans une note sombre et puissante est une des œuvres les plus solides de Madeleine Lemaire. *Phébé* est d'une douce poésie; rien n'est plus fin, plus délicatement joli que la tête, dans son clair croissant, de Phébé, consolatrice des rêveurs.

Les fleurs et les femmes, voilà ses modèles de prédilection...

O fleurs, car les femmes aussi sont des fleurs,

> O fleurs ! puisse longtemps votre annuel retour,
> Par qui le soir du monde à son aube ressemble,
> Rajeunir l'idéal et raviver l'amour !

A côté de Sully Prudhomme, citons quelques vers de Stéphane Mallarmé première manière :

> Des avalanches d'or du vieil azur, au jour
> Premier, et de la neige éternelle des astres
> Jadis tu détachas les grands calices pour
> La terre jeune encore et vierge de désastres,
>
> Le glaïeul fauve, avec les cygnes au col fin,
> Et ce divin laurier des âmes exilées
> Vermeil comme le pur orteil du séraphin
> Que rougit la pudeur des aurores foulées ;
>
> L'hyacinthe, le myrte à l'adorable éclair
> Et, pareille à la chair de la femme, la rose
> Cruelle, Hérodiade en fleur du jardin clair,
> Celle qu'un sang farouche et radieux arrose !
>
> Et tu fis la blancheur sanglotante des lys...

Et ce serait le meilleur commentaire à l'œuvre de Mme Madeleine Lemaire que de citer tout le poème et d'autres poèmes encore, jusqu'au bout de ces lignes.

Car nous sommes en face d'un poète qui rime avec les couleurs, les sombres et les douces, les vives et les éclatantes.

Regardez le *Char des fées*, qui en 1892 eut un gros succès au Salon, char que conduisent, que guident selon la volonté de ses belles maîtresses, ces fleurs ailées, des papillons. Des fleurs, des femmes, des fées, comment ne pas se plaire chez Mme Lemaire ?

Entrons chez l'artiste. Un mignon hôtel, rue de Monceau, un jardin et en face, tapi à l'ombre des arbres et des tentures, l'atelier. Tout de suite, vous reçoit un magnifique portrait de la maîtresse du logis, par le maître Besnard, Madeleine Lemaire parmi des fleurs... Mais voici, la main tendue, notre hôtesse. Nous venons nous renseigner près d'elle sur son œuvre. Mais si touffue elle est que même elle s'y perd et les dates deviennent fantaisistes. Car, quoiqu'en plein été de sa vie, Madeleine Lemaire a énormément produit. En ce moment, l'Amérique lui demande toutes ses journées de travail, l'Amérique si artiste, quoi qu'on dise. Toutes les revues de là-bas s'arrachent ses aquarelles. Et cependant son gros souci actuel, c'est l'illustration du *Crime de Silvestre Bonnard*, ce chef-d'œuvre parmi les chefs-d'œuvre d'Anatole France. Comme l'*Abbé Constantin*, comme *Flirt*, ce livre va bientôt paraître tout fleuri de paysages et de sentimentalités joliment transposées.

Ce sera, on peut déjà l'affirmer, une des œuvres maîtresses du peintre célèbre. Les chefs-d'œuvre dégagent de la grâce fécondante.

LEMAIRE (MADELEINE COLLE, dame), née à Sainte-Rostoline (Var), nièce et élève d'abord de la célèbre miniaturiste madame Herbelin. Puis élève de Chaplin. Premiers envois de portraits et de genre au Salon. Se marie et deux ans après signe M. Colle-Lemaire. Puis de son nom seul de dame, scènes de genre, portraits, groupes de fleurs et de fruits qui lui valurent réputation universelle. Principaux tableaux : 1870 : *le Prince Poniatowski, Fleurs et Pêches* ; 1872 : *la Sortie de l'église* ; 1873 : *Mlle Angot* ; 1874 : *Colombine, Panier de roses* ; *Une Crèche à Dieppe* ; 1876 : *Corinne* ; 1877 : *Manon et Oranges et Chrysanthèmes*, qui lui valurent une mention ; 1878, *Ophélie et Portrait de M. A. Saintin*. A partir de cette année s'abstient d'exposer au Salon et se consacre aux expositions des Pastellistes et des Aquarellistes. A partir de 1890, elle devient sociétaire du Salon du Champ-de-Mars ; 1890 : *le Sommeil* ; 1891 : *Five* ; 1892, *le Char des Fées, la Chute des Feuilles* ; 1896 : *Phébé et Soir d'hiver*. Illustrations de livres : 1887 : *l'Abbé Constantin*, de Ludovic Halévy, in-4 ; *Flirt*, de Paul Hervieu ; et en préparation : aquarelles pour *le Crime de Sylvestre Bonnard*, le beau livre d'Anatole France. Ses nombreuses illustrations pour des revues, entre autres une série de portraits de Réjane (en pierrette noire), de Jane Hading, de Brandès, de Julie Bartet, dans *les Lettres et les Arts*, et surtout pour les revues américaines, *le Cosmopolitan*, etc...

Madeleine Lemaire

Je reconnais les bienfaits du vin Mariani. Il m'a donné des forces pour travailler. C'est le plus grand titre qu'il puisse avoir à ma reconnaissance.

Madeleine Lemaire

CAMILLE LEMONNIER

Camille Lemonnier, fécond comme Zola, avec une écriture plus tourmentée que celle de Balzac ou de Flaubert, est certainement le romancier le plus puissant de la Belgique.

Nous essayerons de cataloguer plus loin son œuvre énorme. Donnons seulement quelques titres ici.

Comme romancier proprement dit, il est l'auteur de : *le Mort* et d'*Un mâle*, qui parurent en 1887, à Bruxelles ; de *l'Hystérique* (1885), et de *Happechair* (1886), le premier publié à Paris ; enfin de *Madame Lupar*, Paris, 1888.

Nous avons écrit non point à la légère : comme romancier proprement dit. En effet, M. Camille Lemonnier, critique d'art, reste l'imaginatif et le créateur de ses livres personnels. Ses ouvrages sur les Salons ont une valeur intrinsèque de tout particulier ordre. Il faut lire surtout son ouvrage sur Courbet, qui date de 1878.

Nous dirons à part un mot de son ouvrage gigantesque : *la Belgique*.

La *force*, telle est la qualité dominante de M. Camille Lemonnier. Elle déborde de ses moindres œuvres. La *recherche* vient ensuite ; il n'est pas une page banale dans tout Lemonnier ; toute phrase sortie de sa plume, on pourrait dire chaque mot, porte la trace de sa griffe. Son style est à lui, rien qu'à lui. On pourrait presque le reconnaître au toucher ! Il a créé une foule de mots, de tournures, et aussi de façons de penser.

Je trouve dans la *Rivista contemporanea* de Florence (1er mai 1888) cette appréciation juste du talent de M. Camille Lemonnier : « M. C. Lemonnier est sans contredit, à l'heure actuelle, l'écrivain le plus remarquable de Belgique, et je ne connais guère que M. Edmond Picard qui puisse, comme dans le groupe de Gœthe et Schiller, à Weimar, lui disputer la palme. Doué d'un tempérament essentiellement artiste, d'une faculté d'observation étonnante, d'un style magnifique et souple, il a abordé les genres les plus divers en marquant chacun d'eux de son empreinte puissante. Tour à tour nous l'avons vu, depuis un quart de siècle, critique sagace dans ses *Salons*, dans son étude sur *Courbet*, dans son *Histoire des beaux-arts en Belgique*, conteur charmant dans ses *Contes flamands et wallons*, dans ses *Petits contes* écrits pour les enfants; romancier vigoureux et psychologue profond dans ses beaux livres : *le Mort, Un mâle, l'Hystérique*. Mais son œuvre capitale est bien cette *Belgique*, que le jury chargé de décerner le prix quinquennal de littérature française a couronnée. »

La Belgique est en effet un magnifique ouvrage où l'auteur a pu donner libre carrière à toute sa verve en décrivant, du style pittoresque qui lui est familier, les villes, les monuments, les paysages de son pays natal, ainsi que ses vieilles coutumes, ses kermesses, ses foires, ses processions, etc. « C'est, disait le rapport, une œuvre considérable par le labeur dont elle est l'enseigne, par la masse des documents qu'elle apporte, comme par le travail d'art qui s'y marque en chaque phrase. » Et plus loin cette heureuse appréciation du style du célèbre romancier : « M. Camille Lemonnier est un artiste soucieux de faire de l'art dans tous les mots de toutes ses phrases. Bien loin de dissimuler son effort, il regretterait qu'on ne s'aperçût pas que chacun de ces mots a été soigneusement choisi. Comme il tient à tout dire superbement, *l'extraordinaire est son ordinaire*, sa moyenne est l'excessif. Jamais l'expression n'a assez de relief, à son gré. Il cultive amoureusement ses défauts, et cette façon de cultiver son jardin, comme disait Voltaire, consiste à cultiver les herbes géantes qui l'ont envahi. »

Coïncidence qui ne manque pas de piquant, en même temps que M. Camille Lemonnier était dans son propre pays un lauréat académique, il se voyait traduit devant la cour d'assises de la Seine pour une nouvelle un peu trop colorée *l'Enfant du crapaud*, parue dans le *Gil Blas*, et dans laquelle le parquet avait relevé un outrage aux bonnes mœurs. Malgré une spirituelle plaidoirie de son illustre concitoyen, M. Picard, il fut condamné à 1 000 francs d'amende.

L'extraordinaire est son ordinaire, sa moyenne est l'excessif, — ces mots caractérisent bien le talent particulier de M. Camille Lemonnier. Lui un fils de la plaine, un enfant du Nord, on le croirait venu d'un midi d'orages et de végétation tropicale...

LEMONNIER (Antoine-Louis-Camille), illustre écrivain belge, né à Ixelles, près Bruxelles, le 24 mars 1835.

Bibliographie : Salon de Bruxelles, 1863; Salon de Bruxelles, id., 1866 ; Nos Flamands, id., 1869; Croquis d'automne, id., id.; Salon de Paris, Paris, 1870; Paris-Berlin, Bruxelles, 1871 (pastiche anonyme de la prose de Victor Hugo); Sédan, id., id.; Contes flamands et wallons, id., 1873; 2ᵉ édition, Paris, 1874; Histoires de gras et de maigres, Paris, 1874; Derrière le rideau, id., 1875; Gustave Courbet et son œuvre, id., 1878; Mes médailles, id., id.; Un coin de village, 1879; En Brabant, Verviers, 1879; Les bons amis, id., 1880; Trois contes, id., id.; Bébé et Joujoux, Paris, id.; les Charniers, id., 1881; le Mort, Bruxelles, 1881, dont il a tiré une pantomime qui eut un gros succès en 1894 ; Un mâle, id., id.; (il a été tiré de ce roman un drame joué avec succès à Bruxelles en 1888, puis à Paris, 1891); les Petits Contes, id., 1882; Thérèse Monique, Paris, 1882; Ni chair ni poisson, Bruxelles, 1884; Histoire de huit bêtes et d'une poupée, Paris, 1885; l'Hystérique, id., id.; les Concubins, id., id.; Happechair, Bruxelles, 1888; La Belgique, Paris, 1887 (ouvrage qui a obtenu pour la période 1883-87, le grand prix quinquennal de littérature française constitué par le gouvernement belge); la Comédie des jouets, id., id.; Noëls flamands, id., id.; Histoire des Beaux-Arts en Belgique, de 1830 à 1887, Bruxelles, 1887; En Allemagne, sensation d'un passant, Paris, 1888; les Peintres de la vie, id., id.; Madame Lupar, id., id.; Ceux de la glèbe, id., 1889; le Possédé, Paris, 1890; Dames de volupté, id., id.; la Fin des Bourgeois, id., 1892; les Jouets parlants, id., id.; Claudine Lamour, id., 1893; le Bestiaire, id., 1893; l'Arche; l'Ironique amour; la Faute de Madame Charvet, l'Ile Vierge (1897), etc. M. Lemonnier a collaboré à la Belgique illustrée (chapitre Mons et le Borinage); il a été l'un des directeurs de l'Anthologie des écrivains belges, collabore à une foule de journaux, particulièrement au « Journal » et à de nombreuses revues belges et françaises.

Coca mariani ! Torigan des âmes qui nous verses
le petit héroïsme quotidien qu'il nous faut pour accomplir notre tâche...
   Coca mariani ! Sang noir d'une vigne où a
bu l'ivresse des métaphores !
   Coca mariani ! Elixir de vie ! Secret des joueurs !
Cordial aux vertus amoureuses ! En humant tes
sucs forts, je crois revivre l'âge des dieux immortels,
parfumés d'ambroisie !

                    Camille Lemonnier

Jeune chanson sur un vieil air

Je con-nais-sais les Houzards de la Garde
Mais j'ignorais le vin Mariani
De l'ôter chanteur il est la sauvegarde
Que son saint nom à jamais soit béni.

Amel

Mgr Albert-Léon-Marie LE NORDEZ

E Saint-Père a nommé dernièrement évêque titulaire d'Arca, auxiliaire de Verdun, M. l'abbé Le Nordez, qui était déjà chanoine titulaire, vicaire général honoraire de ce diocèse et directeur général de l'œuvre nationale de Jeanne d'Arc à Vaucouleurs. L'abbé Le Nordez, qui habite Paris, où il a prêché tour à tour dans toutes les grandes églises, toujours avec le plus grand succès, avait reçu, il y a quelques mois à peine, les insignes de protonotaire apostolique. Sa nomination d'évêque auxiliaire de Verdun a été demandée au Pape par Mgr Pagis, à qui son état de santé ne permet plus d'assumer seul les charges pastorales.

Grand, aux proportions harmonieuses, Mgr Le Nordez apparaîtrait comme un athlète s'il n'avait la tête d'un apôtre. Le prêtre en lui se double d'un esthète, et du goût le plus délicat, sa demeure du quai Voltaire en témoigne. Du cabinet de travail à la chapelle, c'est un agréable entassement d'œuvres d'art de toute nature et de toute époque.

Lorsqu'au sortir de l'École des Hautes Études des Carmes il commença de prêcher, son ardeur et son talent le révélèrent bien vite orateur sacré; mais ce qui contribua le plus à établir sa réputation, ce fut assurément son naturel.

Entendre l'abbé Le Nordez, dans ses sermons les plus élevés comme dans ses entretiens tout intimes, c'est entendre un homme, parce qu'il a voulu et su rester simple et vrai, parce qu'il s'applique sans relâche à « humaniser l'Évangile », selon sa belle expression. Étudier en prêtre, parler en homme, voilà une de ses devises. Aussi partout où retentit sa parole, à Saint-Vincent-de-Paul où, de 1887 à 1890, il exhorte des femmes chrétiennes, à Sainte-Clotilde, à Saint-Eugène, il impressionne de la plus heureuse manière.

A Notre-Dame, où le cardinal Richard, qui l'apprécie, l'appelle, dès 1889, c'est encore aux dames qu'il s'adresse. Il leur parle du *sentiment dans la vie chrétienne de la femme et des sources de la foi ;* excellant, comme Mgr Gay, à présenter sous une forme élégante et imagée, avec un tact exquis, une clarté parfaite, la substance doctrinale, les hautes vérités. Cette culture spirituelle, si importante au point de vue social, surtout en une époque démoralisée, lui tient à cœur et il y apporte toute sa sollicitude. Ce n'est point assez de la chaire, il la complémente par une fondation qui va lui permettre un langage plus familier, accessible à un plus grand nombre d'âmes, et fera pénétrer son enseignement plus avant. Nous voulons parler de l'*Œuvre des conférences Sainte-Geneviève*. C'est la causerie à côté du discours, l'homélie après le sermon. Les résultats sont tels que, quelques années après, l'infatigable organisateur leur adjoint un organe spécial : la *Revue Fénelon*.

A de si absorbants travaux, l'abbé Le Nordez allait pourtant en ajouter d'autres, non moins considérables. A la suite d'une visite à Vaucouleurs, au printemps de 1887, il s'était pris d'un véritable culte pour Jeanne d'Arc. De retour à Paris, il communique son enthousiasme à un nombreux public. Bientôt, il gagne à sa cause Mgr Pagis ; à peine installé à l'évêché de Verdun, ce dernier, désireux de mériter le beau titre d'évêque de Jeanne d'Arc, s'attache à la grande œuvre de réparation et s'adjoint comme collaborateur celui qui la conçut et la défendit avec une si généreuse éloquence. Deux nouvelles conférences, qui sont ensuite publiées, font le plus excellent effet.

On peut dire que l'Abbé Le Nordez étudie alors avec une sainte dilection l'admirable figure de Jehanne ; et, plus il en pénètre l'intimité, le caractère, plus elle symbolise à ses yeux ravis une concorde possible entre tous les fils de France, plus elle lui apparaît la Pacificatrice de l'heure présente. De là, le vibrant panégyrique qu'il prononça le 7 mai 1892 dans la cathédrale d'Orléans, et, en 1893, l'*Œuvre populaire de Jeanne d'Arc*, dont la bonne influence allait se manifester, à Vaucouleurs, dès la pose de la première pierre du monument national, inoubliable cérémonie où les représentants de toutes les hiérarchies, de toutes les classes de la société, soulevés par les paroles du vénérable prêtre, se confondirent en une même acclamation patriotique.

Tant d'efforts fructueux ne pouvaient rester sans récompense. Par mandement en date du 6 janvier 1895, jour anniversaire de la naissance de Jehanne, Mgr Pagis nomma l'abbé Le Nordez, déjà chanoine depuis plusieurs années, vicaire général de Verdun et lui confia officiellement la mission de continuer librement et de conduire au but, sous sa seule responsabilité, l'œuvre si bien commencée. Enfin, le Souverain Pontife Léon XIII, tout sympathique à l'œuvre pacifiante de Vaucouleurs, témoigna sa confiance au nouveau directeur général en l'élevant à la plus haute prélature, en le nommant protonotaire apostolique *ad instar participantium*.

Mgr LE NORDEZ (ALBERT-LÉON-MARIE) naquit à Montebourg, dans la Manche, d'une famille de commerçants, le 19 avril 1844. Après de brillantes études au collège de Valognes, il entra au grand séminaire de Coutances et fut ordonné prêtre le 6 juin 1860. Après deux ans de professorat à l'Abbaye de Montebourg, il est nommé, en 1870, vicaire de Saint-Nicolas, à Coutances, et rédige, en même temps, la *Revue catholique*, où ses premiers écrits sont signés Léo Mary. Puis, dans la même ville, Mgr Bravard le charge, deux ans plus tard, de fonder l'Institution Saint-Jean, que sa sage direction allait rendre si prospère. En 1877, il obtient une des chapellenies de Sainte-Geneviève, à Paris. Nommé chanoine de Beauvais, en 1891, il prononce le remarquable sermon sur le patriotisme des femmes, panégyrique de Jeanne Hachette ; chanoine titulaire de Verdun, en 1893, il devient vicaire général de cette ville en 1895 et, bientôt après, reçoit le titre de protonotaire apostolique. Directeur général de l'œuvre du monument national de Jeanne d'Arc à Vaucouleurs, est nommé en 1896 évêque d'Arca, auxiliaire de Verdun.

Principales œuvres : *M. Renan d'après lui-même* (1872) ; *la Liberté de l'Enseignement supérieur devant l'Assemblée Nationale* (1875) ; *Discours sur l'éducation* (1872-75) ; *la Légende de l'Abbaye de Montebourg* (1887) ; *les septante paroles de Jeanne d'Arc* (1888) ; *Jeanne d'Arc et les Vertus Cardinales* (1889) ; *Tiphaigne de la Roche* (1890) ; *Études sur l'éducation et la direction de la famille* (Revue Fénelon, 1886-1893). Sur Jeanne d'Arc (Chronique Jeanne d'Arc, Revue bi-mensuelle en cours de publication) ; *Discours, Sermons* etc., etc.

L'Évêque d'Hippone a écrit cette juste parole: "Il faut que ce qui nous délecte concoure au bon ordre de l'âme!" — Mon esprit, Monsieur, se reportait vers cette maxime alors que je goûtais le vin Mariani. Il ne réconforte pas moins qu'il ne plaît.

Vous méritez de tous un merci convaincu pour l'appoint qu'apporte le Vin Mariani au bon ordre de ce que nous sommes, corps et âme.

Ab. M. le Nordez.

JEAN LORRAIN

'ENTRAI dans le cabinet de travail de Jean Lorrain, cette après-midi-là, quand une estampe se décrocha du mur et tomba avec un petit bruit sec sur le plancher. « Vous avez entendu? me dit le maître du logis; eh bien, mon ami, cela fait trois fois que cette estampe quitte la place où, depuis deux ans, elle est attachée. Je sais que c'est par jalousie, car la première fois qu'elle est tombée, je venais de poser sur ce meuble cet Hokousaï si curieux... Les objets ont leurs petites manies, comme nous autres. » Et Jean Lorrain me tendit ce dessin, qui jetait le trouble dans son appartement.

Je ne veux point décrire ce dessin, pour cette raison qu'un de Goncourt, ou mieux, Lorrain lui-même, saurait seul le faire parfaitement. Je dis : ou mieux Lorrain, car Edmond de Goncourt, l'auteur de tant de beaux livres sur l'art, était un romancier qui voyait et sentait, tandis que Jean Lorrain est un poète qui *imagine en tout*. Lorsqu'une sensation l'atteint, il naît d'elle, en lui, toute une horde de pensées aux accoutrements les plus bizarres.

Il a dit quelque part : « J'ai l'horreur et l'adoration des foules. » Tout Lorrain est dans cette perpétuelle antithèse.

L'effroi que lui causent les fleurs martyres lui fait rechercher surtout les fleurs coupées, les fleurs de cimetière et de cauchemar, les anémones trop ouvertes, les iris noirs, les chrysanthèmes déchiquetés, les souffreteuses et les méchantes, les fleurs empoisonnées, les fleurs maudites.

Son imagination magnifie tout, mais à rebours. Non point en laid, mais « en malade, en étrange ». Son style est de tapisserie, on pourrait dire, tapisserie vue dans la pénombre, avec des échappées de fils qui détraquent le dessin et aident à des sursauts de visions macabres.

Les pages de *Souvenirs* de M. Jean Lorrain expliquent bien le fond attristé du caractère de ce poète, de même que les années de service aux hussards peuvent aider à comprendre le passage du sombre à l'ironie macabre. Car le service militaire actuel, mêlant les castes en d'identiques distractions, produit sur les cerveaux impressionnables des heurts dont la vie garde la cicatrice.

C'est à Montfort-les-Fossés, en Artois, petite ville quasi morte, que s'écoulèrent, chez ses grands-parents, les premières années d'enfance du poète. Mais il est né à Fécamp, où il vécut son adolescence, et qu'il quitta dès ses premiers livres, car Les Lepillier étaient un roman de mœurs peu tendre pour ses voisins.

Il convient ici de parler des deux Lorrain. Car il y a un JEAN LORRAIN proprement dit, et un autre qui signe RAITIF DE LA BRETONNE. Parfois les deux se touchent, se mêlent, mais c'est oubli de nervosisme. Les deux personnalités sont bien tranchées.

Jean Lorrain est, avant tout, un poète, évocateur étrange, tourmenté et tourmentant.

Raitif de la Bretonne est le plus acerbe et le plus amusant des critiques de la vie actuelle. Ses *Pall Mall Gazette* hebdomadaires sont dévorés par tout ce qui a ou veut avoir un nom dans les arts, dans les quatre arts !

Dans une jolie préface à un livre de 1894, M. Maurice Barrès décrit un troisième Jean Lorrain, le chef de la *Petite classe* : « La petite classe ! c'est le nom charmant dont ce Jean Lorrain, qui y fait figure, baptise ceux et celles qui se piquent d'avoir les opinions, les sensations, les enthousiasmes, les dégoûts, les frissons artistiques les plus neufs. L'expression est à la fois plaisante et très exacte. Les plus jeunes, les plus naïfs, les plus séduisants et aussi les plus compliquées élégantes professionnelles, voilà ce qu'est la petite classe, en même temps que son nom souligne fort bien le goût très singulier et très décidé qu'ont les femmes de cet instant pour l'instruction. Elles veulent savoir. Elles aiment les choses d'autant mieux qu'elles sont ardues : la musique savante, la poésie savante, la philosophie... »

Mais le Jean Lorrain que M. Maurice Barrès préfère et que, moi aussi, je préfère, c'est le Lorrain poète et, par-dessus celui-ci encore, le Lorrain conteur. « Les débauches nerveuses sont toujours accompagnées de profondes mélancolies. Jean Lorrain s'est adonné, avec un art incomparable, à l'analyse de ceux qui ne trouvent de joie qu'à utiliser la force surmenée de leurs nerfs. Il les suit dans tous leurs ébranlements, qui sont la pitié, la douleur et l'hallucination, mêlées et grandissant jusques à la mort. »

Poète très personnel, conteur qui n'a point d'égal à cette heure, critique d'une loyauté féroce, M. Jean Lorrain est un de nos plus étranges et nos plus parfaits écrivains. C'est un artiste, — le mot pris dans sa haute acception, — et ils sont bien rares aujourd'hui ceux qu'on peut, sans sottise, cataloguer tels.

LORRAIN (JEAN), né à Fécamp (Seine-Inférieure), en 1858. Fils d'un armateur ; élevé à Paris à Henri IV, puis aux Dominicains. Son service militaire aux hussards à Saint-Germain. Se destinait d'abord à la peinture. Publia son premier livre chez Lemerre en 1881 : *le Sang des Dieux*, avec, en frontispice, la tête d'*Orphée* de Gustave Moreau ; 1882 : *la Forêt bleue*, avec une eau-forte d'après la *Primavera* de Boticelli ; 1884 : *Modernités* ; après ces trois volumes de vers, *Les Lepillier*, roman de mœurs provinciales. *Très Russe*, roman qui se passe à Yport. Entre à l'*Événement* et au *Courrier Français*. *Les Griseries*, volume de vers inspiré de Watteau et de Boucher. *Dans l'Oratoire*, portraits mordants d'hommes de lettres. Duel avec Maizeroy, son ami aujourd'hui. Entre à l'*Écho de Paris* où il publie des contes et *Une Femme par jour*. Il commence ses RAITIF DE LA BRETONNE si curieux. *Songeuse*, roman. *Buveur d'âmes*, nouvelles. *Sensations et Souvenirs* (1895). Même année : *la Petite classe*, dialogues avec une préface de Maurice Barrès. Entre au *Journal* et au *Gaulois* (1896) ; *Un Démoniaque*, contes et paysages (1896) ; *Contes pour lire à la chandelle* (1897). Au Théâtre, il donne *Très Russe*, en collaboration avec Méténier ; *Yanthis*, à l'Odéon (1893) ; *Brocéliande*, musique de M. de Wailly, au Théâtre de l'Œuvre ; *le Conte du Bohémien*, au Théâtre Minuscule, avec décors lumineux d'Andhré des Gachons et musique de Charles Silver. Mme Sarah Bernhardt a reçu deux pièces de Jean Lorrain : *Ennoïa*, 3 actes en vers ; *Il était une fois ou la Mandragore*, 4 actes en prose. *La Grotte d'Oriane*, écrite pour Liane de Pougy (avril 1896) et de nombreuses piécettes pour les théâtricules de Montmartre. Plusieurs de ses contes, merveilleusement illustrés, ont paru à la *Revue illustrée*... Habite Auteuil.

Le vin Mariani
Effroi de la Neurasthénie
Et, au poète rajeuni
Fournit la rime à l'infini

Jean Lorrain

PIERRE LOTI

'ORIGINE du nom littéraire de Loti est toute une légende. On dit que malgré l'énergie de son caractère, le jeune officier J. Viaud était, au début de sa carrière, d'une grande timidité, et que, pour cela, ses camarades lui donnèrent le nom de Loti, d'une fleur de l'Inde qui se cache sous les herbes, comme notre violette. Ce nom — Loti — évoque, en effet, à lui seul, tout un monde lointain et enchanteur d'oiseaux et de lumières, de parfums et de reflets. Il semble, ce nom, dans sa simplicité naïve, quelque gazouillis charmeur de mésange, quelque frôlement de roseaux parmi la brise, quelque frôlis de pirogue entre les joncs. Des voix lointaines en ont murmuré les syllabes, les nuits de lune et d'ombre, sur les terrasses fleuries des mosquées, des maisons vertes et des alhambras. D'autres plus proches et non moins douces les ont répétées parmi les orangers et les lauriers-roses. Quelque chose de suave et de charmeur comme une senteur d'asphodèles ou une chanson de philomèle, demeure mêlé au gazouil délicat de leur bruit frêle, de telle sorte qu'on garde de la nostalgie à en répéter les sons et qu'on demeure un peu triste, au ressouvenir, seul, de tout le merveilleux et de tout le féerique que cela évoque dans le passé lointain.

Les livres de Loti laissent à l'âme cette saveur précieuse d'ancienneté et de résignée tendresse que l'auteur a bien voulu y mettre pour nous émouvoir. L'intérêt qui émane des épisodes qu'il raconte, le pittoresque attaché aux héros dont il narre l'aventure, se modifient pour nous d'on ne sait quelle grâce alanguie dont il a le secret et s'augmentent à la fois d'une délicate pitié sereine et ingénue, bien faite pour nous consoler de nos peines les plus vives. Quelque chose d'humble et d'infiniment doux, une sorte d'apitoiement devant la vie muette des choses mortes, des bêtes passives, s'exhale, ainsi qu'un baume bienfaisant, de ces pages si noblement imprégnées des plus suaves songeries. Il y a, semble-t-il, en Loti, un peu de l'âme de tous les peuples chez qui il a vécu et de l'écho éteint de toutes les mers où il a passé. « Les lointains pays où je suis tant de fois allé vivre me semblent aussi irréels qu'aux temps où j'y rêvais, sans les avoir vus ! » Admirable désintéressé du Réel devant la vie,

Loti s'est imprégné de tout le fatalisme oriental, et c'est au delà sans doute des sites merveilleux de Stamboul, de Damiette ou du Fusi-Yama qu'il a acquis cette plénitude de pensée et cette possession de sentiments qui ont contribué à faire de lui quelque chose comme d'un chrétien qui aurait lu trop de fois l'Alcoran islamite. Son pessimisme, né du désenchantement du monde moderne, se traduit, le plus souvent, en confessions si exquises et s'étale, au grand jour, avec un tel abandon délicieux qu'on ne saurait trop lui en vouloir de toute la morne solitude de tristesse que, sans en avoir conscience, il propage près de lui, avec tout le détachement d'un muezzin, d'un bonze ou d'un brahme recueilli. *Le Roman d'un enfant*, récit autobiographique qui rappelle les mémoires de George Sand par son côté pittoresque et de lointain, semble être l'ouvrage où se soit exprimé avec le plus d'intense langueur ce pessimisme devenu du scepticisme jusqu'à ce que son âme se soit ouverte enfin à la « conscience horrible du néant des néants, de la poussière des poussières ». Certains chapitres du livre de *la Pitié et de la Mort* ajoutent encore à l'impression de sympathie émotionnelle qui se dégage du spleen même de ses rêves. Ses ouvrages nous énervent et nous grisent infiniment comme les grandes fleurs capiteuses des pays vierges. Une odeur de marée, de brouillard et d'exotique végétation s'en dégage avec un éclat qui touche à la sensualité.

Cependant, par une diversité étonnante dans l'émotion, Loti, ce charmeur qui se laisse aller à rêver d'idylles et de lointaines amours, s'attendrit à la fois, avec une ingénuité d'apôtre, sur le sort des marins et des pauvres veuves. *Mon frère Yves*, la tante Claire, les douces et pénétrantes visions intimes! Ce n'est en effet que peu à peu, que la saveur tropicale des sèves fortes le reprend.

Ainsi voit-on au mois du Ramazan, les fidèles se divertir dans la musique et les festins après s'être complus dans le jeûne austère du jour. Loti parle quelque part de ces palais des Sultans passés dont on a fermé les portes après la mort du Maître (un sultan nouveau ne devant jamais habiter le même lieu que son prédécesseur). Ainsi sont ses livres. Loti, chaque fois, semble y avoir vécu d'une vie nouvelle; chaque fois il se révèle un homme transfiguré et meilleur. Peu à peu il avance ainsi vers la Perfection, vers cette Perfection qu'en pèlerin avide, il aura poursuivie assidûment au Maroc, au Japon, au Tonkin, aux sables lointains des déserts trop torrides...

LOTI (Louis-Marie-Julien Viaud dit Pierre), officier de marine et littérateur français, membre de l'Académie française, est né à Rochefort (Charente-Inférieure) le 14 janvier 1850, d'une des anciennes familles protestantes du pays. Il fit ses études dans sa ville natale, entra dans la marine en 1867 et fit ses premières campagnes dans l'océan Pacifique. Nommé aspirant de 1ᵉʳ classe le 15 août 1870, il fut promu enseigne de vaisseau le 26 juin 1873 et lieutenant le 24 février 1881. Il a été décoré de la Légion d'honneur le 5 juillet 1887, après avoir servi sur *l'Atalante*, durant la campagne du Tonkin. M. Pierre Loti, qui s'est distingué entre les représentants de la littérature maritime, avait débuté en publiant sous un pseudonyme compliqué équivalent à l'anonyme: *Aziyadé* (Stamboul 1867-1877). Puis: *le Roman d'un spahi* (1881); *Fleurs d'ennui*, suivi dans le même volume de *Pasquali Ivanovitch*; *le Mariage de Loti* (1882). *Mon Frère Yves* (1883, in-18), où l'auteur met en œuvre les doctrines de l'atavisme et ses difficultés; *Les Trois dames de la Kasbah* (conte oriental (1884); — *Pêcheur d'Islande* (1886), roman qui fut accueilli par un grand succès et qui eut l'honneur d'être traduit en allemand par la reine de Roumanie; *le Roman d'un enfant* (1890); *le Livre de la Pitié et de la Mort* (1891); *Madame Chrysanthème* (1887); *Propos d'exil* (1887); *Japoneries d'automne* (1889); *Au Maroc* (1890); *Fantôme d'Orient* (1893). *Ramuntcho* (1897). Il a été tiré de *Pêcheur d'Islande*, une pièce en 8 tableaux, avec musique de M. Guy Roparts, jouée à l'Éden, direction Porel, à la fin de l'année 1892.

Je ne bois jamais de vin ; c'est
mon excuse pour ignorer même celui de
Mariani que tout le monde connaît. Mais je
consens à figurer dans cette galerie, puisque
j'y ai été devancé par tant d'amis et d'amies
qui me sont très chers.

Pierre Loti

J.-P. MANAU

'œil extraordinairement vif et perçant, la chevelure abondante et soyeuse, droit comme un I et ferme sur les jarrets, le geste affable, la parole chaude et vibrante, telle est en peu de mots l'esquisse de cet homme de soixante-quatorze ans, dont l'aspect et la mine feraient envie à de plus jeunes que lui de vingt ans.

Son père était un honorable négociant de Moissac, qui eut trois fils. M. Pierre Manau était l'aîné des trois frères, il obtint de brillants succès au collège de Moissac, puis à la Faculté des lettres et à la Faculté de droit de Toulouse. Les prix qu'il remporta comme étudiant en droit, le firent dispenser, par faveur spéciale, de payer les frais d'inscriptions et d'examens pour le doctorat.

Inscrit au barreau de Paris, il fut nommé secrétaire de la conférence des avocats. C'est là qu'en 1848, le ministre de l'intérieur, Ledru-Rollin, vint le chercher pour en faire son secrétaire particulier.

Tout en continuant ses études juridiques, M. Manau se mêla activement aux luttes politiques de cette époque tourmentée. Il plaidait à Montauban lorsqu'éclata le coup d'État de décembre 1851.

La commission mixte de Tarn-et-Garonne le fit arrêter et mettre en prison. Outre sa qualité d'ancien secrétaire particulier de Ledru-Rollin, M. Manau avait encore un autre titre à l'aversion de Napoléon III : lors des élections de la Constituante, malgré son jeune âge, il avait eu l'honneur de figurer comme candidat à la députation du département de Tarn-et-Garonne.

Son nom avait réuni un nombre considérable de suffrages. Il fut donc jugé et proscrit, et dut se réfugier à Bruxelles, où il eut à lutter contre l'adversité. De Belgique, il passa en Angleterre, et, en 1855, il put revenir à Montauban où il reprit sa robe d'avocat.

Mais en 1858, il fut arrêté de nouveau en vertu de la loi de sûreté générale. Le ministre Espinasse le condamna à la transportation en Algérie. Bien que malade, sa femme n'hésita pas à venir à Paris, laissant à Moissac son jeune enfant, atteint d'un transport au cerveau; grâce à ses démarches, elle obtint une nouvelle vérification du dossier de son mari, à la suite de laquelle il fut mis à la disposition du préfet.

La dépêche télégraphique apportant l'autorisation de le mettre en liberté arriva au moment même où la voiture cellulaire était à la porte de la prison, prête à emporter à Toulon M. Manau, son frère Joseph et plusieurs autres proscrits.

Mais la vue de cette voiture avait causé à la fille de M. Manau une émotion telle, qu'il en résulta pour elle une terrible maladie; après trois mois de tortures, elle resta infirme, avec sa santé ébranlée et son avenir brisé.

Plus tard, M. Manau obtint à Toulouse de brillants succès dans des affaires criminelles restées célèbres, l'affaire Aspe, l'affaire de l'Ogresse de Montauban, etc.....

Lorsque survint la guerre de 1870-1871, M. Manau fut nommé président de la commission départementale prise le 4 septembre 1870 dans le sein du conseil municipal; il remplit en cette qualité les fonctions de préfet de la Haute-Garonne.

Pendant la commune de Toulouse, il faillit être fusillé avec Saint-Gresse et Delcurron. Tous trois s'étaient réfugiés dans l'arsenal de la ville, pour la défendre contre les insurgés.

Nommé avocat général et procureur général à Toulouse par les membres du Gouvernement de la Défense nationale, M. Manau parcourut depuis lors les différentes étapes de la carrière juridique auxquelles son talent et ses hautes connaissances lui donnaient droit, malgré les nombreuses attaques dont il fut l'objet et que lui valait son passé politique. Aujourd'hui, procureur général près la Cour de cassation, il occupe dignement, hautement, un des premiers postes de la magistrature de notre pays.

MANAU (JEAN-PIERRE), né à Moissac, Tarn-et-Garonne, le 18 août 1822. Licencié en droit, le 6 avril 1842. Docteur en droit à la Faculté de Toulouse, le 27 septembre 1844. Lauréat de la Faculté. Admis au stage à Toulouse le 15 novembre 1842. Inscrit au tableau des avocats à Paris le 10 novembre 1845. Secrétaire particulier du ministre de l'Intérieur en 1848.

Avocat à Moissac, 1849 à 1850. Conseiller municipal à Moissac, 1850. Avocat à Montauban, 1850 à 1852. Exilé, 1852 à 1855. Avocat à Montauban, 1855 à 1863. Bâtonnier de l'ordre, en 1860. Avocat à Toulouse, 1863 à 1870. Conseiller municipal à Toulouse en 1867 et 1870.

Président de la Commission départementale prise le 4 septembre 1870 dans le sein du conseil municipal, et en cette qualité faisant fonction de Préfet de la Haute-Garonne. Premier avocat général à Toulouse, 11 à 20 septembre 1870. Procureur général à Toulouse, 31 décembre 1870 à 12 janvier 1871. Juge au tribunal de la Seine, 21 mars à 14 juin 1871. Vice-président, 13 à 23 janvier 1877. Conseiller à la Cour de Paris, 13 à 24 novembre 1879. Président de Chambre, 25 novembre à 17 décembre 1880. Conseiller à la Cour de cassation, chambre civile, le 6 mai 1882. Président de chambre à la Cour de cassation le 15 mars 1892. Procureur général près la Cour de cassation le 31 mars 1893.

Chevalier de la Légion d'honneur, 13 juillet 1880. Officier, 30 décembre 1885. Commandeur, 30 janvier 1897.

BIBLIOGRAPHIE. — Discours d'installation comme Procureur général à Toulouse, 12 janvier 1877. — Collaboration à la *Gazette du Palais* depuis 1886.

COUR
DE
CASSATION
—
PARQUET

De votre excellent vin, Monsieur Mariani
Le dernier flacon est fini.
Si j'en buvais un par semaine,
Arriverai-je à ma centaine ?

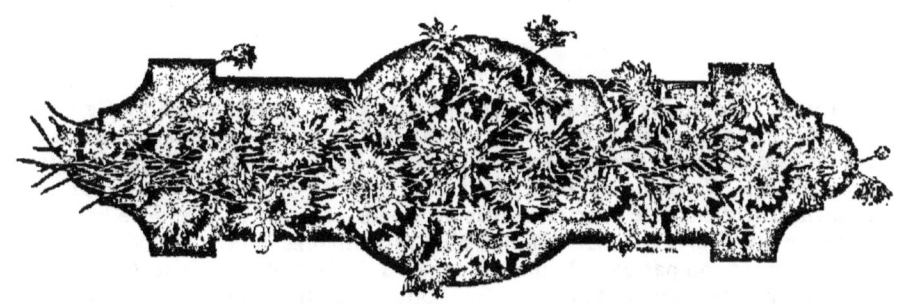

MARIQUITA

Gracieuse vision d'Orient devenue parisienne ; une physionomie étrange et inoubliable ; un charme naturel auquel le temps n'a rien pris. Car la suprême beauté des lignes du visage, la pureté du type coulé comme dans un médaillon de bronze, demeurent intactes sous l'abondance des cheveux dont le reflet seul s'argente ; l'œil, très noir, ayant gardé toutes ses finesses et une bouche très fine, aux dents éclatantes et menues, n'ayant rien perdu des malices de son sourire. Ce qui prend tout d'abord, dans Mariquita, c'est le pétillement d'esprit qui semble se dégager de sa petite personne. Mais, sous l'envolée de cette mousse, l'admiration s'épure, pour ainsi parler, et se recueille dans l'admiration d'une œuvre d'art naturelle faisant penser aux statuettes exquises de Tanagra, à la fois infiniment plastique, avec une grâce d'au delà toute particulière. Telle est-elle encore, même pour ceux dont elle a endiablé les yeux et le cœur au temps de ses vertigineux succès, Terpsichore africaine dont la danse faisait tournoyer, autour d'elle, comme un flamboiement de soleil.

Car c'est à Alger que Mariquita est née, à Alger, où il y avait déjà un café chantant, un café Musard, s'il vous plaît, où on disait sa romance, où on dansait, ce qui lui permit de débuter, comme cantatrice et comme chorégraphe à la fois, à l'âge de cinq ans. Elle en avait juste sept quand, amenée en France par un impresario bien avisé, elle débuta aux Funambules, remplaçant, au pied levé, la naine Carolina, sous le consulat de Billion le Magnifique, et Paul Legrand, qui jouait avec elle, la serra dans ses bras, après la représentation, plein d'admiration et de joie. Le sort en était jeté. La petite arabe était sacrée parisienne.

Après une courte apparition, mais très applaudie, aux Bouffes, elle fut engagée à l'Opéra — oh ! mon Dieu, juste le temps de payer un dédit de quatre mille francs ! — Les oiseaux, les fantaisistes et les poètes ne sont pas faits pour ces belles cages officielles et dorées — puis elle entra à la Porte-Saint-Martin, prenant, pour aller au théâtre, le chemin de la porte triomphale. Car ce fut, pour elle, le commencement d'une série de victoires dans toutes les batailles dramatiques où Fournier lança ses vaillantes troupes. *Don Juan de Marana*, où elle mima et dansa, fut la première. Puis, dans le *Bossu*, à côté de Mélingue, elle contribua au succès légendaire de l'œuvre, en chantant et en dansant tour à tour. Les *Parisiens de Londres* vinrent ensuite, et son pas d'Almée, d'un charme si voluptueux et si pénétrant, fit dire à Ferdinand Dugué : « Ce n'est plus de la danse, mais de la poésie. » Sous la direction Ritt et Larochelle, ses créations continuent avec un éclat s'affirmant toujours. Elle fut l'âme de cette grande féerie : *la Biche au Bois*, dont elle ennoblit les enfantillages par un élément d'art véritable, par le sentiment poète constaté en elle. Elle fit de la négresse du *Tour du Monde* une des plus inoubliables figures du théâtre contemporain, et son pas avec Espinosa dans *les Enfants du capitaine Grant*, est demeuré au souvenir de tous ceux qui l'ont applaudi, encore tout étourdis du tournoiement diabolique où ils s'étaient sentis entraînés.

Tant d'originalité, tant de fantaisie, l'affirmation d'une personnalité si violemment individuelle et de dons si peu communs, semblaient devoir borner à une carrière d'exécutante hors ligne et tout à fait géniale, la vie artistique de Mariquita. Une telle femme pouvait-elle faire des élèves? Que pouvait-elle leur donner de ce qui était si fort à elle toute seule? Ainsi se demandaient ceux qui virent Mariquita renoncer à la danse en pleine maturité de succès, par une coquetterie rare et cruelle pour le public, pour se vouer au professorat. Tout n'était pas absurde, il faut l'avouer, dans leurs craintes, mais ils avaient compté sans ce fond merveilleux d'intelligence, sans ce sentiment inguérissable de poésie, qui font, non seulement de cette grande artiste une admirable jambe, mais un puissant cerveau. Certes, elle ne put donner à personne de celles qu'elle enseigna à danser, le diable au corps qu'un rayon de soleil d'Afrique avait enfermé sous son joli front. Mais elle n'en est pas moins et n'en fut pas moins du premier coup un incomparable maître de ballet, un manieur d'ensembles chorégraphiques n'ayant pas de rival aujourd'hui. Où donc et sur quelle scène, dans l'harmonie difficile des costumes et dans les goûts variés des attitudes, des femmes furent-elles groupées dans un aussi beau sentiment décoratif, dans une harmonie de chairs nues plus vibrantes qu'à la Porte-Saint-Martin, tant qu'elle y régna sur la chorégraphie; puis au Châtelet où nous rappellerons ses exploits dans la *Chatte blanche*, la *Poule aux œufs d'or*, *Coco felé;* à la G îté enfin, où nous citerons la *Fille du Tambour-Major*, *Ripp*, *Panurge* enfin, dont elle posa si magnifiquement l'ensemble olympien, et cette vision mythologique dont la splendeur est restée dans tous les yeux. Pour être franc, beaucoup de pièces dont la carrière fort belle avaient eu, au début, grand besoin de cet appoint d'un caractère plastique infiniment plus élevé que le reste, assurant au métier dramatique contemporain un élément de réelle beauté.

Paris, qui avait de l'esprit, avait attaché, dès le début, Mariquita à la scène si intéressante en ses nouveautés audacieuses, des Folies-Bergères. Elle y fut la collaboratrice de cet autre vrai poète, qui était Olivier Métra, quand il composa ces petits ballets merveilleux qui s'appelèrent *les Fausses almées*, *les Papillons noirs*, *les Joujoux*, *les Faunes*. C'est sur ces scènes exiguës, relativement, que Mariquita excelle à donner l'illusion des masses et du nombre. Sous la direction Marchand, elle fit, à ce point de vue, de vrais miracles dans *Fleur de lotus*, *les Merveilleuses*, *la Belle et la Bête*, *Phryné*, pour ne citer que ses derniers ballets.

C'est une figure très en relief dans l'histoire artistique de ce temps. A côté de la danse classique qui règne encore à l'Opéra, sans rien emprunter au ballet italien tel qu'*Excelsior* nous l'a montré, avec des ressources infiniment moindres, et puisées dans son seul génie, à l'immortelle source de poésie plastique qui est en elle, Mariquita a créé un genre absolument personnel, s'adaptant aux nécessités de toutes les scènes et apportant à toutes un charme fait d'ingéniosité et d'appropriation intelligente. La grande exécutante est devenue un grand maître. L'aimable femme et la causeuse exquise ont vécu et vivent chez elle en bonne intelligence égale avec toutes les deux.

Monsieur Mariani

Du Pérou jusqu'au Kamchatka
Prescrit partout bon allopathe
Votre excellent vin à Coca
Ferait danser un cul d. jatte

Mariquita

MAURICE-FAURE

Les enfants de la Provence, de génération en génération, depuis le temps des troubadours et de la langue d'Oc, n'ont cessé, par le sens inspiré de leurs poèmes, par la claire beauté de leurs hymnes et l'abondante tendresse de leurs chants, de renouer le fin parler de France à celui des origines gréco-latines, et d'établir ainsi une suite de rapports inaltérables entre les génies d'Athènes et de Valence, de Rome et d'Avignon. Tour à tour les auteurs de la chanson de « geste » et des fabliaux, les instigateurs des cours d'amour et des pompeux tournois ont propagé avec honneur l'éclat d'une littérature, d'un art et d'une poésie dont l'attrait, d'une saveur toute particulière, trouve à l'heure actuelle, dans le mouvement du félibrige, à se continuer avec une force de jeunesse aussi vivace et aussi limpide. A M. Maurice-Faure revient l'insigne honneur d'avoir, le premier, pensé à unir en une association fraternelle ses compatriotes du Midi, en fondant tour à tour le groupe de la *Cigale*, en 1875, et celui de la *Société des Félibres* en 1879. M. Maurice-Faure est l'un des fils les plus ardents de cette terre bénie qui compte parmi ses poètes illustres, Aubanel et Félix Gras, Mistral et Roumanille. C'est grâce à la ténacité de ses efforts, comme à ceux aussi de Sextius Michel et de Paul Arène, qu'on entendit à nouveau retentir le chant léger de la cigale, des Alpes aux Pyrénées, de Sceaux à Marseille et de Montauban à Nice. La « bonne parole félibréenne », ainsi que M. Maurice-Faure l'appelle lui-même, ne tarda pas, chaque année, de réunir autour du buste de Florian les personnalités les plus marquantes de la poésie et de l'art contemporains. Le succès de la « petite patrie » a été si rapide et si certain, que les plus illustres même d'entre les maîtres de la « grande patrie » se sont trouvés honorés de prendre part à ces réjouissances locales, en les encourageant de leur appui, de leur présence et de leur parole. Pourtant, la Terre Dorée qui

avait donné asile au grand Pétrarque, devait être aussi la patrie de Mirabeau. Le méridional n'est pas seulement le poète passif qui se borne à noter de fugitives impressions ; il est encore l'orateur émouvant dont la parole vibrante enseigne les foules et s'élève chaque fois que le réclament la justice, l'art et la vérité. La vie politique de Maurice-Faure se trouve, de cette sorte, très étroitement unie à sa vie de poète, de penseur et d'écrivain. « Élevé dans le culte des idées républicaines par un grand-père jacobin, dit l'un de ses biographes, il eut à cœur, dès l'âge de raison, de se montrer fidèle non seulement à l'exemple de son père, mais encore aux traditions libérales dont il avait reçu l'héritage. Dès 1869, il fonda à Alais une société politique de jeunes républicains, destinés à battre en brèche, par la parole et par la plume, le régime imperial et à préparer l'avènement de la République. » A l'époque, cette conduite d'un jeune homme ne manquait pas d'un courage peu commun. Son intervention lors du procès de Larcy, sa généreuse initiative en faveur de la victime de la réunion Cazot, voire son attitude lors du ministère d'Emile Ollivier, ne tardèrent pas de lui attirer les marques d'attention les plus touchantes. Jules Simon lui adressa alors une lettre d'enthousiastes félicitations. L'auteur de *la Politique radicale* avait jugé sainement en écrivant de M. Maurice-Faure, qu'il le considérait comme l'un des soldats les plus dévoués « de la vaillante armée qui veut porter plus loin le drapeau de la République ». Ces circonstances, l'attention de Gambetta, qui le fit attacher en qualité de rédacteur à la délégation de Bordeaux, son énergie déployée en faveur de la Société des Écoles laïques, ses qualités de républicain intègre, si universellement reconnues, ne tardèrent pas à hâter son avancement législatif. En 1885, il fut envoyé à la Chambre des députés comme le premier des élus du département de la Drôme. Depuis cette époque, il n'a cessé de se montrer nettement partisan de toutes les belles idées démocratiques. Lors de la discussion soulevée par la Droite, à propos de la suppression du traitement d'ecclésiastiques, il proposa un ordre du jour définitif, invitant le Gouvernement à faire respecter par tous les institutions de la République. En outre, M. Maurice-Faure s'est fait remarquer par son assiduité et sa persévérance aux travaux des commissions. Réélu une seconde fois représentant de la Drôme, M. Maurice-Faure fut en 1888 et en 1889, l'un des rapporteurs du budget. Son nom, qui se trouve ainsi répandu d'une manière si éloquente dans les manifestations de l'art et de la politique, n'en reste pas moins l'un des plus applaudis et des plus aimés d'entre ceux de sa « petite patrie ». Tous se souviennent avec quelle fougue, lors de la discussion à la Chambre du 16 février 1895, il décida ses collègues à voter la souscription nécessaire à l'entretien et aux réparations du Théâtre antique d'Orange. C'est grâce à lui qu'un instant la voix merveilleuse des grands poètes tragiques a retenti et résonnera encore sous les arcs de triomphe et sur les scènes antiques.

FAURE (MAURICE), député français et homme de lettres, est né en 1850, à Saillans (Drôme). Il fut, dès son enfance, éloigné du berceau de sa famille, cruellement éprouvée par les événements du Deux-Décembre : son père, ami particulier de Bancel, et l'un des chefs du parti républicain de l'arrondissement de Die, organisateur de la résistance au coup d'État, fut arrêté, emprisonné de longs mois à la Tour de Crest, et obligé de quitter la France. Ces circonstances expliquent simplement les tendances démocratiques de M. Maurice-Faure. Ces tendances, augmentées de préoccupations littéraires et poétiques expliquent largement les titres et le sujet de ses travaux nombreux. M. Maurice-Faure a publié en effet : *Un félibre romantique : Félix Gras* (Paris, Maisonneuve); *la Comtesse de Die* (Discours 1892); *le Félibrige de Paris et Sextius Michel* (1894); *Saillans pendant la Révolution française* (1895); *Rapport sur le budget pénitentiaire* (1891 et 1892); sur celui de *la Légion d'honneur* (1889), sur celui des *Beaux-Arts* (1890); *l'Éducation congréganiste et les pupilles de l'État*; *Réponse à M. Naquet sur le Referendum*; *Réponse à Monseigneur Freppel*. M. Maurice-Faure a en outre collaboré à divers journaux: *l'Évènement*, *la Farandole*, *le Mois cigalier*, *le Tournesol*, *la Revue des langues romanes*, etc.

CHAMBRE DES DÉPUTÉS

À Mariani.

Valentia signifie, en même temps, vaillance et santé.

Le député de Valentia la Romaine et de Valence la Française ne peut qu'aimer ton vin, qui donne et la santé et la vaillance.

Vale, comme disaient les latins

Maurice Faure

ERNEST MERSON

La période qui succéda au romantisme fut féconde en publicistes de toutes sortes. C'est vers cette époque que le journalisme commença à prendre cette importance si grande qui n'a fait que s'accroître avec les années. Depuis Théophraste Renaudot, l'imprimerie ne s'était pas vue solliciter avec tant d'éclat par une telle affluence de publications. Les lettres, la politique et l'industrie aidant, les quotidiens ne tardèrent pas, entre 1848 et 1852, à se multiplier avec une proportion considérable. Barbey d'Aurévilly, dans son immortelle série des *Œuvres et des Hommes*, s'est plu à causer avec intelligence de quelques-uns d'entre les plus intéressants de ces polémistes. M. Ernest Merson est certainement digne de prendre place dans cette galerie célèbre. Il débuta, en effet, dans la presse à l'instant où les préoccupations les plus contradictoires des arts, de la sociologie et de l'économie politique se disputaient l'attention du public. De grands poètes, de grands avocats, de grands ministres, de grands artistes passionnaient l'opinion de leurs travaux considérables. Il y avait M. Hugo et M. Royer-Collard, M. Guizot et M. Frédéric Lemaître: il y avait M. Musset et Mme Sand, M. Berryer et Mlle George. C'était une belle époque. Les pamphlétaires n'y manquèrent pas. M. Ernest Merson a été l'un des plus modestes et des plus intelligents d'entre eux. Avec un tact plein de réserve et une franchise qui fit autorité, il sut envisager nettement la situation intellectuelle de l'heure, et c'est avec un sang-froid admirable qu'il se mêla étroitement aux manifestations les plus considérables du temps. De nouvelles utopies humanitaires surgissaient-elles, des problèmes récents venaient-ils à se poser, une question religieuse ou économique était-elle mise à l'ordre du jour, M. Ernest Merson n'y demeurait pas indifférent. Aussitôt l'événement signalé, il s'empressait de l'étudier et, de suite, s'appliquait à l'adopter ou à le réfuter. C'est ainsi qu'il existe de lui une série de petites brochures dont l'actualité n'est plus absolument moderne, mais dont le caractère philosophique n'a pas cessé une seule minute d'être éclairé. Ses travaux sur le *Droit au travail*, son traité si clair et si explicite de la *Réfutation de l'utopie icarienne*, ses opuscules sur la *Suppression de la garde nationale* ou sur *la Liberté de la presse sous les divers régimes*, pour n'être plus d'un intérêt contemporain immédiat, intéressent cependant toujours par le grand côté de méditation et de sagesse qui s'en dégage. Nourri de littérature, de philosophie et de morale, l'auteur ne se contente pas de se borner aux plus récentes évolutions. Il remonte aux origines mêmes des événements. Les causes l'intéressent. A propos de M. Cabet, il étudie les Esséniens, Pythagore, la république spartiate. Il parle des frères Moraves, de Thomas Morus, de Jean-Jacques, de Babeuf. Avec une clairvoyante lucidité, il écrit des choses fort profondes sur le principe d'égalité, repousse les prétentions saint-simoniennes, et, dans un élan de piété fervente, déclare qu'au dessus de toute espèce de vaniteuse ambition c'est « Dieu qui mène l'homme ».

Dans tous les ouvrages de M. Ernest Merson se traduit la fine, spirituelle et abondante logique de ces principes. Des pages disent le penseur. D'autres placées en tête de ses *Confessions de journaliste* expliquent l'homme privé. S'adressant à M. Jules Verne, l'auteur écrit : « Il y a, mon cher ami, par delà soixante ans que j'ai été placé devant une casse d'imprimerie et, dans quelques semaines, il y aura un demi-siècle que je suis journaliste. Tôt commencée, ma journée n'était jamais finie et je la prolongeais dans une fièvre ardente bien avant dans la nuit. C'est si bon, après avoir étudié les grands maîtres, de traduire en noir sur des pages blanches sa propre pensée telle que Dieu vous l'envoie !... On s'instruit ainsi, et l'on s'éclaire, et l'on s'épure ! »

Nobles paroles d'un homme de cœur !

Retiré en Bretagne, c'est de sa maison de Pornichet que M. Ernest Merson les a fait entendre. C'est là aussi qu'il a réuni toutes ces pages brillantes et si fidèles sur la plupart des personnages influents du second Empire : M. Berryer, M. Thiers, M. Guizot, M. Billault, dont il fut le confident, M. Rouher, dont il fut l'ami, etc... A travers des pages serrées de texte, ses *Confidences* ajoutent tous les autres épisodes intéressants que M. Merson ne put faire tenir dans les *Confessions*. Cette fois, il y a là M. Baze, le questeur, Mlle Rachel, Listz, Chopin, le maréchal de Mac-Mahon, Gambetta, Louis Veuillot, le prince Impérial, le prince Napoléon et le prince Victor. M. Ernest Merson se meut au milieu de tout ce monde avec une aisance particulière et fort adroite. Ses livres sont les souvenirs toujours vivants d'une époque morte. Partisan déclaré des opinions impérialistes, M. Merson espère en un avenir meilleur. C'est le souhait le plus vif de l'homme honorable dont nous parlons et qui a écrit, au cours de ses œuvres : « Lire et écrire, c'est à mon gré ce qu'il y a de meilleur dans la vie intellectuelle, parce que c'est par là qu'on s'identifie avec le grand idéal que tout homme doit caresser et poursuivre. »

MERSON (Charles-Victor-Ernest), publiciste français, né à Fontenay-le-Comte (Vendée) en 1819; se fit connaître par un grand nombre de publications d'actualité : *Du Droit au travail* (1848); *le Communisme* (1848); *De la situation des classes ouvrières en France* (1849); *De la suppression de la Garde nationale* (1850); *Translation du siège du Gouvernement hors Paris* (1850); *la Fin de la République* (1852); *la divinité de J.-C. et M. Renan* (1864); *Journal d'un Journaliste en voyage* (1865); *Jules César et son historien* (1865); *Ecrits et Discours de M. Billault* (1866); *Lettres d'un vivant à un mort* (1866); *la Liberté de la Presse et la République* (1866); *Du 24 février au 2 décembre* (1869); *la France sous la Terreur* (1869); *Lettres brûlantes* (1873); *la Politique de M. Émile Ollivier* (1875); *Confessions d'un Journaliste* (1889); *Confidences d'un Journaliste* (1890); etc., etc. Il avait pris la direction de l'*Union bretonne*, journal impérialiste. Président du Syndicat de la Presse départementale, M. E. Merson a été décoré de la Légion d'honneur en 1861 et promu officier le 21 mars 1868.

Le doyen des journalistes français est heureux de rendre hommage à l'efficacité souveraine du Vin Mariani, qui est, en réalité, un élixir de longue vie, presque de jeunesse éternelle.

Ernest Mayerson

LUC-OLIVIER MERSON

Merson occupe une bonne place parmi les rares artistes capables de traduire, par une exécution toujours harmonieuse et savante, des conceptions élevées ou des thèmes charmeurs.

Rien que par son dessin, M. Merson mériterait une place d'honneur; car peu connaisent comme lui le corps humain et son mécanisme, et disposent de sa sûreté dans la structure, de sa maestria dans l'interprétation. Son trait, précis, souple et fin, sait accuser ici la forme et l'atténuer là; élégant parfois, il reste toujours expressif. A l'exemple des mieux doués, il s'est intéressé à l'ornemental non moins qu'à la figure, rien de ce qui peut se manifester par le crayon, s'obtenir par des lignes, ne l'a laissé indifférent.

Depuis 1867, M. Merson a exposé régulièrement un grand nombre de tableaux dont *Saint Isidore laboureur*, *La Guerre*, *Le désespoir des mères*, allégorie d'un sentiment pénétrant, *L'arrivée à Bethléem* et *Le Repos en Égypte* sont, à juste titre, les plus célèbres. Remarquables aussi, les fresques, tirées de la vie de saint Louis, qui se trouvent au Palais de Justice. Pas de toile plus significatrice de la manière du maître que le *Repos en Égypte*, effet obtenu par des moyens très simples, tout naturels, harmonie sobre et délicate d'où se dégage une impression poétique qu'aucun sensitif ne saurait oublier. Pas de toile, non plus, révélant mieux la saine originalité de ses concepts. Placer la Sainte Vierge contre le Sphinx, l'idée n'est pas seulement heureuse, au point de vue plastique, elle est évocatrice; ce sont deux mondes, deux civilisations que symbolisent la Mère du Sauveur et la statue égyptienne.

En tant que décorateur du livre, M. Merson jouit d'une réputation méritée et universelle, cela arrive quelquefois ; ne valent-elles pas des tableaux, ces scènes composées pour la *Notre-Dame de Paris* de Victor Hugo et pour *Saint Julien l'Hospitalier* de Flaubert ? et ces *Paroissiens*, qui passeront à la postérité par la voie de la librairie Mame, ne représentent-ils pas une somme d'art égale ?

Mais c'est dans les *Cartons* que M. Merson a trouvé mieux encore le champ qui convient à ses dons ; là son dessin s'élève vraiment au style et les ressources de son imagination apparaissent dans toute leur ingéniosité. Que de sujets n'a-t-il pas traités ! Dans le vitrail, ce fut, pour M. Bardon, une *Sainte-Marie Alacoque*, six motifs pour l'*Éducation de Gargantua*, douze figures pour les fenêtres d'un escalier ; et, pour M. Oudinot, *Saint Georges, Les Pèlerins d'Emmaüs, Le Triomphe du Christ, Le pont d'Avignon, La Danse des fiançailles, La Tour prends garde, Michel-Ange, Léonard de Vinci* et cette série de dix compositions représentant la *vie de sainte Cécile* qui pare l'église de Sainte-Adresse, non loin du Havre.

Pour M. Champigneulle, de Metz, il composa une *Jeanne d'Arc à Compiègne ;* pour M. Tiffany, le thème commémoratif du président Garfield ; pour M. Gaussin, *le Christ et les petits enfants, le Christ au milieu des docteurs, Le Christ au Calvaire, Le Christ en croix.*

Dans la tapisserie, on lui doit cinq panneaux, *Savonnerie* pour la Bibliothèque nationale et, en haute lisse, un *Saint Michel, la Céramique et la Tapisserie*. Ces deux derniers cartons présentés avec bordures pour l'exécution en tapisserie furent appliqués, sans bordures, à la mosaïque. C'est également d'après les dessins de M. Merson que furent mosaïqués le monument de Clément Marot et la coupole du monument Pasteur. Cartons admirables dont nous souhaiterions une exposition d'ensemble, car de tels travaux, si impressionnants, si instructifs, ne sont jamais assez vus par le public, jamais assez reproduits par les éditeurs.

Ce dont la plume donnerait difficilement la moindre idée, c'est de l'art avec lequel le maître assouplit son indication, la transforme selon les exigences de la matière choisie pour l'exécution. Comme modèles de faïence, la *Céramique française* et la *Céramique japonaise*, tracés pour M. Fargue, et la *Frise* destinée à l'hôtel de M. J.-C. Dumas sont typiques. Les émaux sollicitant aussi sa verve créatrice, *Orphée et Eurydice*, lui fournirent deux thèmes exquis pour certain meuble de M. Sédille. Puis, c'est un *Reliquaire* XIIIe siècle qu'il reconstitue pour M. Froment Meurice avec le secours d'un *Saint Louis* et de deux *Anges* ; et, pour un manuscrit du XVe siècle, il invente une précieuse reliure. On lui doit enfin la *Frise* de la coupe d'honneur de l'Union centrale des Arts décoratifs.

Détail qui ne manque pas d'éloquence, après ce court aperçu sur tant d'œuvres dignes d'une longue étude, M. Merson n'a que cinquante ans. On voit que le maître se repose d'un travail par un travail de genre différent ; ainsi procédaient les producteurs des belles époques, toujours en haleine et toujours vigoureux. Il y a quatre ans que l'Académie des Beaux-Arts a reçu M. Merson parmi ses membres ; ce n'était que légitime. Souhaitons l'accomplissement d'un autre acte de justice, par lequel l'artiste serait enfin représenté au *Luxembourg* en raison de sa valeur et de sa production.

MERSON (Luc-Olivier), né à Paris le 21 mai 1846. Prix de Rome 1869 ; médaille de 1re classe 1873, chevalier de la Légion d'honneur 1881 ; médaille d'or 1889 ; membre de l'Institut 1892. Ses principales œuvres ont été signalées au cours du texte qui précède. Il convient de citer encore pourtant les illustrations pour *l'Imagier* de J. Lemaître, *la Chevalerie*, de Léon Gautier, le *Lutrin*, de Boileau (édition Hachette), et les compositions pour les numéros de Noël (*Monde illustré, Illustration, Harpers Magazine*). A signaler aussi maints dessins parus dans la *Revue illustrée* et les *Couvertures de Paris illustré*, du *Dictionnaire de la France illustrée* et du *Salon de Baschet*.

LOUIS MORIN

Louis Morin a fait refleurir, par l'esprit de vision de son talent, tout le bouquet fané des galanteries d'un autre âge; il a ressuscité sous son crayon mignard et coquet, fait pour enjoliver les grâces menues des bergeries de saxe, les gracieuses folies dansantes, carnavalesques, batailleuses, du règne des Pompadour et des Du Barry. C'est plaisir de se promener dans son œuvre, parc ratissé, aux bosquets pleins de voix et de jolies formes.

Le charme est autre, mais pas moindre, lorsqu'on pénètre dans son œuvre paysanne; toute la Bretagne revit sous son crayon pittoresque.

Enfin ses études sur l'art nouveau qui fleurit à Montmartre vont donner l'expression moderne de son talent; Louis Morin est multiple.

Né à Paris en 1855, notre peintre eut une enfance solitaire. Sa première éducation fut faite par un papa âgé, ex-précepteur, qui, en qualité de Mentor, avait passé la majeure partie de sa vie à Naples, en Allemagne et en Russie, au chevet intellectuel de moutards très riches. Lorsque ce père, docte et attentif au développement cérébral de son fils, mourut, le jeune homme connut les affreux lycées... Forçat indocile, il vit tour à tour Versailles, Rennes et Stanislas, à Paris. Il faillit, ici et là, mourir d'ennui et de détresse.

A dix-huit ans, il reconquiert la liberté. Il voulut se griser de son indépendance, et pendant près de dix ans, il vécut selon sa fantaisie, faisant son éducation d'œil et d'esprit, dans les musées et bibliothèques, à travers l'art et la littérature. « Il connut ainsi, dit Octave Uzanne, dans sa toute artistique revue d'avant-garde *l'Art et l'Idée,* les bonnes flâneries curieuses et badaudières en France et en Italie, et surtout le long de ces quais de Paris qui sont à la fois le plus exquis musée de gravures et la plus hétéroclite bibliothèque du monde. »

On voulut en faire un notaire; il résista; il fit d'abord de la sculpture, puis il s'improvisa auteur-dessinateur, réalisant le bel idéal de l'artiste libre par la plume et par le crayon. Il fut l'homme-orchestre de ses rêves...

Voici les *Amours de Gilles*, son œuvre la plus typique peut-être. C'est la joyeuse mascarade de la Comédie italienne.

Comme décor, il prend Venise, qu'il paraît aimer comme la plus fière et la plus aristocratique ville d'art qui soit encore debout; il prend la Venise de Casanova et de Bernis, la Venise des frères Longhi, l'idéale Venise des carnavals éblouissants, et sur ses canaux, dans ses palais, sur sa piazza, ainsi que sous ses galeries, il fait défiler l'ensorcelante théorie des masques italiens. Il montre Fracasse et Zerbinette, les deux frères Arlequins et Pulcinelli, les hilares Pantalons, vêtus de grandes robes noires, les Mezzetins aux draperies zébrées, les Pierrots à veste courte; les Scaramouches sombres, aux larges moustaches et aux feutres comiquement emplumés; puis les Colombines, les Isabelles friponnes et enjôleuses sous leur camail de dentelle, tout ce monde bigarré et chatoyant, se trémoussant au milieu d'une foule de tricornes coquets et crânes qui coiffaient les têtes éventées de tous les porteurs et porteuses de masques vénitiens.

Il s'est associé au poète Maurice Vaucaire pour mettre en *ombres* lumineuses, au théâtre du Chat Noir, *le Carnaval vénitien*, des plus intéressants.

« Morin compte déjà beaucoup de fervents parmi les amateurs d'estampes et les bibliophiles, écrit Octave Uzanne; il a gravé avec un art charmant, d'une manière large et indépendante, une vingtaine de petites planches qui montrent sa personnalité de peintre-graveur. Son œuvre la plus vraiment expressive est éparse dans les bibliothèques de France et de l'étranger; ce sont des aquarelles originales peintes en tête de ses ouvrages. Il en a jusqu'ici dessiné des centaines et des centaines sans se répéter, avec une abondante imagination. Il est non moins spécial dans l'étude des mœurs rustiques. Il a vu et senti le pittoresque des villages et des sévères paysages bretons, il a étudié les types des miséreux comme ces *chemineaux* qui mendient ou cherchent un coin d'étable à gîtes; il a rendu en de délicieux petits tableaux de ces chaumières paisibles; il a exprimé les scènes solennelles de la vie campagnarde.

Morin prépare divers volumes écrits et illustrés par lui, entre autres une réédition des *Cousettes* qui fera sensation, un volume sur l'*Art de la Butte*, etc. Il est déjà très connu et apprécié comme pastelliste et comme aquarelliste pour la délicieuse finesse de ses coloris et le charme spirituel et précieux de ses compositions. Mais il réserve beaucoup de surprises comme peintre-graveur, et aussi comme lithographe, comme compositeur d'affiches. Il possède les vertus théologales de l'art : L'amour et la religion de son métier et le sentiment très aigu de la vie pittoresque dans les divers milieux des sociétés d'hier et d'aujourd'hui.

MORIN (Louis), peintre, dessinateur et écrivain, né à Paris en 1855. Histoires écrites et dessinées dans la *Revue des lettres et des arts*, dans le *Figaro illustré*, dans le *Saint-Nicolas*, la *Revue illustrée*, etc. Œuvres littéraires: HISTOIRES D'AUTREFOIS, le CABARET DU PUITS SANS VIN, les AMOURS DE GILLES, la VIEILLE IDYLLE, et d'abord JEANNIK (1885), la LÉGENDE DE ROBERT LE DIABLE. Il débuta à la *Caricature* vers 1882. Nombreuses illustrations originales, eaux-fortes, pastels, aquarelles, lithographies, affiches, etc.; dessins dans des volumes d'amateur. Ombres au *Chat Noir* et au *Musée Grévin*.

Il n'y a que le vin Mariani, tout le reste est puffisme et réclame.

Louis Morin

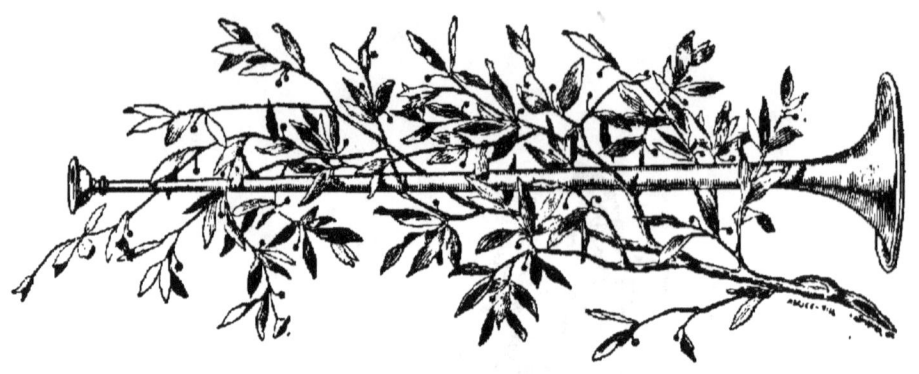

LE R. P. OLLIVIER

YPE de la solide race bretonne, trapu et comme largement taillé dans le granit par quelque sculpteur de nos cathédrales gothiques, d'encolure puissante et de visage amène, sentant à la fois l'homme d'action et de pensée, tel apparaît le R. P. Ollivier.

C'est à Notre-Dame-des-Étudiants, une pieuse chapelle juchée dans l'une des tours de Saint-Sulpice, qu'il me fut donné d'entendre le célèbre Dominicain, pour la première fois. Lorsqu'on se figure un orateur, et un tel orateur, d'après sa réputation, il y a des chances pour qu'on soit déçu quelque peu ; ce ne fut point le cas, au contraire. Dès l'exorde, je compris que je me trouvais en face, non seulement d'un beau prédicateur, mais d'un *homme*, d'un vrai.

Dans l'éloquence du plus doué, il y a quelque chose qui sent l'apprêt, le résultat d'ingénieux efforts, il y a l'art, enfin, pour l'appeler par son nom ; ce quelque chose disparaissait dans le mâle langage du P. Ollivier, sous les accents jaillis du cœur et la pénétrante sincérité du ton. Son sujet l'emportant, le naturel et l'art se pénétraient si bien en lui que nul n'eût pu les y discerner. Il n'y avait pas séduction des esprits par quelque harmonie de périodes, mais bien conquête des âmes par une âme en désir de s'épandre, de se donner, de faire partager sa foi et ses élans.

Je l'aperçois encore, le « Frère Prêcheur », debout devant l'autel, dans son attitude de guerrier poitrinant à l'ennemi, avec sa tête aux plans énergiques, aux regards généreux, même lorsque fulgurants, il évoquait ces lions de Judée, les prophètes de l'Ancien Testament. Et sa voix vibrante qui, tour à tour, cinglait, rugissait et tonnait à propos de la luxure, sa voix, soudain, s'attendrissait, trouvait des inflexions caressantes, câlines, dès qu'il revenait à la douce figure de Jehanne, ce lis.

M. Jean de Bonnefon a tracé le portrait ci-après du R. P. Ollivier :

« Dans la chaire, le fils de saint Dominique, qui est petit, paraît grand. Le masque est digne de saint Thomas : le port de la tête la fait haute et le geste des paupières donne la vie à ce front, large tabernacle d'idées et de science. Les traits tourmentés disparaissent dans la physionomie calme. L'ampleur du geste, la somptuosité de la phrase, le timbre de la voix, tout élève l'orateur au-dessus de lui-même. Il traitait hier des Béatitudes, et se montrait artiste en séduction oratoire.

» Il est à peine installé et déjà les cous des fidèles se tendent, les yeux se lèvent : la voix tonne avec des éclats de foudre sous les voûtes qui s'émeuvent. Les auditeurs ne sont pour l'orateur qu'une masse confuse sur laquelle sa parole vient frapper. Détaché de la foule, élevé dans la chaire, il paraît être, sous la robe de saint Dominique, la statue de la Vérité dont le marbre vivrait. Et, de ce sommet, les doctrines éternelles tombent, comme si elles se précipitaient du ciel.

» Mais voici le successeur des Lacordaire et des Montsabré, dans le clair et froid parloir du couvent Albert-le-Grand. Pour le peindre, passant ainsi dans la vie, il faudrait broyer beaucoup de charme et de simplicité dans la bonhomie la plus fine. C'est faire œuvre de photographe, bête comme le soleil, que de le représenter court et lourd : le geste des narines et des yeux donne de la finesse à tout l'être. Le regard vif et gai vous atteint de dessous une paupière qui se lève et baisse sans cesse comme un rideau frangé de cils aigus. Sous le double capuchon, le blanc et le noir, le Père Ollivier ressemble de plus en plus à saint Thomas. »

Prédicateur général de son ordre, il a parlé dans nos chaires les plus fameuses. Après s'être dévoué sans compter, comme toujours, au cours de la néfaste campagne de 1870-71, il assuma la difficile tâche de prêcher le carême à Notre-Dame, en pleine Commune, et il le fit avec un courage dont on citerait peu de cas. Douze ans plus tard, nous le retrouvons dans notre cathédrale où il remplace Monseigneur d'Hulst pour la retraite finale. En 1894, il prêche le carême à Sainte-Clotilde; en 1895, à Saint-Paul; en 1896, ce fut à Saint-Thomas d'Aquin. Entre temps, il a composé plusieurs volumes, dont les plus importants, *la Passion* et *les Amitiés de Jésus*, mettent en relief, avec une réelle puissance d'évocation, l'humanité sainte de Notre-Seigneur.

La vie du P. Ollivier est une vie de soldat sans cesse en campagne et, ici, admirons les effets de la grâce, à soixante et un ans, on le trouve encore sur la brèche, toujours crâne et vigoureux, insénescent, pourrait-on dire. Son verbe, chaudement imagé; sa franchise, parfois brutale, à la façon de certains orateurs du xve siècle, du P. Michel Menot, par exemple, le classent à part parmi ceux qui ne craignent point de dire les vérités nécessaires et de les accentuer comme il convient. Il est de la race des vrais moines, des lutteurs médiévistes. D'ailleurs, sa fougue trahit une telle conviction, une si ferme droiture et s'enveloppe d'une telle charité que ceux-là mêmes doivent l'estimer qui ont le plus à s'en plaindre. Est-ce par des fadeurs qu'on mène les âmes au salut? En cette époque débile, un peu trop portée aux concessions de toutes sortes en matière religieuse, alors que les meilleurs ont besoin de stimulants, certes, un pareil homme était nécessaire.

Le R. P. Marie-Joseph OLLIVIER naquit à Saint-Malo, le 18 février 1835, et entra d'assez bonne heure dans l'ordre des Prêcheurs. Comme ouvrages, il a publié, outre les Conférences prêchées à Notre-Dame en 1871, *la Passion*, essai historique; *les Amitiés de Jésus*; une *Étude sur la physionomie intellectuelle de N.-S. J.-C.*; *Alexandre VI et les Borgia*; *la Vie de Maria Nelly*; *un Curé breton au* xixe *siècle (M. Huchet)*; *Souvenirs d'un voyage en Hongrie*; *la Mission providentielle de Jeanne d'Arc*. Le R. P. Ollivier a remplacé Monseigneur d'Hulst dans la chaire de Notre-Dame de Paris. Il a prêché le carême de 1897 à l'église métropolitaine devant un considérable auditoire d'hommes.

A M. Mariani

Je serais un ingrat, si je ne rendais témoignage aux services que le vin de Coca m'a rendus, me rend tous les jours, et me rendra longtemps encore, à en juger par le passé.

J. Ollivier
anc. prof.

PRINCE HENRI D'ORLÉANS

Une tête très blonde exprimant la douceur; des yeux extraordinairement bleus, naïfs à force d'être bleus, mais au fond desquels percent la volonté et la fermeté d'un homme; deux pointes de moustache blonde très fines et relevées en virgule; le teint clair d'un natif du Nord qui n'a jamais quitté son pays; des épaules larges sur un torse bien campé; l'allure aisée et simple, l'accueil affable, telle est, en quelques mots, la silhouette esquissée du prince Henri d'Orléans.

Son cabinet de travail est situé dans un pavillon de l'hôtel du duc de Chartres; la pièce, très claire, est tapissée de photographies, de cartes, de plans; partout, des livres, des brochures, des revues, des journaux. Au râtelier d'armes, on voit un alignement de carabines et de fusils qui n'ont certainement pas été construits pour la chasse aux alouettes.

De ci, de là, quelque objet bizarre et exotique rapporté d'une des courses à travers le monde.

Dès qu'il eut terminé ses études, après avoir passé ses deux baccalauréats et avoir fait un peu de droit, le prince partit en 1887 avec un ancien officier, M. de Boissy. Il visita successivement la Grèce, l'Égypte, les Indes, où il séjourna six mois, puis le Japon et l'Amérique.

Il put ainsi jeter sur notre globe terrestre un coup d'œil d'ensemble, de façon à choisir par la suite le point sur lequel il s'attarderait pour y faire des études plus approfondies et plus sérieuses.

Après avoir pris quelque repos en France, le prince Henri repartit avec M. Bonvalot. Les explorateurs allèrent de Paris au Tonkin, après avoir parcouru, au prix des plus grandes difficultés et de privations de tous genres, plus de quinze cents kilomètres dans le Thibet, le pays mystérieux et inconnu par excellence, où tant d'autres ont trouvé la mort.

Le prince revint enchanté du Tonkin; c'était le moment où l'évacuation de notre colonie était à l'ordre du jour des délibérations de la Chambre. On objecta au jeune explorateur que le séjour d'un mois qu'il avait fait au Tonkin était insuffisant pour qu'il pût motiver son opinion sur ce pays en connaissance de cause.

Pour répondre à ces critiques, il se mit en route, et de nouveau, pendant six mois, il parcourut le Tonkin, le Laos et le Siam. A son retour, comme il mettait ses notes en ordre afin de les publier, surgit la question de l'État tampon. Le prince Henri s'y montra manifestement opposé et défendit son opinion dans une série d'articles qu'il publia dans la *Politique coloniale*. Cette campagne ne fut pas sans influer sur la décision du gouvernement français, qui n'accepta pas l'arrangement proposé par l'Angleterre.

En 1894, le prince repartit pour un voyage qui dura vingt-deux mois. Il traversa d'abord Madagascar, d'où il envoya à la *Revue de Paris* une étude retraçant les grandes lignes de la question malgache. Les événements survenus depuis ont justifié les appréciations qu'il portait alors sur l'état de choses existant, et les conséquences qui devaient en découler.

De Madagascar, il continua son chemin sur la Cochinchine, visita le Cambodge, les provinces de Battambang et d'Angkor, l'Aunam, Hué et le Tonkin, pour lequel il manifestait une prédilection particulière. Il revoyait les charbonnages de Kéluo et gagnait la frontière de Chine par le chemin de fer de Lang-Son.

Dès lors, le voyage du prince Henri et de ses compagnons devenait une exploration. Il adressa à la Société de Géographie une lettre qui fut reproduite par le *Temps*, où il disait comment il avait reconnu de nouvelles routes depuis la frontière du Tonkin jusqu'à Trémao, relevé le cours du Mékong, le grand fleuve français en Chine, continué et complété l'œuvre de Francis Garnier en traçant la route directe de Chine aux Indes, et découvert les sources de l'Iraouaddy.

Par ce tracé à grandes lignes, on peut se faire une idée de l'œuvre accomplie par le prince ; on peut en soupçonner les difficultés et les dangers.

A son retour en France, la Société de Géographie organisa, en avril 1896, une séance solennelle dans le grand amphithéâtre de la Sorbonne. Le prince Henri y reçut la grande médaille d'or et la décoration de la Légion d'honneur.

C'était la juste récompense de ses travaux. Depuis lors, le jeune explorateur a combattu pour ses idées par la plume et par la parole. Il a fait des conférences à Paris, à Lille, à Londres ; en cette dernière ville, il s'est même exprimé en anglais.

Le prince est parti au commencement de l'année 1897 pour un nouveau voyage d'exploration. Il s'est rendu tout d'abord à la cour du roi Ménélick, avant de pénétrer plus avant dans l'Abyssinie et dans des régions inexplorées de cette partie de l'Afrique. Il s'est rencontré à la cour du Négus avec M. Bonvalot qui est chargé par le gouvernement français d'une mission officielle auprès du roi d'Abyssinie. Le prince a déjà envoyé au *Figaro* et au *New-York Herald* de très intéressantes relations de ses débuts de voyage.

PRINCE HENRI D'ORLÉANS. — Né à Ham, en Angleterre, le 15 octobre 1867. Fils aîné du duc de Chartres. Revenu en France en 1871 après le rappel des lois d'exil. Étudie avec un précepteur à Paris Lunéville et Rouen, suivant les villes où son père était en garnison. — En 1882, entre au collège Stanislas, passe ses deux baccalauréats et remporte des succès au concours général. — En 1886, concourt pour Saint-Cyr. Les lois d'exception sont votées à cette époque. Le prince doit renoncer à la carrière qu'il avait entreprise. — Après un an d'études de droit, il entreprend son premier voyage avec M. de Boissy. Nous ne répéterons pas ce que nous avons déjà dit de ce voyage et de ceux qui suivirent. Ajoutons que partout le prince Henri fut l'ardent champion de l'influence française. — Les sociétés de géographie de Rome, Vienne, Berne, etc., l'ont nommé membre d'honneur. L'assemblée des professeurs du Muséum, en récompense des services rendus par lui aux sciences naturelles, l'a nommé membre correspondant. — Grande médaille d'or de la Société de Géographie de Paris, et chevalier de la Légion d'honneur en avril 1896.

BIBLIOGRAPHIE. — *Six mois aux Indes*. — *Autour du Tonkin*. — Articles à la *Politique coloniale*, au *Temps*, à la *Revue de Paris*. — En préparation, l'ouvrage qui comprendra le récit du dernier voyage du prince et de ses explorations récentes.

Monsieur Mariani,

J'espérais ne pas avoir à faire
usage d'ici longtemps de votre vin Mariani.
Les voyages en ont décidé autrement; ils ont pris une partie de ma
force que j'ai dû aller rechercher dans
votre élixir. Je m'en suis très bien trouvé.

Veuillez croire à ma considération
très distinguée.

Henri d'Orléans

ÉDOUARD PAILLERON

i le fabiau du moyen âge, génialement mis en œuvre par Rabelais, si la fable de La Fontaine, la comédie de Molière, le conte de Voltaire représentent les vrais trésors de notre littérature, la comédie de Pailleron elle aussi constitue l'expression la plus nette et la plus traditionnelle de l'esprit national au théâtre.

Pailleron est, en effet, un Parisien enté sur une vieille souche provinciale, originaire de Lyon. Rabelais envoyait à « M. l'esleu Pailleron ses humbles recommandations à sa bonne grâce ». Ce sont là des lettres de noblesse littéraire, bien que notre Pailleron soit celui de la race qui ait anobli ses ancêtres, suivant une coutume qui n'est pas aussi chinoise que son origine pourrait le faire croire.

Pailleron fut conduit à la littérature par les voies les plus diverses, mais qui toutes convergeaient vers le même but. En sortant du collège, il se prépara à l'école navale : il y fut reçu, et entra... à l'école de droit. Clerc de notaire, avocat, clerc d'avoué, perdant les causes de ses clients, il fut gagné par l'ennui, et, éprouvant le besoin d'agir, il s'engagea dans un régiment de dragons.

Deux ans après, Pailleron présenta un remplaçant à son colonel, et s'en fut goûter les charmes de la forêt de Fontainebleau avec des peintres, dont l'un, Beaucé, l'emmena en Afrique. Après avoir voyagé pendant quelque temps, il finit par rencontrer Pierre Dupont, qui lui fit explorer les sentiers de Ville-d'Avray et les bois de Viroflay. Il découvrit alors qu'il était poète, et la vocation qui couvait depuis longtemps en lui put éclore et se développer librement.

Édouard Pailleron a beaucoup produit, et chacune de ses œuvres est *bonne*. La consécration de son succès, au théâtre, ce sont les types qu'il y a créés, tellement bien frappés à l'image des contemporains mis en scène, qu'ils ont donné leurs noms à leurs modèles. Les noms de ses personnes et des titres de ses pièces sont tellement bien la synthèse des caractères et des situations développés par lui à la scène, que dans la langue courante ils sont devenus noms communs.

Les *lundis* de M. Pailleron sont célèbres ; dans le grand appartement qu'il occupe, quai d'Orsay, il est un fumoir où toute une élite de l'intelligence contemporaine se rencontre régulièrement. On y *cause*, ce qui devient de plus en plus rare : vous n'y entendrez ni conférences, ni sermons, ni discussions parlementaires (ô ironie des mots!); on cause, et voilà tout.

Le maître de la maison, assis dans son fauteuil, la face bien encadrée par une chevelure et une barbe abondantes, laisse parfois percer l'éclair bleu de son regard à travers la fumée bleue de sa pipe, et jette dans la conversation un mot, une observation qui y font brèche comme un brillant coup d'épée.

Et pour finir par une anecdote assez caractéristique, on nous permettra de citer un souvenir d'un de ses amis, le comte Fantoni. Cela se passait à l'époque où Pailleron commença à être assailli de demandes d'autographes. Un jour, par un orage épouvantable, il arrive chez son ami, trempé mais radieux, et lui dit :

— Eurêka, mon cher ami !
— Quoi donc ? Un parapluie ?
— Mieux que cela ! Un paratonnerre.
— Voyons.
— Je n'ai pas l'objet dans ma poche, mais je peux vous le décrire.
— J'écoute.

Et alors, expliquant qu'il était de plus en plus accablé de demandes flatteuses, mais trop nombreuses, d'autographes, il dit avoir pris à ce propos une résolution inébranlable. Désormais, il n'en donnerait plus que deux, les deux mêmes, toujours.

— Selon le sexe, je donnerai l'un ou l'autre, mais je ne donnerai plus jamais que ces deux-là !

Les voici :

POUR LES HOMMES

Quelques vers sur un bout de papier ? Je veux bien.
Mais voulez-vous le fond de ma pensée intime ?
Blanc, ce bout de papier valait presque un centime...
    Maintenant il ne vaut plus rien.

POUR LES FEMMES

Être indéfinissable et toujours défini,
La femme est l'instrument ou qui chante ou qui beugle,
    Dont le mari joue en aveugle
    Et l'amant en Paganini.

C'est bien de l'auteur du *Monde où l'on s'ennuie*, cette pièce, ainsi que nous disait un de nos amis, au bas de laquelle on aimerait à voir figurer son propre nom.

PAILLERON (Édouard). — Né à Paris, 1834. Membre de l'Académie Française en 1881 ; comme directeur, répond à Ludovic Halévy en 1886. — Théâtre : *Les Parasites*, 1861 ; *le Mur mitoyen*, Odéon, décembre 1861 ; *le Dernier quartier*, Théâtre-Français, 1863 ; *le Second mouvement*, Odéon, 1865 ; *le Monde où l'on s'amuse*, Gymnase, 1868 ; *les Faux Ménages*, 1869 ; *le Départ*, 1870 ; *Prière pour la France*, 1871 ; *l'Autre Motif* ; *Hélène*, Théâtre-Français, 1872 ; au même théâtre, *Petite Pluie*, 1875 ; *l'Étincelle*, 1879 ; *Pendant le Bal*, 1881 ; *le Monde où l'on s'ennuie*, 1881 ; *la Souris*, 1887 ; *Cabotins* ; *Mieux vaut douceur... et violence*, 1897 ; au Gymnase, en 1878, *l'Age ingrat* ; *Un bel enterrement*, 1896.

BIBLIOGRAPHIE. — *Le Théâtre chez Madame*, 1881 ; *Pièces et Morceaux*, 1897 ; *Discours académiques*, 1886 ; *Amours et Haines*, 1 vol. de vers.

Édouard Pailleron est officier de la Légion d'honneur et commandeur de l'ordre de Saint-Anne.

Boniment

à Mariani

Je sais un remède béni,
D'effet sûr, de saveur exquise,
Qu'on prend comme une friandise,
Et qui rend au corps assaini
Sa vigueur et sa gaillardise.

Anémique et noble marquise,
Chlorotique et folle Nini,
Buvez-en ! Et - quelle surprise ! -
De quelque nom qu'on le baptise,
N'is, ni, le mal est fini...

Croyez-vous que c'est tout ? Nenni !
Donnant la force, il l'éternise,
Il supprime l'âge et sa crise :

Le vieillard le plus démuni,
Par cet élixir, rajeuni,
Peut - sans peur d'en être puni -
Tenter une aimable entreprise,
Et le couple le moins uni
Sent renaître, en catimini,
Sa réciproque convoitise...

Et maintenant, pas de méprise !
Quel est ce remède béni ?
Ce n'est ni le .... ni
Le .... qu'on la dise !
C'est la "Coca Mariani"

Edouard Pailleron

EDMOND PICARD

’homme le plus connu de Belgique. C'est une vraie puissance, et, de France, il nous apparaît encore grandi. Il symbolise pour nous toute la Belgique vivante : n'est-il pas à la fois homme politique, avocat, homme de lettres et amateur d'art ! Quelle corde pourrait-il ajouter à son arc ou plutôt à sa lyre ?

Il a paru dernièrement en face du public parisien, et nous n'avons pas été déçus. D'abord il venait à nous pour une bonne action. Il avait été un vieil ami de notre Léon Cladel, et celui-ci, en mourant, lui avait recommandé ses enfants, cette merveilleuse famille Cladel, et en particulier sa fille aînée, Judith, qui se destinait à la littérature. Quand, donc, le théâtre de l'Œuvre eut reçu la première pièce de la jeune fille, *Le Volant*, Edmond Picard voulut tenir sa promesse, et c'est lui qui fut chargé du discours d'usage. Il causa longtemps, plein de verve et de bon sens, prodigua de sages conseils et s'éleva jusqu'à la vision poétique par son évocation du grand mort, au génie duquel Mlle Cladel succédait : son succès fut très franc.

Puis tout à coup, on apprit que le tout dévoué avocat des pauvres et des honnêtes venait de quitter son palais du boulevard de la Toison d'Or pour mener, dans un modeste appartement, la vie retirée que voulaient son caractère et ses idées. Il léguait ses biens aux artistes. Sa magnifique habitation devenait la *Maison d'art*, où, depuis lors, se succèdent les expositions d'art moderne, les représentations de pièces nouvelles, les conférences des maîtres français et belges.

Tels sont les deux derniers actes de cet homme de bien, les deux actes qui eurent le plus grand retentissement parisien. Mais il convient de regarder en arrière et de suivre pas à pas cette étonnante carrière, jour par jour, fiévreuse et active au sens complet du mot, car Edmond Picard aime l'action, mais l'action qui aboutit à la bonne besogne.

Edmond Picard est né à Bruxelles, rue des Minimes, en 1836. Son père fut professeur de droit à l'Université de Bruxelles. Edmond fit ses études à l'Athénée de Bruxelles. Tout à coup, étant en rhétorique, il fut pris du désir de voir du pays. Il s'embarque comme mousse, le 25 janvier 1854, à Anvers, sur le *Vasco de Gama*, en partance pour New-York avec 300 émigrants allemands. Toutes sortes d'aventures et de maladies scandent le voyage. Arrivé à destination, le jeune aventurier est atteint du typhus et il séjourne six semaines à l'hôpital de Staten-Island Revenu à Anvers, il est engagé comme novice à bord de ce même *Vasco de Gama*, puis comme matelot sur un navire français, l'*Aimée-Victoire*. Il entre à l'École de navigation ; le 31 décembre 1856, il passe, de très brillante façon, son examen de secon lieutenant au long cours.

En avril 1857, il quitte la marine pour l'Université, suit les cours de philosophie et de droit ; le 31 juillet suivant, il passe son examen axec la plus grande distinction. Trois ans après, il passe son deuxième doctorat et prête serment comme avocat.

C'est de cette époque que date le cercle des *Rabougris* dont les membres étaient, avec Edmond Picard : Graux, Olin, Robert, Janson, Splingard.

Le 21 mai 1864, E. Picard est reçu docteur, après la soutenance d'une thèse sur la *Certitude dans le droit naturel*. Il se marie deux mois après.

L'année suivante, il fonde avec ses amis le journal *La Liberté*, qui ne dura que deux ans, mais dont le souvenir est constamment évoqué, tant fut grande son influence sur le mouvement politique de cette époque. C'est le 28 janvier 1866 que parut, dans ce journal, en supplément, et rédigé par E. Picard, le *Manifeste des ouvriers* pour la réforme électorale et qui concluait au suffrage capacitaire. En 1866 E. Picard publia la première édition du *Traité des brevets d'invention et de la contrefaçon industrielle* en collaboration avec X. Olin. En 1869 le *Traité de la profession d'avocat*. En 1878, E. Picard fonde les *Pandectes belges*, encyclopédie du droit national, qui comprendra 100 volumes grand in-8° de 1200 pages, dont plus de la moitié a paru actuellement.

En 1880, E. Picard est nommé avocat à la cour de cassation.

En 1882, il rentre dans la vie politique, pose sa candidature à l'Association libérale de Bruxelles pour un siège vacant au Sénat ; un déplacement de 57 voix l'eût fait réussir. Il est actuellement sénateur provincial du Hainaut.

« Qu'est-ce qu'une belle vie ? Les convictions de la jeunesse réalisées dans l'âge mûr » dit quelque part Edmond Picard. En politique et au palais, il n'a cessé de penser de même, rigidement.

Quant à ses livres, ils suivent sa vie pas à pas ; ils sont le reflet vivant de ses aventures et de ses pensées intimes.

C'est un honnête homme universel...

Un de ses compatriotes illustres, Camille Lemonnier, a écrit ces lignes sur Edmond Picard : « Nulle part, il n'est inférieur à lui-même ; partout il est l'égal des plus grands. Il parle comme il écrit, d'un souffle puissant, d'une passion convaincue, et sa pensée est encore de l'action dans la plénitude d'une vie et d'un esprit accordés. »

<hr>

EDMOND PICARD. — Littérateur, avocat, sénateur et mécène belge, né à Bruxelles en 1836. Le 21 mai 1864, docteur agrégé de la Faculté de droit. Le 26 juillet, il épouse la sœur de M. X. Olin. Le 9 juillet 1880, nommé avocat à la Cour de Cassation. Sénateur du Hainaut. — ŒUVRES PRINCIPALES : *Le Paradoxe sur l'Avocat* (1879) ; *la Forge Roussel* (1881) ; cette même année, fondation de l'*Art moderne*, revue de critique artistique et littéraire ; *Les Hauts Plateaux de l'Ardenne* (1882) ; *Histoire du régime censitaire* ; *l'Amiral* ; *Mon oncle le Jurisconsulte* ; *la Veillée de l'huissier* ; *le Juré* ; *El Moghreb al aksa*, voyage au Maroc, 1887 ; *Imogène, Vie simple* : *Heptalogie décadente*.

Cher monsieur,

Votre excellent vin Mariani est pour moi un cordial de souvenirs

Edmond Picard

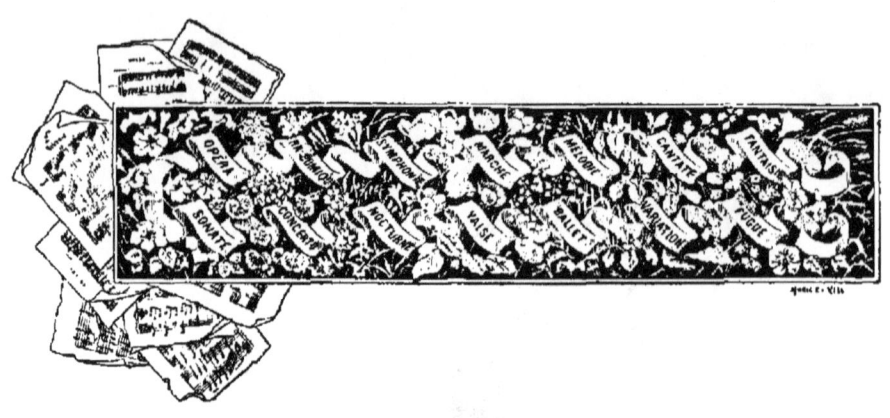

ROBERT PLANQUETTE

N de ceux qui sont arrivés vite... et qui le méritaient le plus. L'œil vif, mais en même temps doux et bon, derrière son binocle, le geste descriptif comme celui d'un sculpteur, soulignant, imageant la phrase, M. Planquette se laisse aller à nous conter ses débuts.

Comme tant d'autres, M. Planquette était peu fortuné alors qu'il suivait au Conservatoire les classes de composition. Pour vivre, il fallait produire, produire beaucoup, des œuvres d'un placement plus aisé qu'un poème symphonique ou qu'un opéra en cinq actes.

M. Planquette faisait donc des chansons, des mélodies, des romances, qui étaient chantées au café-concert. Et dès le début, il obtint des succès ; *Le Régiment de Sambre-et-Meuse*, qui date de cette époque, suffit à le prouver ; c'est maintenant la marche la plus commodément adoptée par les musiques de nos régiments.

Mais le Conservatoire et le Café-Concert ne font pas bon ménage ensemble. M. Planquette avait obtenu un premier prix ; on voulait le faire concourir pour aller à Rome. Mais pour cela il fallait opter, ou bien ne plus faire de chansons et préparer le concours, ou bien abandonner le concours et continuer à faire des chansons.

D'autre part il importait de vivre : M. Planquette choisit la chanson, et cette bonne fille du terroir gaulois lui porta chance.

En même temps, il écrivait alors des chœurs qui rendaient son nom célèbre parmi les puissantes sociétés chorales du nord de la France. Et, pour nous en donner une idée, M. Planquette se met au piano ; s'accompagnant lui-même, il nous chante un chœur à quatre voix, intitulé : *Ses compagnons*, dont les paroles, délicates de forme et vraies de sentiment, sont de M. Auguste Chatillon.

Et ce fut un véritable régal pour nous que cette audition. Le charme habituel des mélodies de M. Planquette est doublé lorsqu'il les interprète lui-même. La « voix de compositeur » est célèbre, en ce qu'elle consiste surtout en intentions qu'aucun son n'accompagne; or M. Planquette met au service de ses intentions un organe d'exécutant, de professionnel, une voix chaude, bien timbrée, souple.

Et l'on comprend alors qu'il fit aisément la conquête de Villemessant en lui chantant les principaux motifs des *Cloches de Corneville*.

La presse n'avait guère été tendre pour cette œuvre du jeune compositeur lorsqu'elle fut donnée à Paris. A Bordeaux, elle eut un succès qui enflait les recettes de plus en plus, chaque soir, suivant une progression constante qui esbaudissait d'aise le directeur.

Villemessant entendit la pièce, invita l'auteur à déjeuner, et se fit jouer par lui des fragments de la partition. De suite il fut empoigné, enthousiasmé, et travailla de toute sa puissance pour la gloire de son protégé. Cela ne lui donna pas grand'peine, d'ailleurs, car bientôt tout le monde fredonnait la musique des *Cloches*, non seulement en France, mais encore à l'étranger.

A partir de cette époque, le nom de Planquette fut connu et aimé du grand public, et depuis lors, chacune des œuvres qu'il a données au théâtre a été un succès. Nous n'avons qu'à choisir dans le tas pour donner des exemples. *Rip*, *Surcouf*, et cette délicieuse Berceuse du premier acte de *Panurge*, qui est devenue populaire.

Le caractère principal de la musique de M. Planquette est un grand charme, qui de suite séduit l'oreille, en même temps qu'une clarté toute française qui rend ses idées nettes, compréhensibles, et les grave rapidement dans la mémoire de ceux qui les entendent.

Il n'a pas le côté banal du flou-flou de l'opérette. Son art s'élève plus haut, et *Rip*, par exemple, est un de nos bons opéras comiques, autant par la pensée que par la forme. C'est une de ces œuvres qui restent, en dépit du temps, parce qu'elles ne sont pas le produit d'un caprice de la mode, mais bien le résultat d'une conviction artistique sincère et profonde.

Comme tous ceux qui ont vraiment un tempérament artistique, en dehors de l'art qui lui est propre, M. Planquette s'intéresse vivement à d'autres arts que celui qui lui est propre: à la sculpture, à la peinture; dans le grand atelier où il travaille habituellement, partout aux murs, sur des chevalets, des pupitres, le regard se heurte à des tableaux, à des gravures, à des objets d'art, sans compter un très beau portrait du compositeur par Bisson.

L'été, lorsque Paris devient fournaise, M. Planquette s'échappe vers la mer, loin de la capitale, aux confins de la Bretagne et de la Normandie. Il possède parmi les sables une propriété où il va chercher un peu de tranquillité. Il y travaille un peu à son aise, et, comme tout bon Parisien doit le faire s'il veut se bien porter, il retourne à la vie de nature, en chassant les oiseaux de mer et même des gibiers plus substantiels lorsqu'il s'en rencontre au bout de son fusil.

PLANQUETTE (ROBERT). — Né à Paris en 1850. Premier prix du Conservatoire national de musique et de déclamation. Composa d'abord un grand nombre de chansons, de romances, des chœurs, des morceaux de piano. Nous ne pouvons les énumérer ici, et nous nous contenterons de rappeler le *Régiment de Sambre-et-Meuse*. Sa première œuvre au théâtre est : *On demande une femme de chambre*, 2 actes, en collaboration avec Pierre Véron. Avec le même, 1 acte, *la Confession de Rosette*. Puis vinrent successivement : *la Princesse Colombine*, *le Capitaine Thérèse*; en 1875, *le Serment de Madame Grégoire*. — En 1876, M. Planquette conduisit lui-même au théâtre du boulevard Saint-Denis (disparu depuis) *Paille d'avoine*, 1 acte, qui est au répertoire. Viennent ensuite : *Les Cloches de Corneville*, 3 actes, aux Folies-Dramatiques, en avril 1877; *le Chevalier Gaston*, 1 acte, à Monte-Carlo, en 1879; *les Voltigeurs de la 32ᵐᵉ*, 3 actes, aux Folies-Dramatiques, en janvier 1880; *les Chevau-Légers*, 1 acte, à l'Eldorado, en 1881; *la Cantinière*, 3 actes, aux Nouveautés, en 1882; *Rip*, 3 actes, aux Folies-Dramatiques, en novembre 1884; *Surcouf*, 3 actes, aux Folies-Dramatiques, en octobre 1887; *le Talisman*, 3 actes, à la Gaîté, en janvier 1893; *Panurge*, 3 actes, à la Gaîté, en novembre 1895.

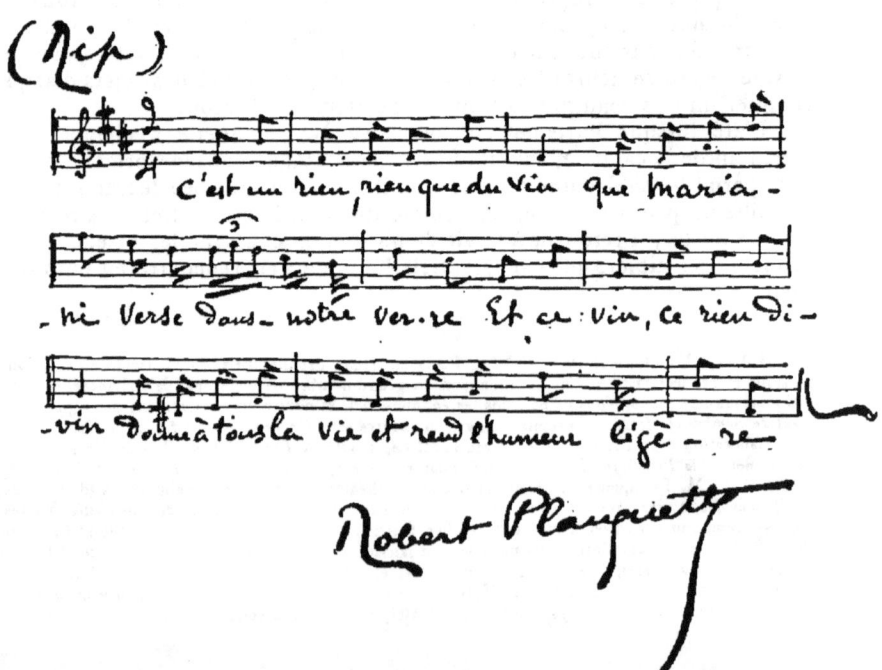

MARCEL PRÉVOST

PRÉVOST, dès son début dans la carrière des lettres, où il devait tôt passer maître, montra d'exquises qualités de délicat psychologue et de très spéculatif philosophe. En effet, dans la plupart de ses œuvres, transparaît une nuance toute teintée de délicatesse, de trouble et de pudeur qui montre et démasque le côté pathétique de sa pensée sous une lumière douce et le révèle sous un jour plus fluide, plus tendre et plus moral que celui sous lequel on l'envisage ordinairement. Ame d'une sensibilité infinie et presque musicale dans la douleur, esprit d'une subtilité analytique particulière dans l'expansion, Marcel Prévost subit certainement, à l'aspect de la foule de cette fin de siècle si compliquée et si maladive, ce même mouvement de recul que Louis Lambert, dans le beau roman d'Honoré de Balzac, avait éprouvé à son premier contact avec le monde. Seulement, M. Prévost s'est montré plus fort que Louis Lambert. Imprégné de Schopenhaüer comme celui-ci l'était de Pascal et de Swedenborg, il ne tarda pas à maîtriser les souffrances de son être froissé et poussa l'héroïsme jusqu'à se faire le médecin, le bon docteur de toutes les pauvres âmes passionnées et ardentes dont la vie désemparée et trop multiple s'est bien trop dispersée aux quatre vents de l'amour et s'est trop répandue au delà des bornes de la raison : « Il rêva dès lors d'une métaphysique plus indulgente et plus tendre où l'influence de l'amour aurait une part composante dans l'équilibre de l'esprit », dit-il lui-même, parlant du Jean-Jacques de *Mademoiselle Jaufre*. Et cette métaphysique, c'est lui-même qui l'a expérimentée ! Avec un art infini, une subtilité féminine toute frêle et toute sinueuse, il a créé tour à tour des types de volupté et de souffrance, de chétive splendeur et de tragique tendresse qui ont fait de ses héroïnes, de Chonchette, de Mlle Jaufre, de Maud de Rouvre, les égales des personnalités romanesques les plus connues. Toutes trois et d'autres encore (toutes celles des *Lettres de femmes*, du *Scorpion*, de *Cousine Laura*, de la *Confession d'un amant*) se placent effectivement à côté des belles amoureuses célèbres des romanciers : *Mignon* de Goethe, *Clarisse Harlowe* de Richardson, *Mathilde* de Stendhal, *Madame Bovary* de Flaubert, *Marguerite Gautier* d'Alexandre Dumas fils.

Survenu dans la société contemporaine au moment où, minée par un âpre désir de jouissance et de possession, elle se préoccupait déjà d'autres choses que celles de la vie ordinaire, le jeune romancier, avec une vigueur souvent cruelle, devait présenter ce curieux spectacle de l'homme qui réussit à amuser une époque de l'histoire même de ses défauts et de ses vices. Doué de cette délicieuse mélancolie qui est le fond de toutes ses œuvres et qui donne à ses déductions autant de valeur immédiate et de portée réelle qu'à des maximes de Vauvenargues et de La Rochefoucauld, il ne tarda pas à faire s'intéresser les lecteurs aux enseignements les plus profonds de la beauté intérieure, et cela, justement sous le voile allégorique d'actions et d'intrigues dont le réalisme apparent n'est que le masque extérieur d'une pitié cachée toute épanouie et d'une désolation réservée toute attendrie. M. Marcel Prévost, avec un charme de style incomparable et une écriture simple et toute correcte, a su donner l'impression inoubliable de cette belle, délicieuse, perverse et affolante Française contemporaine. Avec ses phrases aux murmurantes mélodies d'aveux, ses situations épisodiques aux dénouements érotiques et naturels comme l'époque où ils se passent, il reste un des rares qui aient su procurer absolument aux sens blasés de cent mille lecteurs, l'illusion, le parfum et la saveur de cette orchidée charnelle, dont la fascination est si impérieuse qu'il n'est point de chef-d'œuvre récent qui n'en soit aussi profondément imprégné que les algues mêmes du sel de la mer ou les bruyères des senteurs de la vallée. Avec cela, une influence médiévale due à ses nombreux séjours dans la vallée de la Garonne, ces lieux que l'auteur de *le Rouge et le Noir* comparait aux plus admirables sites transalpins, achève de donner à ses romans un cachet de force et de naturel qui est le plus bel apparat des œuvres d'art. Les chuchotements en sourdine, les curiosités avides, les sensations vibrantes de la jeune fille actuelle, nul encore ne les a mieux notés. Cela était courageux de doter le monde de 1894 de *les Demi-Vierges*, qui sont pour nous ce que *Mademoiselle de Maupin* fut aux romantiques de 1830 et *Renée Mauperin* aux réalistes de 1880.

PRÉVOST (MARCEL), romancier français, né à Paris le 1er mai 1862, fils d'un sous-directeur des contributions indirectes à Tonneins (Lot-et-Garonne), fit une partie de ses études au collège Saint-Joseph de Tivoli à Bordeaux, dirigé par les Jésuites, où il ne tarda pas à se signaler par de brillants succès précoces. Il entra ensuite à l'école Sainte-Geneviève, où il suivit les cours de mathématiques élémentaires qui le conduisirent à Polytechnique, où il fut reçu en 1882. MARCEL PRÉVOST publia ses premières nouvelles au *Clairon* et au *Matin*. Le succès ayant répondu à la publication du *Scorpion* dans ce dernier journal, MARCEL PRÉVOST a donné depuis : *Chonchette*, *Mademoiselle Jaufre* (écrits pendant sa période administrative, passée à Lille et à Paris, comme ingénieur des Tabacs); *Cousine Laura* (1890); *La Confession d'un amant* (1891); *L'Automne d'une femme*, *Lettres de femmes*, *Nouvelles Lettres de femmes*; puis plus récemment, *les Demi-Vierges*, *Notre Compagne*, *le Moulin de Nazareth*, *Le Mariage de Julienne*, *Le Jardin secret*, 1897. MARCEL PRÉVOST a en outre abordé le théâtre en 1891, avec un acte, *l'Abbé Pierre*, tiré du *Scorpion*, et une comédie, *les Demi-Vierges*, dont le sujet et le titre sont empruntés à son roman. Il est décoré de la Légion d'honneur depuis 1894. Il a publié dans de nombreux journaux quotidiens, principalement au *Journal* et dans des Revues périodiques, des nouvelles et des articles très remarqués.

Le vin de Coca Mariani, c'est, en bouteille, pour l'homme de lettres, des chroniques, des nouvelles, des romans et des comédies.

Mariani devrait, en bonne justice, toucher des droits au théâtre, au journal, & chez l'éditeur.

Marcel Prévost

RAFFAELLI

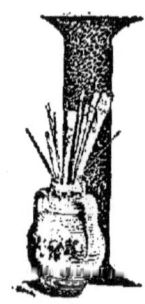IL habite rue de Courcelles, tout au bout, à dix mètres des fortifications.

Un petit hôtel. Eh! nous voici traversant un petit jardin, tout rouge de géraniums et pénétrant dans l'atelier très vaste et très clair. Sur un chevalet une *Notre-Dame de Paris* ébauchée. En face, au mur, une grande toile, célèbre, *Clémenceau dans une réunion publique*. Et comme fond, partout, une tenture de grosse toile ornée de dessins ornementaux de Raffaelli. Fleurs et feuilles de marronnier, vigne-neige, etc. Sur la toile grise, les dessins très caractéristiques, les dessins sont peints en brun. L'harmonie générale est douce, jolie sans trop attirer l'attention. Voici, sur son socle, un petit buste de vieil homme. Accroché sur un panneau, en relief découpé dans la fonte, une voiture de déménagement tirée par de pauvres victimes de cette maladie chronique : le terme.

Mais je suis introduit dans la *cuisine*. Le maître de céans appelle ainsi son second atelier où, la peinture un instant abandonnée, il se livre à ses autres instincts artistiques. Car Raffaelli est sculpteur, graveur, aquafortiste, lithograveur en couleurs. C'est dans ce réduit où ne pénètrent pas les profanes, qu'il triture les métaux de toutes sortes, et tâtonne et pèse et lave et chauffe... Ces arts d'ouvriers sont pour Raffaelli son violon de repos, ou sa gymnastique, si l'on préfère... Il a aussi la bicyclette, mais c'est un autre ordre d'idée.

Et le maître nous montre d'étonnantes gravures en couleurs, d'une simplicité savante tout à fait curieuse.

Puis des essais de reliefs, des gaufrages de métaux précieux.

Une seule chose que ne nous montre pas Raffaelli, c'est le stock de manuscrits que recèle certain meuble. Et il écrit aussi, mais ne veut pas publier. D'ailleurs, il fait aussi des conférences. Il y a peu de semaines, il était encore en Amérique...

Né à Paris, il fut toujours porté vers l'art. « Dès mon plus jeune âge, racontait-il dernièrement à un de nos amis, je dévorais les livres racontant l'histoire des hommes illustres et je ne rêvais qu'à devenir un homme illustre ! Illustre en quoi ? Je n'en savais, ma foi, trop rien. Pourvu que la célébrité me vînt, le reste m'importait peu. Je me disais parfois : « Si, à trente ans, je ne « suis pas un homme connu, je me brûle la cervelle. »

Il se lança dans les arts. Chant et peinture, tout à la fois. Tout en suivant de temps à autre le cours de Gérôme, il chantait dans un théâtre lyrique. Mais tout de suite après la guerre, il put se livrer à sa véritable passion : la peinture. Pour lui d'ailleurs, et la pensée est fort juste : la vie d'un artiste est une longue passion.

« Par exemple, ajoute-t-il, j'en change souvent. »

Il a pour principe qu'un artiste n'est complet qu'à la condition d'aborder tous les genres du domaine de son art. Il a actuellement à son actif : plus de six cents tableaux, cinquante compositions musicales, des foules de sculptures, des eaux-fortes et un lot de conférences en français et en anglais.

Ses premières années furent pénibles. Mais le travail vint et le succès. Et aujourd'hui Raffaelli, pessimiste de jadis, est un joyeux et reconnaissant optimiste. Un voyage en Amérique le rendit complètement au culte du soleil et de la vie.

« J'ai rencontré là-bas, dit-il, des gens ne désespérant jamais de l'avenir et trouvant leur plus grand plaisir même dans cette lutte pour la vie. L'histoire de l'un d'eux me stupéfia. Vous le connaissez, c'est celle de Mark Twain, le célèbre humoriste. A soixante ans, il est complètement ruiné par son éditeur. Il dit à ses créanciers : « Je vous demande cinq ans. Non seule« ment, à cette époque, je vous payerai intégralement, mais j'aurai refait ma « fortune… » Ce trait est si beau qu'il devient mon évangile… Si jamais une catastrophe m'atteint, je suis prêt à tout… même à recommencer ma vie de lutte… »

M. Raffaelli en parle à son aise ; dernièrement, trois des musées les plus importants du monde lui ont acheté des toiles : le Luxembourg, le musée de Dresde et celui de Bruxelles. C'est un succès sans précédent…

En Autriche, en Amérique, en Angleterre, même renommée et même belle vente… qu'il agrémente et pimente de série de conférences sur l'art français.

RAFFAELLI (JEAN-FRANÇOIS), peintre, sculpteur, dessinateur et graveur français, né à Paris, le 20 avril 1850. Fut d'abord artiste lyrique ; cependant, il suivait déjà à cette époque l'atelier de Gérôme, tout en chantant dans un concert lyrique. Dès 1870, il put se livrer tout entier à son goût pour la peinture, et il débuta cette même année-là au Salon, avec un *Paysage*, et exposa ensuite : l'*Attaque sous bois* (1873) ; *Mendiant* (1874) ; *A Nice* (1875) ; *En excursion* ; *Moresque* (1876) ; *Charmeuse nègre* ; la *Famille de Jean le Boiteux*, paysans de Plougasnou (Finistère), et *Hans Burgmeier*, buste plâtre (1877) ; la *Rentrée des Chiffonniers* ; *Deux Vieux et Chiffonnier*, gouache ; la *Vieille*, dessin (1879). Après une interruption de plusieurs années, il fit une exposition particulière, recommença ses envois aux Salons annuels, avec un vivant portrait de *M. Clémenceau dans une réunion électorale*, et deux dessins rehaussés à l'huile : *Forgerons et Chiffonnier* (1885). Il a donné depuis : *Chez le Fondeur* (aujourd'hui au musée du Luxembourg) ; *Midi*, effet de givre, et deux autres dessins rehaussés à l'huile. *Le Dimanche au cabaret* et l'*Armée du salut* (1886) ; la *Belle Matinée* ; *Terrassiers à la décharge*, dessin (1887) ; portrait de *M. Edmond de Goncourt*, acquis par l'État pour le musée de Nancy ; portraits de *Judith* et de *Gabrielle*, les *Buveurs d'absinthe*, la *Leçon de chant* et *Terrassiers à la carrière*, dessins rehaussés de peinture à l'huile (1889). Comme l'un des chefs de l'école impressionniste, il prend part, depuis 1890, à l'exposition du Champ-de-Mars. Principaux envois, 1891 : parmi les 6 toiles, *Les grands arbres*, *Le Grand-Père* ; l'*Avenue d'Argenteuil* ; en 1892, deux *Portraits* et un pastel, le *Traiteur napolitain et son âne* ; en 1893, une dizaine de tableaux : les *Vieux Convalescents*, la *Route du Soleil*, le *Sculpteur idéaliste*, *Vieux Chiffonniers*, etc., et deux sujets de sculpture : *Bonhomme assis*, plâtre, et *Tête de petit bourgeois*, bronze, exemplaire unique, fondu à cire perdue. 1896 : *Les Invalides*, tombeau de Napoléon ; *Notre-Dame de Paris* (acquis par l'État pour le Luxembourg) ; *Portrait de ma fille Germaine* ; *Germaine*, *Place Saint-Michel*, la *Sainte-Chapelle* ; *Fleurs jaunes et blanches* ; *Fleurs rouges, roses, jaunes et blanches* ; (1897) *Jeune fille se regardant dans une glace*, *Philosophe et Poète*, la *Trinité*, l'*église Saint-Germain-des-Prés*, *Vieux chiffonnier*. M. RAFFAELLI a obtenu une mention honorable en 1885, une médaille d'or à l'exposition universelle de 1889, et a été fait chevalier de la Légion d'honneur le 12 janvier de la même année.

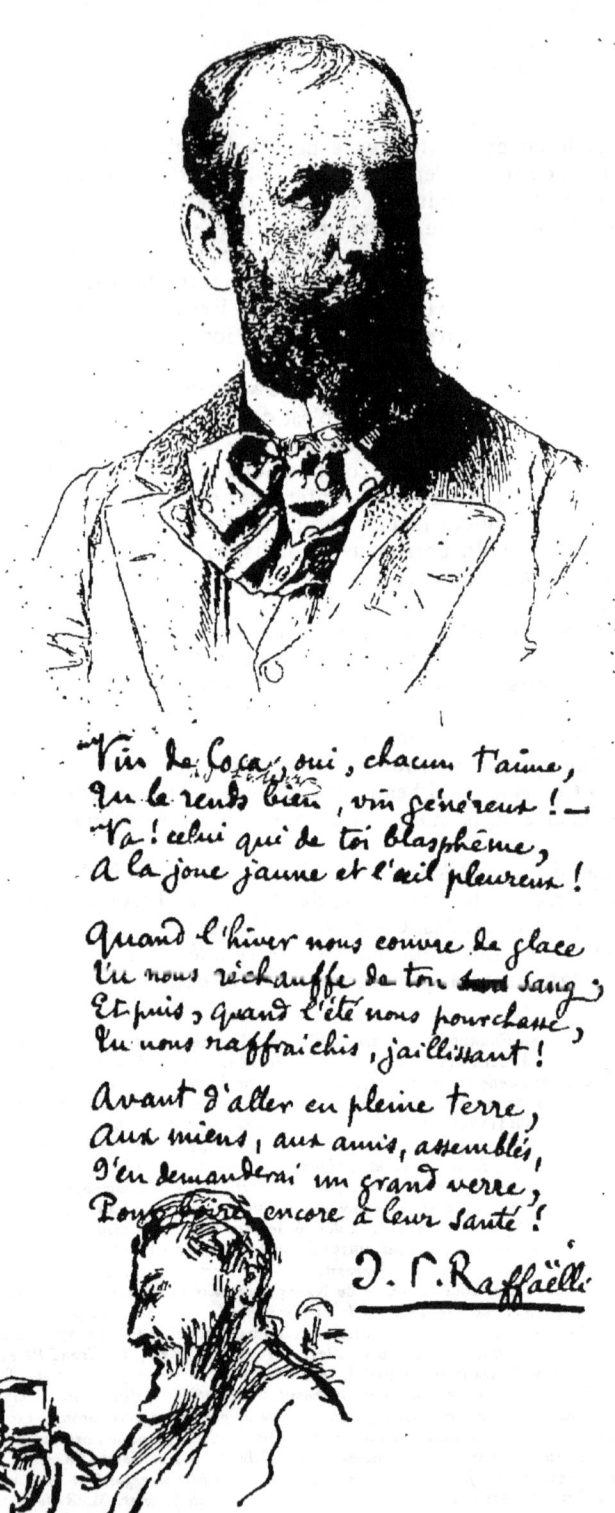

"Vin de Coca, oui, chacun t'aime,
Tu le rends bien, vin généreux ! —
"Va ! celui qui de toi blasphème,
A la joue jaune et l'œil pleureux !

Quand l'hiver nous couvre de glace
Tu nous réchauffe de ton sang ;
Et puis, quand l'été nous pourchasse,
Tu nous rafraîchis, jaillissant !

Avant d'aller en pleine terre,
Aux miens, aux amis, assemblés,
J'en demanderai un grand verre,
Pour boire encore à leur santé !

J. F. Raffaëlli

ÉDOUARD DE RESZKÉ

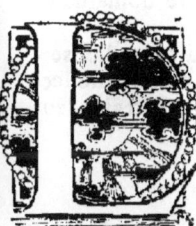a carrière d'Édouard de Reszké est parallèle à celle de son frère, Jean de Reszké. Elle est également la résultante d'une irrésistible vocation, servie par des moyens physiques exceptionnels.

Comme chanteur, Édouard de Reszké est trop universellement connu pour que nous ayons à analyser son talent ; tout le monde l'a entendu, et cela suffit pour en faire l'éloge.

Il possède une superbe voix de basse profonde, ce qui forme un curieux contraste avec son frère, dont la voix est celle d'un ténor. Ils avaient une sœur, qui était également une musicienne et une cantatrice émérite.

La communauté de goûts, l'hérédité, l'éducation, l'amodiance artistique au milieu de laquelle ils grandirent, leurs dispositions naturelles furent autant de circonstances décisives qui firent éclore chez tous les trois la même vocation, et développèrent en eux la passion de l'art auquel ils se sont consacrés entièrement.

Outre que leur talent trouva dès le début une atmosphère favorable et fut soigneusement cultivé, les de Reszké purent s'y adonner en pleine indépendance.

Ils sont d'origine polonaise, et appartiennent à une vieille famille de magistrats. Ils eurent la chance, dès le début, de jouir d'une fortune considérable, ce qui ne fit pas de leur carrière artistique une nécessité de leur existence.

Aussi est-ce bien véritablement leur goût, leur vocation, qui les décida à l'entreprendre. Ils se procuraient ainsi les joies les plus pures et les plus hautes que l'on puisse trouver dans l'étude et la pratique d'un art passionnément aimé. Toute leur énergie put se concentrer sur ce seul but : leur idéal ; elle n'eut pas à s'exercer, à s'user à ces luttes pour la vie souvent si pénibles.

Les de Reszké eurent donc cette chance énorme de pouvoir s'adonner à leur art pleinement et sans arrière-pensée, sans aucune autre préoccupation que celle de parvenir à la perfection.

Edouard de Reszké reçut de bonne heure une éducation très complète et très soignée. Sa mère était une musicienne très distinguée, ce qui explique le goût des deux frères pour la musique, et le développement de leurs moyens naturels, déjà excellents et exceptionnels.

Ce fut à Londres, en 1875, qu'Edouard de Reszké débuta, sur la scène du *Drury Lane Theater*. L'année suivante, en 1876, il vint à Paris, où il se fit entendre au Théâtre-Italien. Il est curieux de constater que, lors de cette première apparition sur une scène de notre capitale, il ne fut pas suffisamment apprécié.

Ce fut la raison qui le détermina à quitter Paris. Il parcourut l'Allemagne, l'Italie, l'Angleterre, toute l'Europe, en un mot, et fit même plusieurs tournées en Amérique. Son talent s'affermit, son succès grandit en même temps, et sa réputation s'établit de plus en plus solidement.

Lorsqu'il se sentit en pleine possession de tous ses moyens, et accompagné du prestige qu'avaient ajouté à son nom les représentations données ainsi avec succès sur les scènes de théâtres étrangers, il reparut à Paris, en 1883, à l'Opéra cette fois. Il eut bientôt fait de conquérir son public, son succès fut considérable et dès lors sa renommée devint universelle.

En compagnie de son frère, Édouard de Reszké possède en Russie une écurie de courses des mieux montées. C'est un fanatique du sport hippique. Heureusement, ce goût sportif ne vient pas trop empiéter sur le domaine de l'art : il n'est là que comme une distraction, un repos d'esprit.

C'est un peu l'histoire du violon d'Ingres. Du reste, le fait est d'observation générale, que tous les hommes qui s'adonnent à une occupation intellectuelle, ont besoin d'un dérivatif d'importance secondaire, pour distraire leur esprit de l'idée fixe, du travail habituel.

DE RESZKÉ (Edouard), né à Varsovie, en 1856, débuts à Londres, au *Drury Lane Theater*, en 1875, à Paris, sur le Théâtre-Italien, en 1876 ; tournées en Europe et en Amérique, de 1877 à 1883. Chante à l'Opéra de Paris en 1883. Les principaux rôles dans lesquels il eut l'occasion de se produire et de se faire applaudir sont les suivants : Fernand, dans *le Trouvère* ; Ruy Gomez, dans *Hernani* ; Sparafucile, dans *Rigoletto* ; Raymond, dans *Lucie de Lammermoor* ; don Basile, dans le *Barbier de Séville* ; Léporello, dans *Don Juan* ; Méphistophélès, dans *Faust* ; Frère Laurent, dans *Roméo et Juliette* ; le duc d'Albe, dans *Patrie*, etc., etc. Bref, ce sont tous les rôles du répertoire.

Cher monsieur Mariani

Je me fais un plaisir de vous dire que je considère le Vin Mariani comme un tonique excellent très utile au chanteur

Edouard de Reszke

MONSEIGNEUR RICHARD

LA mort de Mgr Guibert, Mgr Richard fut appelé à lui succéder dans les fonctions archiépiscopales du diocèse de Paris. Ce choix, certainement attendu, reçut, de la part des personnes éclairées, les approbations les plus méritoires. Par le caractère d'austérité, de grandeur et de bonté évangéliques, qui avait toujours accompagné son nom, Mgr l'archevêque de Larisse était digne de remplacer, dans une aussi délicate et aussi importante mission, le prélat admirable que l'Église catholique tout entière tenait en si grande vénération pour ses vertus, sa charité et ses lumières, et dont la perte prématurée affligeait si justement le clergé français. Dans le long stage que Mgr Richard avait fait autrefois, dans sa ville natale, en qualité de vicaire général, puis durant le temps qu'il occupa l'évêché de Belley, la valeur considérable de son esprit et l'excessive charité de son cœur l'avaient désigné comme coadjuteur au choix de l'archevêque de Paris. Durant onze années, Mgr Richard se trouva exercer ces fonctions avec un désintéressement absolu et une conscience irréprochable. Nourri de bonne heure de la lecture des Pères, ayant lui-même étudié, dès le séminaire de Saint-Sulpice, les auteurs de la foi les plus recommandables, Monseigneur ne tarda pas à s'inspirer de leur exemple, et bientôt même à marcher sur leurs traces.

Issu d'une des plus respectées et des plus anciennes maisons nobles de Bretagne, Monseigneur, au milieu des concessions générales et de la vulgarisation des croyances, garda la foi sacrée et la tradition la plus divine des anciens âges. Sous les titres de *Vie de la Bienheureuse Françoise d'Amboise* et des *Saints de l'Église de Nantes*, le successeur de Mgr Guibert avait écrit jadis quelques édifiantes monographies des principaux saints de la vieille Bretagne. Mgr Richard s'était attaché surtout à parler des moins célèbres et des plus humbles, sachant que ceux-là surtout étaient à recommander à la vénération des fidèles, puisque leur ambition n'avait pas été celle d'une gloire emphatique, mais bien plutôt celle de porter plus haut encore dans la grâce, ce nom de chrétiens par quoi ils s'immortalisaient. L'auteur s'était plu à étudier l'existence presque inconnue, et cependant si précieuse en exemples et en préceptes, de saint Amand et de saint Segondel, de saint Donatien et de saint Hervé, de saint Victor et de saint Benoît. Ces pieux confesseurs et ces divins martyrs donnèrent à l'écrivain prétexte à oraisons et à entretiens. Il enseigne et écrit comme Bourdaloue et comme Massillon, mais, en même temps, il aime comme Vincent de Paul ou François de Sales. En racontant la vie si profondément belle et touchante de la très admirable duchesse de Bretagne, l'auteur des *Saints de l'Église de Nantes* se trouve quelquefois atteindre à la splendeur des Évangélistes : « L'Église qui vit ici-bas, y écrit-il, assujettie par son côté humain aux vicissitudes des formes sociales, les domine toutes par son élément divin. Elle continue l'œuvre de Notre-Seigneur Jésus-Christ, et elle recueille les élus qui doivent former le royaume éternel, et quand le nombre des saints, arrêté dans les décrets de la sagesse éternelle, aura reçu sa plénitude, alors le temps cessera, les royaumes et les empires disparaîtront, et il n'y aura plus que le règne du Seigneur et de son Christ pendant l'éternité. » Voilà qui est grandiose et émouvant comme les phrases mêmes de Melchisédech, les prophéties d'Élie ou les visions de Jean. Mgr Richard s'est élevé ainsi plusieurs fois, au cours de ce livre, à des altitudes théologiques considérables. C'est grâce à lui aussi que le culte respectueux de la Bienheureuse Françoise d'Amboise a été rétabli dans les prières et les oraisons de toutes les paroisses du diocèse nantais.

De telles lignes expliquent suffisamment l'attitude de Mgr Richard au moment de son élévation à l'archevêché. Monseigneur se montra alors d'une dignité parfaite. Sa ligne de conduite, qu'il expliquait et prévoyait dans son mandement, faisait preuve d'une étonnante sagesse. Il s'y montrait, en effet, disposé à maintenir en dehors de la politique les intérêts de la religion, compatibles avec les formes démocratiques de la France moderne, comme avec les formes monarchique ou aristocratique des autres temps et des autres contrées. Dans différentes circonstances de son épiscopat, Mgr Richard eut à concilier les questions les plus difficiles et, bien souvent aussi, à mettre la concorde aux lieux où la désunion menaçait de se glisser. Monseigneur, dans ces occasions, se montra toujours d'une fermeté et d'une douceur qui apaisèrent bien vivement les différends. La dignité de cardinal de l'ordre des prêtres de Sainte-Marie *in via* lui a été conférée le 24 mai 1889. Nul plus que lui n'en était aussi méritoire. Car celui-là, en ces temps de scepticisme et d'incrédule tristesse, apparaît une figure respectable et vénérée qui peut prendre pour devise cette phrase si sublime de l'Apôtre : *Adjutorium nostrum in nomine Dei!*

RICHARD (Monseigneur François-Marie-Benjamin), prélat français, né à Nantes, le 1ᵉʳ mars 1819, de la famille noble des Richard de Lavergne, fut élevé au château de ce nom, près de Nantes, et entra au séminaire de Saint-Sulpice. Après avoir été, après un grand nombre d'années, vicaire général de Nantes, il fut nommé évêque de Belley par décret du 16 octobre 1871, préconisé le 22 décembre suivant, et sacré le 11 février 1872. Nommé, par décret du 7 mars 1875, coadjuteur de Monseigneur Guibert, archevêque de Paris, avec future succession, il fut préconisé, le 3 juillet 1875, sous le titre d'archevêque de Larisse *in partibus infidelium*. Depuis son élévation au diocèse de Paris, Monseigneur Richard est plusieurs fois intervenu dans différents débats : au moment de la discussion de la loi sur le service militaire, qu'il considérait comme particulièrement dirigée contre les élèves des séminaires, il protesta au nom des intérêts communs de l'État et de l'Église, dans une lettre adressée au président Carnot, et qui ne fut insérée dans le journal *le Monde* qu'après la publication de la loi. On cite de Monseigneur Richard : *Vie de la Bienheureuse Françoise d'Amboise, duchesse de Bretagne et religieuse carmélite* (Nantes et Paris, 1865, 2 vol. in-18); *Les Saints de l'Église de Nantes*, lectures, méditations et prières pour leurs fêtes (Nantes, 1873, in-18).

Archevêché de Paris

Le Cardinal Archevêque de Paris, après avoir éprouvé lui-même dans la maladie l'année dernière les bons effets de la précieuse liqueur Mariani, joint à ses remerciements ceux de ses chers pauvres.

† F. Card. Richard
 ar. de P.

MAURICE ROLLINAT

IEN comprendre et partant bien juger le poète Maurice Rollinat, n'est possible qu'après l'avoir vu à deux moments de sa vie : à Paris, il y a une quinzaine d'années, chantant, au milieu d'une émue assemblée d'amis, et aujourd'hui à Fresselines, pêchant dans la Creuse...

Il ne se faisait point prier, et sitôt au piano, il remuait les âmes des auditeurs. Dès la première note, — la première phrase n'était pas achevée, — il jetait le trouble dans les esprits. Tout de suite, on était transporté *ailleurs*, on le suivait le long des sentiers hantés de ses strophes. Ses yeux hypnotiseurs dardaient des flammes. Son long corps entier se ployait en arrière, se jetait sur le clavier, le pied torturant la pédale forte. Il se donnait tout, corps et âme. Aussi de telles séances, artistes et spectateurs sortaient nerveux et sous le charme de la plus poignante impression d'art.

Avec sa voix et un piano, il fit la conquête des artistes les plus ennemis de la musique : Hugo, Banville, Barbey d'Aurevilly.

Sarah Bernhardt voulut entendre ce prodige que les ateliers portaient aux nues. Avec son bel instinct artistique, sa claire vision du beau, elle s'enticha tout de suite du musicien chevelu, du poète inspiré. Elle donna des soirées en son honneur, qui eurent beaucoup de retentissement. Albert Wolf, le chroniqueur célèbre, en eut vent : il écrivit au *Figaro* un de ces articles qui lancent un homme. Du jour au lendemain, le nom de Maurice Rollinat était connu de tous les artistes et du grand public.

Dois-je rappeler l'ordre de ses ouvrages : son premier, le plus calme, le plus sain, pourrait-on dire, celui où George Sand a mis comme son sceau de bienveillance et de sérénité, *Dans les Brandes*, parut en 1877. Tout le livre est en descriptions champêtres, en tableaux émus :

> Le mort s'en va dans le brouillard
> Avec sa limousine en planches.
> Pour chevaux noirs deux vaches blanches,
> Un chariot pour corbillard.....
> Pas de cortège babillard.
> Chacun, en blouse des dimanches
> Suit, morne et muet sous les branches,
> Et pleuré par un grand vieillard
> Le mort s'en va dans le brouillard...

Une des plus belles pièces du recueil serait à citer tout entière : *Les Cheveux*. *Le Crapaud* aussi est devenu célèbre.

Les Névroses, le second livre, éclatèrent en 1883. La nature se partage les pages avec le macabre et l'étrange. — Ce volume obtint le plus grand succès et plaça immédiatement son auteur en première vedette.

Troisième livre : *L'Abîme* (1886); quatrième : *Nature* (1891), duquel on détacha l'an passé, pour les écoles, de délicieuses fables, régal des lettrés et à la fois studieux amusement des tout petits. *L'Abîme*, composé en pleine maturité, contient peut-être les plus nettes, les plus harmonieuses et les plus terribles pages du poète. L'ouvrage d'hier, *Les Apparitions*, est plus heurté, fruit d'une période un peu troublée, mais logique continuation de l'œuvre du farouche écrivain.

Maurice Rollinat, malgré ses succès grisants, s'est exilé de Paris, prétendu indispensable à qui veut conquérir la gloire. On a vu que son isolement fut fécond. Il s'est retiré à Fresselines, sur les bords de la Creuse, qui coule lentement dans un gouffre à pic et qu'on n'ose pas regarder; en face, de l'autre côté, parmi les châtaigniers et les vieux chênes, de petites maisons basses autour d'un modeste clocher; c'est le nid d'aigle de Rollinat.

La maison est tapie entre les deux Creuse, sous un dais d'arbres. On pousse la petite porte du jardin, trois beaux chiens aboient. Voici le cabinet de travail : une toute petite table, fleurie de bruyères, deux pianos et au mur, au-dessus des vieux fauteuils et du grand canapé, des esquisses et des tableaux des environs, signés Détroye, Béthune, G. Lorin; au centre d'un panneau trois portraits, Baudelaire, Edgar Poé et Lamennais. Plus loin, le masque de Beethoven et celui du poète par Ringel d'Illzach. Dans un angle, *La Morte* de Decamps. Les tentures sont en toile de limousine.

La passion favorite de Rollinat est la pêche. Dès l'aube, l'auteur des *Névroses* et de *Nature* dévale vers ses coins préférés. Le long du pré, il rêve aux rimes de *Paysages et Paysans*, son prochain livre et il est heureux. Quand il a trouvé une épithète lumineuse et qu'il entend le grelot d'une ligne tendue, il ressent les plus belles émotions de ce monde.

Tel est ce fier et ému poète, ce musicien que Gounod appelait « un fou de génie », cet homme de la nature, tel que nous le vîmes parmi ses modèles et ses inspiratrices, les grandioses vallées berrichonnes.

ROLLINAT (Maurice), poète, né à Châteauroux (Indre), le 29 décembre 1846, fils de François Rollinat, avocat, représentant du peuple de 1848 à 1851, grand ami de George Sand. Son premier livre, *Dans les Brandes*, 1877, montre l'influence exercée sur son esprit par l'auteur de ces romans des champs, *la Petite Fadette*, *la Mare au diable*. En 1883, les *Névroses* parurent, dévoilant un Rollinat nouveau, satanique et macabre. Ce fut un succès énorme. *L'Abîme* suivit, 1886. Puis *la Nature*. *Dix mélodies nouvelles*; car Rollinat est un musicien aussi, et le plus étrange, le plus évocateur qui soit. 1896 : *Les Apparitions*. A paraître prochainement : *Payages et Paysans*. De belles proses de M. Rollinat parurent au *Supplément littéraire du Figaro*, comme d'ailleurs la plupart des poèmes.

A Monsieur Mariani,

Vous êtes un savant sorcier, je le proclame
à peine l'on a bu votre vin enchanté
Qu'au fond du corps flétri regerme la Santé
Et que l'Illusion ressuscite dans l'âme.

Maurice Rollinat

DE SAINT-MARCEAUX

I. y a peu de sculpteurs qui aient acquis, au degré de M. de Saint-Marceaux, une aptitude aussi aisée dans la conception des motifs et une réalisation aussi pure dans le développement des formes. Il semblerait, à considérer la plupart des sujets où il lui a plu d'exceller, que l'exécution même des statues les plus difficiles ne rebute point son habileté et ne décourage pas la poursuite de ses rêves. M. de Saint-Marceaux n'est point, en effet, de ces artistes qui se plaisent à fatiguer le marbre ou l'airain de l'irréalisable splendeur de mythes trop abstraits; l'aile légère de Psyché caresse moins le contour de ses glaises que le voile moins fluide d'Eurydice, d'Andromaque ou des Choéphores. Quelque chose de grave et de matériel se mêle à la fois à la plupart des stèles ou des socles qu'il exécute. De là cette mélancolie souvent charmante dont il fait preuve et qui est le signe de désappointement et de regret de ceux-là qui ne peuvent pas complètement abandonner la terre. Ce destin contradictoire, qui tourmente en lui l'épanouissement bien défini de l'œuvre, a ordonné avec une mélodie toute simplifiée l'arrangement de ses groupes de plâtre, de ses bronzes, de ses marbres. Grâce à cette aptitude, à la fois éthérée et terrestre, l'artiste conserve une conscience bien nette des moyens de son métier. C'est cette dualité de compréhensions qui le porte à aborder tour à tour les motifs les plus différents de la Vie et du Rêve. Avec une aisance qui est une preuve certaine de virilité, M. de Saint-Marceaux traite tour à tour de scènes historiques ou d'allégories. Dans les premières il n'abandonne pas les motifs de légende qui, pour la plupart, gardent un souvenir de réalité. Dans les seconds, au contraire, c'est dans les emblèmes les plus subtils de l'idée et du songe qu'il se meut avec une ampleur admirable. Ainsi, ayant exécuté la statue en bronze de *l'Abbé Miroy*, il pétrit la maquette du *Génie gardant le secret de la tombe;* ayant terminé sa *Jeanne d'Arc*, il aborde déjà le projet de son grand motif des *Destinées humaines*.

Sa pensée, le plus généralement, est rendue avec une finesse qui étonne. C'est dire qu'il ne cherche à l'exprimer que lorsqu'il la possède complètement. En art, en statuaire surtout, cela est très rare et peu compris. David d'Angers, Jouffroy, Carpeaux possédèrent bien nettement ce don étonnant de l'expression immédiate. On les a vus, les uns et les autres, s'abandonner spontanément à d'aussi étonnantes compositions. Le *Philopœmen retirant la flèche de sa blessure* du premier, les cariatides et les hauts reliefs du second, les ornementations du troisième, se relient par une affinité imperceptible des contours. Les contours! C'est à leurs lignes délicates que se trahit tout le talent du statuaire. Ceux de la physionomie sont les plus doux et les mieux précis. C'est là, surtout, que doit se porter l'attention des sculpteurs. Le masque indique jusqu'à quel point de vérité peut atteindre un artiste qui médite. Ceux de M. de Saint-Marceaux surtout sont d'un intérêt hors pair. Les personnalités dont il lui a plu d'éterniser un peu le masque, pourraient impressionner désagréablement par leur caractère officiel. Il n'en est rien cependant. Tout le charme du naturel s'allie sur leur physionomie à une sorte de gravité pensive qui est plus personnelle à l'artiste qu'aux sujets. C'est dire qu'en interprétant des physionomies dont il lui a nécessairement fallu respecter l'aspect le plus particulier, M. de Saint-Marceaux n'a pas oublié de le faire selon sa vision individuelle. Son *Meissonier*, son *Renan*, son *Detaille*, son *Dagnan-Bouveret*, son *Jadin*, peuvent faire suite à son *Bailly* et à son *Abbé Miroy*. Le même art, la même conception les ont engendrés aussi bien.

Quiconque aborde M. de Saint-Marceaux ne tarde pas, même dans sa conversation, à deviner quelques-uns de ces signes particuliers d'observation et de franchise. Le caractère ouvert et accueillant de l'homme explique l'ordre, le rythme et les moyens qui engendrent tout le talent de l'artiste. On se l'imagine aisément prêtant son précieux concours à l'embellissement d'un domaine ancien, d'un monument du passé ou d'un parc de Versailles. Son *Arlequin*, ses motifs si délicieux d'ornementation décorative, ses projets de fontaines, de bassins, le feraient voir volontiers sous ce jour un peu élégant d'autrefois. Certains bustes de femmes bien modelés avec art feraient encore penser à Houdon. Seulement, ce n'est là qu'un éclair fugitif. M. de Saint-Marceaux a débuté dans les arts avec une statue de *Dante*, qui est une perfection. Cette perfection implique aussi toute une façon de voir qui est plus grave. Le maître de la statue de Bailly sourit quelquefois. Seulement il médite bien plus souvent encore. Sa pensée n'est jamais fugitive. Il l'immobilise dans l'airain et dans le marbre avec une belle facilité. C'est pourquoi il étonne tant, et c'est pourquoi il charme si fort.

SAINT-MARCEAUX (CHARLES-RENÉ-PAUL DE), statuaire français, né à Reims en septembre 1845, commença ses études classiques au lycée de sa ville natale, puis fut envoyé à Francfort pour faire des études commerciales, et entra à 18 ans dans l'atelier de M. Jouffroy. Il débuta au Salon de 1868 par *la Jeunesse de Dante*, statue en marbre acquise par l'État et placée au Luxembourg. En 1872, la statue en bronze de *l'Abbé Miroy*, fusillé à Reims par les Prussiens, fut exclue du Salon par motifs politiques, et néanmoins récompensée; elle a été placée depuis sur le tombeau du patriote. M. DE SAINT-MARCEAUX a exposé depuis : *Génie gardant le secret de la tombe* (1879), statue en marbre placée au Luxembourg, et *Arlequin* (1880), statue en plâtre; il a donné encore : *Danseuse arabe*, statue plâtre (1886); *la Dame de pique* (1890), statuette en pierre peinte; *la Musique* (au château de Ferrière); *la Faute* (figure courbée); *Statue de première communiante* (au musée de Lyon); *le Tombeau de Tirard* (au Père-Lachaise). M. DE SAINT-MARCEAUX a obtenu une 2ᵉ médaille en 1872, une première médaille et la médaille d'honneur de sculpture en 1879; une médaille d'or à l'Exposition universelle de 1889. Il a été nommé le 12 juillet 1880 chevalier, et le 29 octobre 1889, officier de la Légion d'honneur.

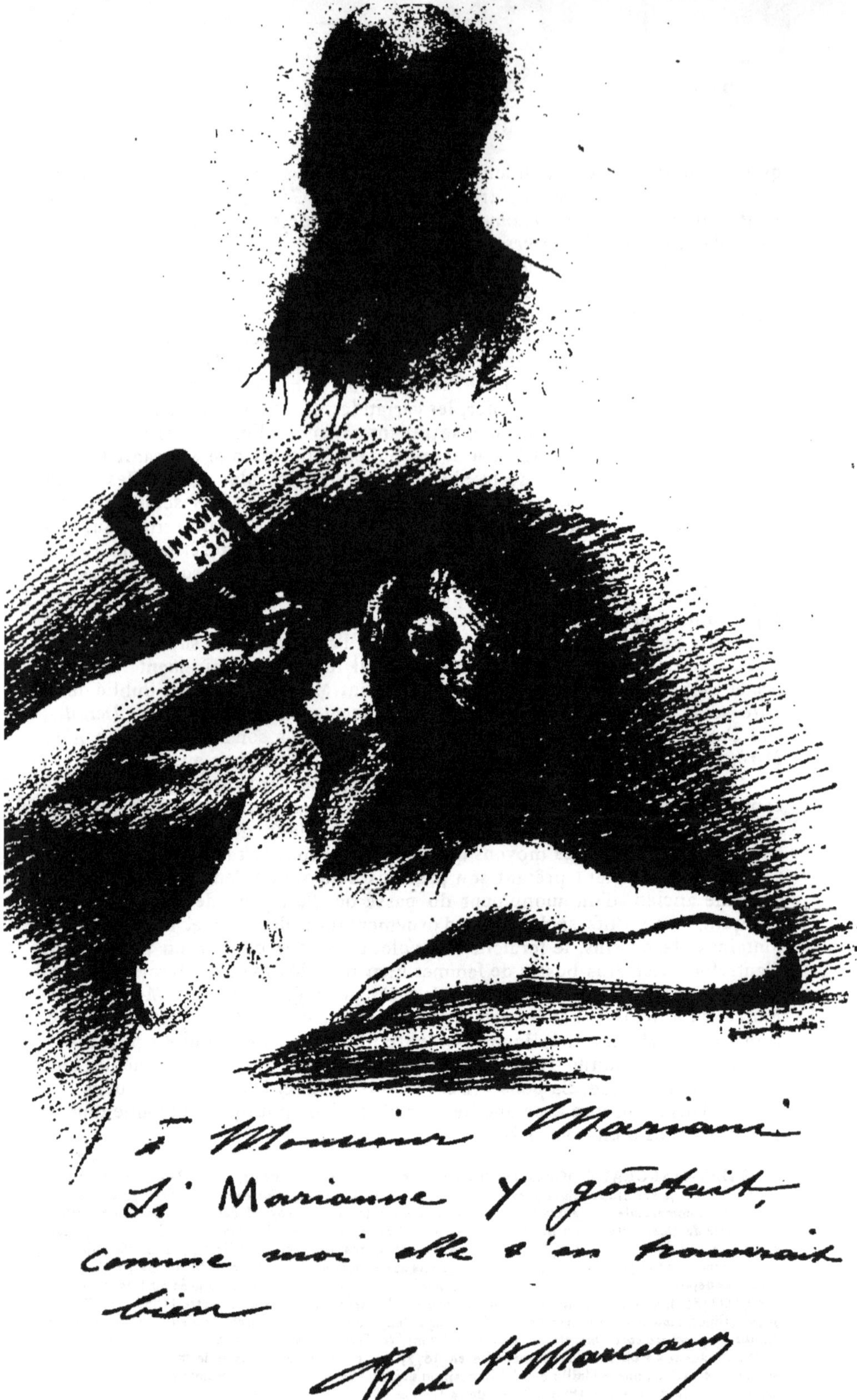

à Monsieur Mariani

Si Marianne y goûtait,
comme moi elle s'en trouverait
bien

R de St Marceaux

SYBIL SANDERSON

San-Francisco Mlle Sybil Sanderson est née. Son père était un des plus éminents magistrats de la ville. Toute jeune, elle manifesta d'étonnantes dispositions pour les choses de l'art.

Ses goûts naturels ne furent d'ailleurs pas contrariés, mais encouragés. A treize ans, elle arrivait à Paris.

Un jour, dans un pensionnat qui la gardait, Mlle Sybil Sanderson chantait devant une élève de M. Bax, le professeur bien connu du Conservatoire.

— Mais vous devriez travailler, Mademoiselle, vous êtes merveilleusement douée, travaillez.

Travailler! La jeune élève ne demandait que cela, et Bax, qu'elle avait pris comme maître, fut émerveillé des progrès de la future *Thaïs*. Un jour M. Carvalho veut l'entendre. L'audition a lieu justement le jour de la dernière représentation d'Heilbronn, dans *Manon*, où la débutante doit remplacer plus tard, avec tant de succès, la créatrice. Elle fait la connaissance de Gounod qui lui apprend lui-même *Mireille* et *Roméo*.

Mais voici Massenet. Heilbronn n'est plus; — qui sera Manon à sa place, et avec un talent égal? Mlle Sybil Sanderson apparut, charmeuse, avec sa grâce blonde et sa voix de cristal : c'est Manon, c'est Esclarmonde! A la première de *Sigurd*, à Bruxelles, MM. Alfred Blau et Louis de Grammont avaient parlé au compositeur d'un opéra féerique dont l'action se passait à Byzance. Massenet avait dit : « Je veux bien, mais donnez-moi une Esclarmonde? »

— Moi, répondit toute heureuse la jeune cantatrice, quand Massenet, qui déjà l'avait choisie comme interprète, lui répéta la question.

L'auteur du *Cid* se mit à l'œuvre.

Pendant ce temps, pour se familiariser avec le public et prendre l'habitude de la scène, Mlle Sybil Sanderson va chanter, sous le nom d'Ada Palmer, *Manon* et *Roméo*, à la Haye et à Amsterdam.

Le 15 mai 1889, elle débutait, en étoile, à l'Opéra-Comique, dans un ouvrage dont le rôle avait été écrit pour elle (*Esclarmonde*). Lorsqu'elle s'avança, dit un critique, sous la tiare étincelante de la fille de l'empereur Phocas, ou, plus belle encore, à demi voilée dans sa simple robe de crêpe blanc, ce fut un long murmure d'admiration, et ces vers du poète se mirent à chanter dans l'esprit de plus d'un spectateur, tant la poésie trouvait parfaite application :

> On dit qu'elle a seize ans. Elle est américaine ;
> Mais dans ce beau pays dont elle parle à peine,
> Jamais deux yeux plus doux n'ont du ciel le plus pur
> Sondé la profondeur et réfléchi l'azur.

Le succès de la chanteuse égala le succès de la femme. On se souvient avec quelle facilité elle escaladait les gammes jusqu'au *contre-sol* aigu. Ce contre-sol devint fameux et, comme on était en pleine Exposition, on l'appela *la note Eiffel*. Ce qui permet de citer ce quatrain, jusqu'ici inédit:

> Eiffel au trois centième mètre
> Mit la tour au-dessus du sol,
> Mais nous avons vu Sybil mettre
> Au-dessus de la tour, le *sol*.

Du premier coup, l'étoile s'était détachée en grandeur sur notre ciel lyrique où elle venait de monter à peine.

Deux ans après, second triomphe, *Manon*, suivie bientôt d'une autre création retentissante, encore que les dimensions de l'ouvrage soient plus restreintes, celle de *Phryné*, de M. Camille Saint-Saëns. Il y eut unanimité, comme toujours, dans la presse et dans le public pour les éloges décernés. Le charme de sa beauté était pareil, c'est-à-dire irrésistible, et sa voix avait acquis une nouvelle virtuosité, un art plus complet.

Appelée à l'Opéra, pour *Thaïs*, autre ouvrage de Massenet, elle venait de personnifier une dernière fois *Phryné*, lorsque, sur un désir du grand-duc Wladimir, de passage à Paris, elle consentit à donner, pour le royal spectateur, une représentation supplémentaire. On sait comment *Thaïs* fut accueillie, ainsi que sa créatrice qui trouva à l'Opéra les mêmes applaudissements qu'à l'Opéra-Comique. Mlle Sanderson a interprété depuis *Roméo* et *Rigoletto*.

Souffrante d'une maladie de larynx, l'éminente artiste a pris un congé de repos absolu. Nous reverrons Mlle Sanderson rétablie au mois d'octobre, à l'Opéra ; elle ira ensuite à Saint-Pétersbourg où l'appelle un engagement des plus dorés. Si le projet de reprendre *Hérodiade* se confirme, il est probable que ce sera celle qui fut *Thaïs*, *Manon*, *Esclarmonde*, qui incarnera l'amoureuse de saint Jean-Baptiste.

Massenet n'aura jamais de meilleure interprète pour ses œuvres.

SANDERSON (SYBIL), née à San-Francisco. Venue jeune à Paris, étudie le chant avec M. Saint-Yves Bax, rencontre M. Massenet qui écrit pour elle *Esclarmonde*, opéra dans lequel la jeune cantatrice débute triomphalement à l'Opéra-Comique. Recueille la succession de Heilbronn dans *Manon*. Ce fut ensuite *Phryné*. Engagée à l'Opéra pour créer *Thaïs*, elle chante ensuite *Roméo* et *Rigoletto*. La voix pure comme un cristal est d'extraordinaire étendue, elle va au contre-sol aigu.

14.th May. 1896.

With sincere thanks to
Mr Mariani for the
delicious "Vin Mariani"

Sibyl Sanderson

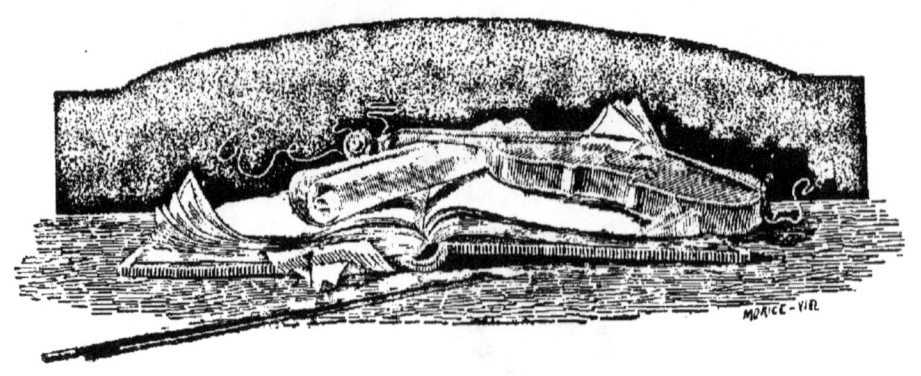

SARASATE

U n des plus étonnants virtuoses de l'heure actuelle. Lorsqu'un artiste atteint cette perfection, ce n'est plus un musicien, c'est la musique elle-même, la pure musique, celle dont parle Balzac :

« Croyez-moi, en faisant sa *Sainte Cécile*, Raphaël a donné la priorité à la musique sur la poésie. Il a raison, la musique s'adresse au cœur, tandis que les écrits ne s'adressent qu'à l'intelligence ; elle communique immédiatement ses idées, à la manière des parfums... Il est déplorable que le vulgaire ait forcé les musiciens à plaquer leurs expressions sur des paroles, sur des intérêts factices ; mais il est vrai qu'ils ne seraient plus compris par la foule... »

La foule cependant applaudit Pablo de Sarasate. C'est qu'il sait la dominer, la maîtriser. Et puis c'est peut-être mal juger les petits, les instinctifs, les peu instruits, que de les croire incapables d'une émotion intime supérieure ; sans doute, ils n'ont pas la préparation nécessaire à l'immédiate compréhension des harmonies compliquées, mais dès que la musique atteint certaines hauteurs sereines, le peuple comme l'artiste y voit clair. Les grandes œuvres sont la manne céleste que certains hommes laissent tomber pour tous les affamés du beau que sont les êtres vivants.

Sarasate a su, grâce à ce privilège, interprète des Beethoven, des Mendelssohn, des Lalo, des Saint-Saëns, conquérir une renommée universelle.

Londres, Bruxelles, Berlin, Vienne et les grandes villes de France ont tour à tour applaudi le maître violoniste. On garde des soirées qu'il donne un ineffaçable souvenir ; les longs poèmes qu'il « chante » produisent sous son archet l'impression complète qu'ils devaient produire, selon le vœu de l'auteur.

Paris a les préférences de Sarasate. A ses concerts d'hiver se presse le Tout-Paris artiste et mondain. Pendant les quatre heures que durent ces séances, on est transporté dans le ravissement ; on oublie tout ; on est ailleurs.

Le *Figaro* a publié (14 mai 1897) sur Sarasate un *instantané* très réussi que nous croyons devoir reproduire parce qu'il complète bien la physionomie de ce grand artiste : « Puisque le roi du violon vient régner pour un jour au concert Colonne sur une portion du peuple des mélomanes parisiens, choisissons ce moment pour donner un « crayon » de ce merveilleux virtuose.

« Au physique, une abondante chevelure jadis noire comme jais, aujourd'hui presque de neige, ombrageant un visage toujours jeune aux grands yeux myopes, dont le type bien espagnol fut supérieurement traduit dans un inoubliable portrait de Whistler.

« Mais voici paraître sur l'estrade le magicien de l'archet avec son stradivarius enchanté dont un Américain offrit cent mille francs — inutilement d'ailleurs, comme on pense. L'archet vainqueur attaque la corde avec grâce et noblesse et tout aussitôt, plus pures que le cristal, les notes s'envolent, ailées, radieuses, exprimant tantôt un chant séraphique, tantôt s'égrenant comme une pluie d'étoiles en un éblouissant feu d'artifice.

« L'harmonieux magnétiseur fascine les plus indifférents et le charme opère sur tous : est-ce un violon, est-ce une voix qui chante et prodigue avec une surprenante facilité les traits les plus prestigieux? On ne sait plus... on oublie, on rêve, on admire.

« Sarasate, qui voyage toute l'année, donnant partout des concerts où l'on s'écrase et où on l'acclame, est le virtuose préféré des rois et des reines de l'Europe : tous et toutes l'ont criblé de présents, d'honneurs et de décorations. Il n'en est pas plus fier et à tous ces triomphes il préfère une bonne cigarette fumée au pays natal — à Pampelune — en compagnie de quelques amis amateurs de vraie musique. »

Nous donnons plus loin la liste des œuvres gravées de Sarasate, car notre artiste n'est pas seulement un virtuose de premier ordre, c'est encore un compositeur mieux que distingué. Sa mélodie *le Sommeil*, sa romance sans paroles *Confidence* et ses *Airs bohémiens* sont trop connus pour que nous insistions. Il a fait sur *Faust* et sur *Zampa*, en particulier, des variations fort curieuses. Enfin sa fantaisie concertante pour piano et violon *Don Juan* suffirait à le faire classer parmi nos meilleurs maestri.

Mais, malgré tout, sa grande renommée lui vint de son violon. Pénétrez chez lui, dans son superbe rez-de-chaussée de la place Malesherbes, ce cœur du quartier Monceau, tout rappelle ses gros succès européens. Dans une vitrine les croix de tous les ordres possibles et imaginables, mêlées aux médailles, aux couronnes d'argent, d'or, aux palmes de toutes couleurs. Présidant à tout ce concert de souvenirs, un buste en marbre : haut front, cheveux relevés, moustaches fières, œil dominateur, c'est Pablo de Sarasate, dans son salon blanc et or. Sur le large piano à queue, toute une collection de violons, silencieux en leurs gaines diverses.

Que de sons ensommeillés dans ces longs écrins, que de jouissances encloses dans ce salon, des fenêtres duquel on aperçoit les jardinets de la place et tout au fond le monument du premier des deux Dumas, ce virtuose du roman d'aventures.

SARASATE (Martin Meliton dit Pablo de), célèbre violoniste espagnol, né à Pampelune, le 10 mars 1844. Entra à douze ans au Conservatoire de Paris, 1856, où il fut l'élève d'Alard. En 1857, il obtint le premier prix de violon. Il étudia l'harmonie dans la classe de M. Reber. Il débuta dans les salons et les réunions privées, puis se fit entendre dans les concerts populaires, au Châtelet, au Conservatoire. Son talent de virtuose se fit surtout remarquer dans l'exécution des concertos de Beethoven, de Mendelssohn, de Max Bruch, d'Édouard Lalo, de Camille Saint-Saëns, etc. En 1876, M. SARASATE commença sa longue et retentissante série de voyages ; il visita ainsi l'Allemagne, l'Autriche, la Belgique, l'Angleterre. Il eut un énorme succès, notamment à Berlin, où il donna, au théâtre de l'Opéra, quatre grands concerts. Aujourd'hui il quitte peu Paris, où ses heures sont toutes prises par de continuelles soirées, mondaines ou publiques. Parmi ses compositions publiées : *Confidence*, romance sans paroles ; *Souvenirs de Domont*, valse de salon ; le *Sommeil*, mélodie ; *Moscovienne* ; *Prière et Berceuse* ; *Don Juan*, fantaisie concertante pour piano et violon ; *Airs bohémiens* ; *Fantaisie sur Faust* ; *Mozaïque sur Zampa*.

A Mariani

C'est à regretter de n'être point malade
afin de boire du vin Mariani, mais quand
la vieillesse arrivera, je me souviendrai
qu'avec cet élixir les ans comptent pour
rien, donc à tout événement, préparez-moi
un fort lot de bouteilles, car je ne veux
pas vieillir c'est trop embêtant

N. Sarasate

Londres 13-11-92

AURÉLIEN SCHOLL

urélien Scholl a dit quelque part : « Ma vie est une longue anecdote ». C'est bien là en effet la vraie définition de cette vie, qui caractérise merveilleusement toute une époque. Il serait folie de tenter de raconter la vie d'Aurélien Scholl ; chaque jour s'ordonne ainsi : un article, au moins, et tout autour une guirlande de mots ; au bout de la semaine, un duel ; au bout du mois, un livre.

Il collabora dès la sortie du collège au journal le plus combatif de son temps, *Le Corsaire*, qui fut supprimé au Deux-Décembre. Il entra tour à tour au *Paris*, au *Mousquetaire* d'Alexandre Dumas le père, à l'*Illustration*, au *Satan* (un fils à lui), à la *Silhouette*, enfin au *Figaro*. Sa verve s'accrut avec sa connaissance de plus en plus profonde de la vie parisienne. Les « coulisses » du *Figaro* hebdomadaire obtinrent un succès énorme. Jamais pareil esprit n'avait éclaté. Vraiment, il inventa un rire nouveau, un rire qui gifflait. Il devint par la force des choses une des meilleures lames de Paris. Il eut des duels célèbres, il en eut même de dramatiques, tel celui avec M. Robert Mitchell, du *Soir*, pendant lequel l'épée de son adversaire lui traversa le bras et se rompit dans la plaie.

Le *Figaro* de Villemessant ne lui donnant pas toutes les satisfactions désirées, il fonda une concurrence qui réussit beaucoup, le *Nain Jaune* ; il écrivit aussi au *Club*, au *Jockey*, au *Lorgnon*. Le monocle de Scholl devenait tout à fait célèbre sur les boulevards ; la terrasse de Tortoni était le lieu des batailles de l'esprit qui se livraient alors à l'heure de l'apéritif.

Voulez-vous savoir quels étaient les collaborateurs d'Aurélien Scholl au *Nain Jaune*. Rochefort, Barbey d'Aurevilly, Albert Wolff, Paul de Cassagnac, Francisque Sarcey, Albéric Second. Un seul aujourd'hui alimenterait le succès d'un journal.

Après la guerre, l'*Événement*, puis l'*Echo de Paris*, eurent, sous lui, leurs plus belles heures. Il dirigea aussi quelque temps le *Voltaire*. Aujourd'hui l'*Echo de Paris* a encore l'honneur de sa causerie hebdomadaire.

Vous verrez à la bibliographie que ce journaliste n'hésitait pas à faire des livres avec ses articles. Je relisais hier un petit roman du maître ironiste, *Amours de théâtre*. C'est tout à fait délicieux, vivant, palpitant. Une langue brève, nette, française au plus haut point, des chapitres courts mais où l'action galope et tout le long une belle franchise d'allure et de moralité.

Dès son premier volume et dès la première page de ce volume il s'arrangeait à être original. Il donnait son adresse, 27, rue Lepelletier, et s'engageait à rembourser par retour du courrier les lecteurs mécontents de l'ouvrage, en les priant toutefois d'acheter le second qui serait en progrès. Le titre était *Lettres à mon domestique*.

Il y avait un poète en cet homme d'esprit. *Denise* en est la preuve irréfutable. Ce volume de vers parut en 1857, il reste peut-être parmi les meilleurs livres de A. Scholl et eut de nombreuses éditions. Il est devenu très rare.

Au théâtre, il eut ses bravos aussi : à l'Odéon, aux Variétés, au Gymnase, à Déjazet. *Rosalinde* est aujourd'hui au répertoire de la Comédie-Française.

Il est rare qu'un homme d'esprit parisien s'éloigne beaucoup de Paris, en été. Quelques-uns se sont même fait gloire de ne jamais le quitter. C'est le foyer nécessaire, l'unique bain pour la trempe de leur souple acier... Scholl est aguerri et il pourrait impunément voyager. A Londres, au Congrès de la Presse, il y a deux ans, il ne perdit pas la moindre parcelle de son joyeux génie ; ses annuels séjours à Vichy ne lui sont nullement préjudiciables. Mais il l'avoue cependant lui-même, il ne se sent plus chez lui lorsqu'il est à plus d'une heure du boulevard, et c'est pourquoi Bordeaux, qu'habitent ses enfants, ne le voit jamais. Il s'est fixé depuis beaucoup d'étés déjà à Étampes, dans notre banlieue.

Aurélien Scholl ne chasse pas pour deux raisons : à cause de ses yeux, mais surtout parce qu'il aime trop les animaux. Il blessa dans sa jeunesse un lièvre : il le fit soigner un mois par un vétérinaire, ce qui lui coûta fort cher.

Nous ne citerons aucun des mots récents de Scholl... Si nous commencions, cela ne finirait plus ; car chacun, détaché, porte bien son esprit et sa joie propres, mais le merveilleux, c'est la faculté de continuité que possède ce Parisien, cet étonnant conseiller municipal d'Étampes.

SCHOLL (AURÉLIEN), écrivain français, né à Bordeaux, le 13 juillet 1833.
Nous avons cité plus haut les brillants états de service du journaliste. Voici maintenant le littérateur : *Lettres à mon domestique* (1854, in-18); les *Esprits malades*, (1855, in-12) ; la *Foire aux artistes* (1858, in-16) ; *Claude le Borgne* (1859, in-16); *l'Art de rendre les femmes fidèles* (1860, in-32) ; les *Mauvais instincts, histoire d'un premier amour* (1860, in-12), réédité sous le titre de *Hélène Herman* (1863) ; les *Amours de théâtre* (1862, in-18); *Aventures romanesques* (1862, in-12); *Scènes et mensonges parisiens* (1863, in-12) ; les *Gens tarés* (1865, in-12); les *Dames de Risquenville* (1865, in-12); les *Cris de paon* (1866, in-18); *l'Outrage* (1866, in-18); les *Nouveaux mystères de Paris* (1867, 3 vol. in-18); les *Petits secrets de la comédie* (1867, in-18); *Dictionnaire féodal* (1869, in-32); la *Danse des palmiers* (1873, in-18); les *Amours de cinq minutes* (1875, in-8) ; le *Procès de Jésus-Christ* (1877, in-8); les *Scandales du jour* (1878, in-18); *Fleurs d'adultères* (1880, in-18); *l'Orgie parisienne* (1882, in-18); *Mémoires du trottoir* (1882, in-18); les *Nuits sanglantes* (1883, 2 vol. in-18); *Fruits défendus* (1885, in-18) ; le *Roman de Follette*, nouvelles (1886); *l'Esprit du boulevard* (3 vol., 1886); les *Fables de La Fontaine, filtrées par Aurélien Scholl* (1886, in-8, illustré); *Paris en caleçon* (1887, in-18); *Paris aux cent coups* (1888, in-18); *l'Amour appris sans maître* (1891, in-18); *Mille et une Ingénues de Paris* (1893).
ŒUVRES DRAMATIQUES : *Jaloux du Passé*, un acte (Odéon, 1861); *Singuliers effets de la foudre*, en collaboration avec M. Théodore de Langeac (Th. Déjazet, 1863); la *Question d'amour*, avec M. Paul Bocage (Gymnase, 1884); les *Chaînes de fleurs*, comédie en un acte (Variétés, 1886); *l'Hôtel des Illusions*, vaudeville en un acte (1869); *Rosalinde*, ou *Ne jouez pas avec l'amour* (1869), reprise à la Comédie-Française (1895); le *Repentir*, un acte (1876); *On demande une femme honnête* (1877), avec M. V. Koning ; le *Nid des autres*, comédie en 3 actes avec A. d'Artois (1878) ; les *Petits papiers*, comédie en un acte (1896).
POÉSIE : En 1857, *Denise*.
M. AURÉLIEN SCHOLL a été décoré de tous les ordres étrangers ; chevalier de la Légion d'honneur le 8 février 1878, il a été promu officier le 12 juillet 1884.

Le vin de Coca, de Mariani,
En un rien de temps vous remet à l'aise.
Le premier flacon à peine fini,
Je croyais avoir bu la Marseillaise !

Aurélien Scholl

SILVAIN

AMI DES POÈTES, c'est le surnom que Silvain porte parmi ses camarades, à la Comédie-Française. Coppée, Richepin, Silvestre, Mendès, Arène, sans parler de Racine, de Corneille, ni même de Sophocle, lui doivent en effet leurs plus beaux succès de la Maison.

Écoutez le juger par le reconnaissant auteur de *Grisélidis :* « Bien qu'il compte de très honorables succès dans la comédie, il est avant tout l'interprète né des poètes, et le plus impeccable diseur de vers de ce temps. Tout concourt, en lui, à réaliser cet idéal : la régularité pleine de noblesse de son masque (il ressemble extraordinairement au portrait de Talma qui est dans le foyer des artistes du Théâtre-Français); sa stature vigoureuse, laquelle est vraiment d'un tragédien destiné à représenter des héros; la justesse et la profondeur de sa voix bien virile. Tout cela est pour le physique et je mets *bien avant* l'âme vibrante qui est en lui. »

Il est certain que nul mieux que lui n'a su dresser une silhouette vivante devant nous, enfermer plus de vérité dans la rigidité des lignes. « Il emplit vraiment le moule dans lequel s'est enfermée la pensée du poète, sans le faire éclater jamais. Et c'est d'émotion sincère, de joies et de douleurs réelles qu'il l'emplit. »

C'est un artiste de composition. Il est tellement personnel que parfois il transforme à l'avantage de l'œuvre une pièce qui avait été déjà bien interprétée.

L'observation a été faite aussi par M. Fr. Sarcey, à propos du Félix de *Polyeucte :* « Silvain a su nous montrer toutes les faces de ce caractère si complexe et si conforme à l'égoïsme humain. Cette *création véritable*, car on ne se souvient pas, on ne raconte pas non plus que les devanciers du jeune tragédien, dans ce rôle, aient remporté un succès aussi grand que lui, — fait le plus grand honneur à M. Silvain. »

Il faut le voir dans le classique, d'ailleurs, pour commencer à le bien juger : dans Auguste de *Cinna*, dans le pervers Narcisse de *Britannicus*, dans l'impétueux Pyrrhus d'*Andromaque*, dans le bizarre Acomat de *Bajazet*, dans Mithridate, dans Thésée de *Phèdre*, dans Ulysse d'*Iphigénie* ; dans *Œdipe roi* où, grand-prêtre, il touche au diapason de Mounet-Sully.

Dans le moderne, il atteint à une puissance équivalente. C'est, tour à tour Dumont du *Supplice d'une femme*, Bruel de *Jean Baudry*, le marquis de Saluce de *Grisélidis*, Galéas de *Par le Glaive*, Tabarin de la *Femme de Tabarin*, Battista de *Severo Torelli*, Monte Prade de l'*Aventurière*. « La double face de son talent est dans cette intuition du classique, quand il l'interprète, et dans ce souci de réalité qu'il apporte au théâtre contemporain. »

L'homme est tout sympathique. Grand, carré plutôt que rond, la face rasée, il a la poignée de main puissante, voire broyante. C'est un *bon*. Il aime la vie et ses bizarreries. Il aime aussi, de toute particulière façon, les animaux ; ce sont les oiseaux et les poissons qui ont ses faveurs. Pour se livrer à cette double passion, il habite Asnières. Ses volières ont gagné les appartements ; aujourd'hui les meilleures chambres de sa maison sont pleines de rossignols. Joli voisinage pour un poète. Car Silvain est non seulement un grand artiste mais un véritable poète.

SILVAIN (Eugène-Charles-Joseph), de la Comédie-Française. Né à Bourg (Ain) le 17 janvier 1851, fils d'un capitaine du 33ᵉ de ligne, qui reçut à Solférino la croix d'officier de la Légion d'honneur ; lui-même fit héroïquement son devoir, en 1870, comme capitaine de francs-tireurs. Il reçut, à Marseille, ses premières leçons de déclamation, du père de Jane Hading. Débuta chez Ballande, après son prix de tragédie au Conservatoire, en 1876 (classe de Regnier). M. Perrin l'engage en 1878.

17 mai 1878, premier début dans Thésée de *Phèdre*, puis Valère des *Horaces*, Narcisse de *Britannicus*, Radberg de *la Fille de Roland*, Ariste des *Femmes savantes*, Félix de *Polyeucte* ; 1879 : Ariste de *l'Ecole des Maris*, Covadenga de *Ruy Blas*, Tartufe, Pyrrhus d'*Andromaque*, Olivier de *Gringoire* ; 1880 : Clarke de *Daniel Rochat*, le roi du *Cid*, Dario de *l'Aventurière*, Aubry-le-Fèvre de *Garin*, du Croisy de *l'Impromptu de Versailles* (à propos du 200ᵉ anniversaire de la fondation de la Comédie-Française, 21 octobre), Ulysse d'*Iphigénie* ; 1881 : un commissaire de police de *la Princesse de Bagdad*, Chrysalde de *l'Ecole des Femmes*, le vieil Horace d'*Horace*, un prêtre de Jupiter d'*Œdipe roi* ; 1882 : Jacques des *Rantzau* ; le 14 décembre, SILVAIN est nommé sociétaire en même temps que Mᵐᵉˢ Pauline Granger, Dudlay et Tholer et M. Prudhon, — pour prendre rang le 1ᵉʳ janvier 1883 ; 1883 : le duc d'Harcourt de *Demoiselles de Saint-Cyr*, Corneille de *Corneille et Richelieu* (à propos d'Émile Moreau), 1ʳᵉ représentation des *Maucroix*, le 4 octobre (SILVAIN : M. de Maucroix), Dumont du *Supplice d'une femme*, Kollet dans la reprise (23 novembre) de *Bertrand et Raton* ; 7 décembre, 1ʳᵉ représentation d'*Une matinée de contrat* (SILVAIN : Walanoff) ; 1884 : Félix de *Polyeucte* ; 1885 : Thouvenin de *Denise* ; l'Océan de l'*Apothéose* de M. Delair en l'honneur de Victor Hugo (15 juin) ; l'exempt de *Tartufe* ; 1886 : Socrate dans *Socrate et sa femme* ; le 22 mai, à la matinée gratuite anniversaire de la mort de Victor Hugo, SILVAIN dit *la Poutre* ; le roi dans *Hamlet* ; 1887 : Acomat de *Bajazet* ; 1888 : Mᵉ Claude de *Vincenette* ; Luigi d'*Une famille au temps de Luther* ; le 21 décembre, 249ᵉ anniversaire de la naissance de Racine, M. SILVAIN dit *A Racine*, poésie de M. Léopold Lacour ; 1889 : Ruggieri de *Henri III et sa cour* (reprise du 5 janvier) ; le 31 mars suivant, il joue le duc de Guise, un envoyé d'*Œdipe roi*, Amaury de *la Fille de Roland* ; Corneille dans *le Vieux Corneille*, à propos de M. Augé de Lassus (6 juin) ; Don Diègue du *Cid* ; Bruel de *Jean Baudry* ; 13 novembre, première de *la Bûcheronne* (SILVAIN : le docteur Albin) ; Louis XI de *Gringoire* ; *A Racine*, poésie de M. P. Gaulot, lue par SILVAIN le soir du 250ᵉ anniversaire de Racine (21 décembre) ; 1890 : Ulysse d'*Iphigénie*, un envoyé d'*Œdipe roi*, Amaury de *la Fille de Roland* ; 1891 : le marquis de Saluce de *Grisélidis* (15 mai), Ruy Gomez d'*Hernani* à la représentation du 15 décembre, au bénéfice des mineurs de Saint-Etienne ; 1892 : Galéas de *Par le Glaive* de Richepin (8 février) ; Mathan d'*Athalie* ; 1893 : Vanderke du *Mariage de Victorine*, Halcée du *Sapho* d'Armand Silvestre (6 mars) ; Corneille de *Corneille et Richelieu* ; un porteur dans *les Précieuses ridicules* à la représentation de retraite de Febvre, et Christel de *l'Ami Fritz* (24 mai) ; Burrhus de *Britannicus* ; l'envoyé dans *Antigone* (21 novembre) ; 1894 : Tabarin dans *la Femme de Tabarin* de C. Mendès (21 juillet) ; Battista de *Severo Torelli* (28 août) ; Monte Prade de *l'Aventurière* ; 1895 : Géronte du *Menteur* ; Mithridate de *Mithridate* ; de Cossé du *Roi s'amuse*, à la représentation de retraite de Got ; John Bell de *Chatterton*, à la représentation de retraite de Mˡˡᵉ Broisat ; Socrate de *Socrate et sa femme* ; le Girondin Roland de *Manon Roland*.

A Mariani.

Si Mithridate avait connu Mariani,
Délaissant les poisons pour un vin qui ranime,
Il aurait, doublé effort de son cœur rajeuni,
Triomphé des Romains et convaincu Monime.

Silvain E.
Sociétaire de la Comédie-Française

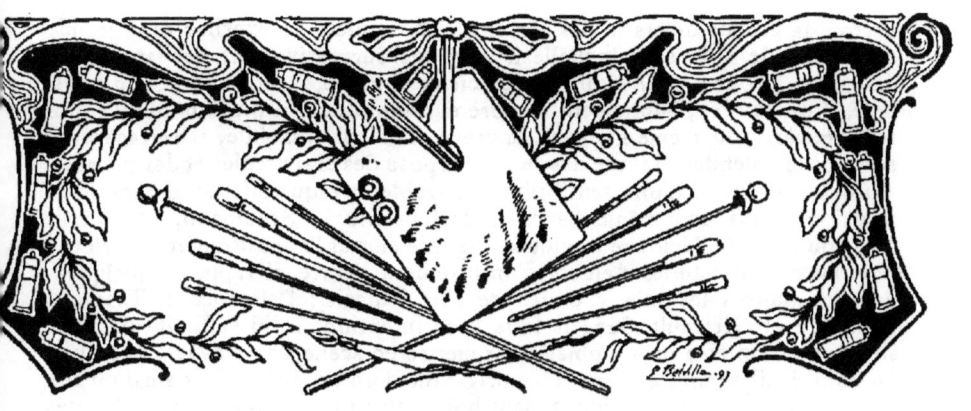

JULES VALADON

aladon est en peinture un convaincu et un intransigeant. Pour lui, l'expression de l'œuvre n'est, pour ainsi dire, que l'écho prolongé de celle du cœur et l'art délicat, intense et bien particulier avec lequel il traite les motifs les plus humbles, les plus ordinaires et les plus poignants de la vie dénote davantage que du talent; à considérer attentivement chacune de ses toiles, de ses études, de ses natures mortes, on découvre, au delà de la signification superficielle des choses, une plus profonde et plus sublime pensée, une plus puissante et plus intime observation pathétique et sensationnelle. Valadon est de ceux qui ne peignent que par émotion. Aux murs de son atelier de l'avenue de Villars, il y a de simples bouts d'esquisses, de frustes petits panneaux traités avec simplicité, naturel et foi qui montrent combien compréhensive est son âme aux spectacles les plus ordinaires et les plus familiers de la Douleur, de l'Amour et de la Mort. *Une nature morte :* de vieux matelas frippés, de vagues vestiges d'habits, quelques objets et un chapeau jeté négligemment sur le tout, voilà une œuvre! Cela pourrait s'intituler : *Déménagement d'artiste.* C'est poignant comme l'orgueil, la faim ou le génie. Toute une époque a vécu là, toute une lutte et tout un rêve. L'atmosphère de piété, de calme et de recueillement que Rembrandt a mise en auréole autour du front des *Pèlerins d'Emmaüs;* la touche robuste et large dont Velasquez se plut à ennoblir le drapé de ses figures catalanes; la forte empreinte de couleurs et de pénombre dont les maîtres romantiques entourèrent les héros de leurs chefs-d'œuvre ont propagé fortement, à l'œuvre de ce moderne, la toute violente vigueur de leur éclat et la toute simple et suffisante tendresse de leurs couleurs aux chatoiements vieillis.

Ce qui caractérise de préférence le talent bien varié de cet artiste, c'est surtout la grande diversité des moyens avec lesquels il s'exprime et la grande différence de voir avec laquelle il envisage successivement des spectacles disparates. Tour à tour idyllique, gracieux et grave, il dit l'amour, il dit l'espoir, il dit le rêve; subitement sombre et douloureux, il dit la bonté, l'ennui et la misère; au même moment, imprévu, réfléchi et mobile, il retrace avec sérénité la splendeur infinie des bois, et repose des crépuscules et des pensées. Ainsi se révèle-t-il d'une sensibilité incroyable, presque dilettante dans l'impression. Dans une même heure il devient Glück, Schumann, Chopin; il passe du sujet de l'églogue à celui de l'agonie et, par l'opposition et la curieuse différence qu'il manifeste en soi d'un instant à l'autre, il rappelle quelques-uns des maîtres les mieux doués de l'art français : Delacroix et Tassaert, Prud'hon et Géricault. Sans le faire avec intention, il lui suffit de dessiner simplement un être ou un objet pour mettre en scène une tragédie profonde ou pour éveiller tout entière l'idée originelle d'un symbole. C'est ainsi qu'aux murs de son atelier, ce simple petit bois peint : un violon aux tons bleutés posé devant un cadre vieil et où dort un Christ suffit à donner une note d'art aussi vivement poignante que celle produite par exemple par l'immortel *Violon de Crémone* du vieil Hoffmann; c'est ainsi que cette vieille femme passant le seuil d'une porte et descendant vers un jardin devient la plus significative allégorie de la Résignation, de la Tristesse ou de la Douleur!

« En art, s'écrie volontiers Jules Valadon, il n'y a que les tempéraments qui vivent! » C'est faire là, honnêtement, le procès de toutes les réputations et de tous les succès hâtifs de ces dernières années. M. Valadon sait bien que les sincères, qui, comme lui, ne se plaisent pas aux concessions sont toujours tenus un peu à l'écart des foules nombreuses. Mais la piété qui va vers eux n'en est que plus respectueuse et plus valable, « Monticelli, le pauvre et doux génie, dirait aussi Jules Valadon. » Le souvenir de cette grande et brève existence de gueux de l'art le navre infiniment. Il trouve cela divin et religieux. « Il faut souffrir pour mériter la beauté » serait assez sa devise personnelle. De fait, nul n'a jamais acquis la moindre satisfaction et le moindre succès, sans, par contre, éprouver dans la vie et par le cœur une déception et une détresse. L'âpreté de la lutte ne l'a point abattu pour cela. Seulement son art y a gagné en surexcitation et en vigueur, en outrance de tons et en orgie de palette. Les rayons de soleil qui baignent ses clairs-obscurs sont presque de feu; les ténèbres envahissantes qui flottent sur les aubes de ses toiles sont presque de la nuit, de l'ombre et du néant. M. Valadon peignant un portrait ou une scène de l'Evangile, dessinant une nature morte ou la moindre étude, y apporte autant d'âpreté, de gravité et de convulsion que Salvator Rosa, par exemple, reproduisant les sites de ses campagnes abruptes ou que le grand Daumier, saisissant au passage avec justesse, vérité et effroi, un geste, un sanglot, un sarcasme, un cri...

VALADON (JULES-EMMANUEL), peintre français, né à Paris le 9 octobre 1826; il fut l'élève de Drolling, de Léon Cogniet et de Lehmann. JULES VALADON débuta au Salon de 1857 avec *la Bohême artiste*; en 1859, il donnait les portraits de M. H. et Ch. Cros, puis successivement une suite de portraits bien traités, dont les plus réputés furent ceux de M. Colfavru, de M. Geslin, de M*me* Valadon, du comte de C..., de M. Etienne Arago, du graveur Daumont, ainsi que le sien, qui fut exposé en 1878. Le portrait qu'il fit également de M. Simon Hayem, lui fit accorder une médaille de 3ᵉ classe. Parmi ses autres œuvres, on peut citer comme ayant été aussi fort remarquées : *l'Etude de la botanique*; *Un coin du jardin*; *Diablotin contemplant Paris du haut des tours de Notre-Dame*; *Marchande de petits bouquets*; *la Charité*; *le Réveillon d'un pauvre*; *Amour de l'art*; *Portrait de M*lle* de M...*; *Portrait de M. Léveillé*; *Pensée douloureuse*; *Portrait de jeune femme* (au musée du Luxembourg); *Un Vieux*, qui lui valut au Salon de 1886, une médaille de seconde classe. M. VALADON a exposé, en 1896, aux Champs-Élysées : *Tête de vieille Sainte* et *l'Égarée*. Depuis le 1ᵉʳ janvier 1893, il est chevalier de la Légion d'honneur.

Oui ce vin de Coca Mariani
me reconforte car il faut de la force pour
produire

Je vous tends les Mains
Jules Valadon

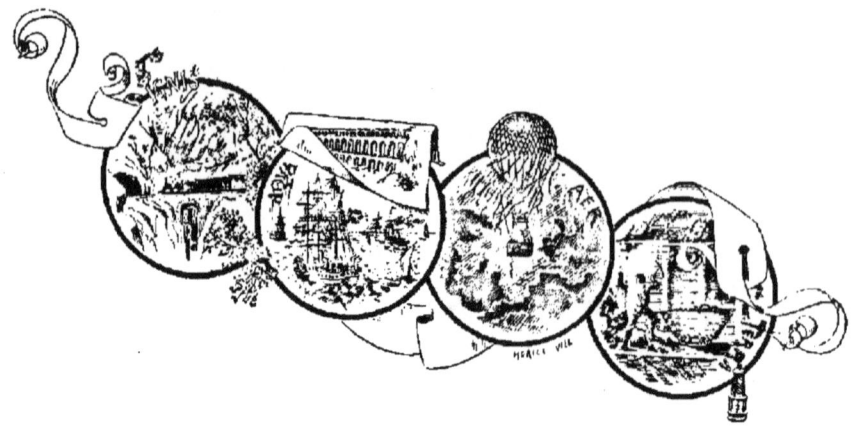

JULES VERNE

Le premier livre de M. Jules Verne, publié en 1863, « *Cinq semaines en ballon* », a été répandu universellement à un nombre considérable d'exemplaires et son auteur n'a pas vu se borner à ce seul succès les bonnes grâces du public. Bien au contraire, ce n'était là que le prélude d'une longue suite de triomphes. Des *Aventures du capitaine Hatteras* à *Vingt mille lieues sous les mers*; du *Tour du monde en 80 jours* à *Famille sans nom*, la faveur si capricieuse des lecteurs n'a pas failli pour M. Jules Verne. C'est que ce tant imaginatif écrivain possède ce grand avantage, sur les autres conteurs illustres, de s'adresser à un public spécial toujours fidèle, encourageant et enthousiaste, le public de la jeunesse, des enfants, des tout petits, de ceux qui s'éveillent seulement au monde des hommes et qui sont ivres encore du monde des dieux. A ceux-là le fantastique, l'imprévu, l'extraordinaire apportent leur large trésor de pierreries rutilantes et de lumières merveilleuses. Leurs grands yeux innocents se laissent fasciner au reflet de tant de spectacles sans pareils et leur imagination encore pure et alerte ne demande qu'à se laisser charmer par tant de prodiges, de nouveautés et de sensations. C'est surtout à l'adaptation scientifique que M. Jules Verne doit son long et inépuisable succès. Avec un tact plein d'esprit et une logique des découvertes remarquables, il a su intéresser aux arides questions de mécanique, de physique et de magnétisme par d'attachantes et de touchantes intrigues, enchevêtrées avec un sentiment d'art exquis et bien humain. Jules Verne n'est pas seulement un écrivain qui a su voyager avec caprice et réflexion dans les contrées du globe les plus lointaines, c'est encore un psychologue qui a su pénétrer le cœur des êtres avec une perspicacité savante et sentimentale. Dans ses livres les découvertes pathétiques accompagnent toujours les découvertes des explorateurs. Les mille passions de la vie animent les héros imaginaires de M. Jules Verne et causent ainsi par leur présence tout ce qu'aurait d'aride et de froidement déduit la plupart de ses romans. Et puis tout y est exprimé avec un tact et une déduction qui font que l'impossible même est adopté comme possible, tant cela est présenté avec esprit sous des dehors familiers : « Dans ces livres, disait en 1872, dans son rapport annuel, le secrétaire perpétuel de l'Académie française, M. Patin, les merveilles usées de la féerie sont remplacées par un merveilleux nouveau dont les notions récentes de la science font les frais. L'intérêt habilement excité et soutenu y tourne au profit de l'instruction. On en rapporte, avec le plaisir d'avoir appris, le désir de savoir, la curiosité scientifique. » Rien n'est plus exact que ce jugement. M. Verne n'avance rien qui n'ait été longuement combiné d'avance de la manière la plus technique. Ses œuvres ne sont que des explications sentimentales d'études sérieuses auxquelles il s'est livré. Relativement aux îles du Pôle, aux bateaux sous-marins, aux voyages de circumnavigation, aux mœurs des tribus, à la faune, à la flore des contrées, cet écrivain a révélé véritablement l'un des premiers, les secrets les plus impénétrables de la géologie, de la géographie, de la botanique et de l'électricité. Alors que le capitaine Mayne-Reid ou que Fenimore Cooper charment seulement par le dramatique des sujets auxquels ils s'abandonnent avec fantaisie, l'auteur de *Nord contre Sud* suit rigoureusement les données des savants et des explorateurs.

Allant plus avant encore dans les limites de l'idéal, Jules Verne a quitté quelquefois cette planète pour des mondes moins connus : *Voyages et aventures à travers le monde solaire*. Mais cela n'a été que par exception. M. Jules Verne a trop de désir de pénétrer le mystère de pays plus réels. Les récits de Liwingstone, de Cameron et de Stanley ne l'ont pas moins guidé que ceux de La Pérouse et de Dumont d'Urville. Il a même en une série d'œuvres historiques, *les Navigateurs du XIXe siècle; les Voyageurs du XIXe siècle; Christophe Colomb* (découverte de l'Amérique), donné une suite d'intéressantes monographies de ces hommes illustres.

Le succès, qui accueillit si bien M. Verne conteur, a suivi M. Verne dramaturge. Ses œuvres essentiellement mouvementées et d'actions scéniques palpitantes ont remporté plus d'une belle soirée de triomphe et d'applaudissements. Le Châtelet et la Porte-Saint-Martin lui doivent des recettes considérables. Le *Tour du monde en 80 jours* et *Michel Strogoff* tiendront souvent encore l'affiche de ces spectacles. Il n'est pas non plus un magazine ou une publication pour la jeunesse qui ne s'honore des travaux de ce fécond et toujours jeune et exquis écrivain. Il y aura toujours des enfants et des grandes personnes qui liront les livres de M. Verne, et il y aura longtemps encore M. Verne qui écrira pour eux. — Merci à lui.

VERNE (JULES), littérateur français, né à Nantes, le 8 février 1828; fit ses études dans cette ville et son droit à Paris. Il débuta dans la littérature dramatique en 1850, par une comédie en vers, *les Pailles rompues*, jouée au Gymnase; puis, il donna *Onze jours de siège*, comédie en 3 actes, au Vaudeville, et composa plusieurs opéras comiques. En 1863, il apporta à l'éditeur Hetzel son premier livre : *Cinq semaines en ballon*. Le succès de ce livre encouragea JULES VERNE à en publier d'autres. Et il donna successivement : *Le Voyage au centre de la terre; De la Terre à la Lune; Une ville flottante; le Pays des fourrures; le Docteur Ox; Michel Strogoff; Hector Servadac; les Indes noires; les Cinq cents millions de la Begum; les Tribulations d'un Chinois en Chine*, etc..., qui ont paru en partie dans *le Magasin d'Éducation et de Récréation*, puis en volumes (1863-1880, in-18 et in-8 illustrés). Plusieurs portent le titre général de *Voyages extraordinaires*. Il a donné encore : *la Maison à vapeur* (1880); *l'École des Robinsons* (1882); *le Rayon vert* suivi de *10 heures en chasse* (1882); *le Pays des diamants* (1884) ; *l'Épave du Cynthia* (1885); *Mathias Sandorf* (1885); *Claudius Bombarnac* (1892); *le Château des Carpathes* (1892), etc... AU THÉÂTRE : *les Enfants du capitaine Grant; le Tour du monde; Michel Strogoff*; une opérette, *le Neveu d'Amérique*, au théâtre Cluny. M. VERNE a publié en outre avec M. Th. Lavallée *Une géographie illustrée de l'enfance* (1867-68). M. JULES VERNE est officier de la Légion d'honneur.

. . . .
. . . . Mais, puisqu'une seule bouteille
de l'extraordinaire vin de Coca Mariani suffit
à vous assurer cent années d'existence, il me faudra donc
vivre jusqu'en 2700 !... Enfin, je me résigne !

Votre bien reconnaissant
Jules Verne

WORMS

'un de nos grands artistes de la Comédie-Française.

L'expression de la passion est chez lui mâle et profonde, exempte de cette mièvrerie si ordinaire aux amoureux de théâtre. Toujours maître de lui-même, il conserve l'élégance de la tenue, la sobriété du geste et la correction du débit, même dans les scènes les plus pathétiques. D'une grande « autorité », il possède l'ardeur de la jeunesse, le feu, la fièvre et la tendresse de l'amour, toute l'énergie et toute la puissance désirables. Le charme qui se dégage de lui est un peu sévère, mais puissant. C'est le jeune premier rôle dramatique parfait. Son emploi, c'est les amoureux passionnés, fatalistes, les ténébreux, les tristes. Il rappelle, dit-on, Ribes qu'aucun de ses successeurs n'a fait oublier dans sa création d'Urbain de Villemer. Quelqu'un a dit de Worms : « Si la première impression produite ne lui est pas absolument favorable, l'explosion de la passion est irrésistiblement un triomphe. »

Son père était contrôleur à l'Opéra-Comique et ne le poussa pas vers la carrière dramatique. Il le fit entrer dans une imprimerie; le futur sociétaire de la Comédie-Française fut d'abord typographe.

« Mais c'est une tradition chez les typographes de jouer la comédie de société, raconte M. F. Sarcey, dans son volume *Comédiens et Comédiennes*; Worms fut en son temps un de ceux qui portèrent le plus d'ardeur à ce divertissement. »

Son oncle Hippolyte Worms, régisseur au Vaudeville, lui facilita son entrée au Conservatoire.

Le hasard lui donna Beauvallet comme professeur, mais le jeune homme fréquenta assidûment les classes de Regnier et Provost auxquels il garda une vive reconnaissance, mêlée de tendresse. Il ne resta qu'un an au Conservatoire, ayant été lauréat dès son premier concours. En 1858, Empis étant directeur, il fut engagé au Théâtre-Français, où l'emploi des Valère et des Damis réclamait un second Delaunay. Il dut conquérir pouce par pouce sa place au soleil de la rampe.

Cependant il fut de suite remarqué pour sa jeunesse, ses accents de passion et de tendresse ; il eut surtout le bonheur de doubler Delaunay dans Nemours de *Louis XI*, et il se montra supérieur à ce maître comme expression dramatique. Après une série de succès incontestables, Worms allait être nommé sociétaire, il l'était même de par le comité qui l'avait élu lorsque le ministre impérial refusa de ratifier sa nomination et imposa au comité un autre nom. Série d'incidents. La Russie, toujours en quête de nos meilleurs comédiens, profita de cette injustice et fit à Worms des offres brillantes, qu'il accepta.

A Saint-Pétersbourg, il prit l'emploi en chef, tous les jeunes premiers du répertoire contemporain lui furent confiés. Son succès fut très vif.

Revenu à Paris en 1875 et engagé au Gymnase par Montigny, Worms jouissant déjà d'une belle réputation, allait jouer une grosse partie en affrontant de nouveau son ancien public, après douze ans d'absence. Sa rentrée eut lieu à la fin de septembre dans le rôle d'Armand Duval de la *Dame aux Camélias*. Ce fut un triomphe.

Sa belle création de *Ferréol* de Sardou, deux mois après, permit de porter sur le comédien une appréciation définitive. Worms était décidément un artiste de premier ordre. Cependant il retourna encore une saison au Théâtre-Michel, et ce ne fut qu'après une nouvelle apparition au Gymnase, dans la *Comtesse Romani*, où son grand talent fut mis en pleine lumière, qu'il rentra dans la maison de Molière. Il redébuta dans don Carlos d'*Hernani*, Urbain du *Marquis de Villemer*, et dans le *Fils naturel*. L'année suivante il était sociétaire.

Worms, depuis cette époque, a repris un certain nombre de pièces du répertoire, *Mademoiselle de la Seiglière*, *Jean Baudry*, le *Gendre de M. Poirier*, qu'il joue très souvent maintenant avec sa toute charmante femme.

Professeur au Conservatoire, c'est un des maîtres les plus recherchés, à juste titre.

WORMS (Gustave), sociétaire de la Comédie-Française, né à Paris, le 26 novembre 1837. Fils d'un contrôleur à l'Opéra-Comique, qui le fit d'abord entrer dans une imprimerie. Le jeune homme dut bientôt obéir à sa vocation. Il se fit admettre au Conservatoire, et élève de Beauvallet. En 1857, il obtint le 1er accessit de tragédie et le 2e prix de comédie. Engagé l'année suivante au Théâtre-Français, il allait partir pour son service militaire, mais ses camarades résolurent de lui acheter un remplaçant : pour cela, on organisa une représentation à son bénéfice. Il débuta dans *le Duc Job*, rôle d'Achille. En 1860 et 1861, il parut dans *la Mort de Pompée* (Ptolémée), *le Dépit amoureux* (Traste), *Nicomède* (Attale), *l'Africain* de Charles-Edmond, *Gabrielle* d'Émile Augier, *la Belle-Mère* et le gendre de Samson, un *Jeune Homme qui ne fait rien*, de Legouvé, un *Mariage sous Louis XV* d'Alexandre Dumas, etc. L'auteur du *Duc Job*, Léon Laya, de qui il avait gagné la confiance dès ses débuts, lui confia un rôle important, Horace, dans *la Loi du cœur*. Malgré tout, le jeune artiste trouva qu'on le négligeait un peu trop, et il écouta d'avantageuses propositions pour la Russie. Il revint en 1875 et entra au Gymnase ; gros premier succès dans Armand Duval de *la Dame aux Camélias*. Il créa *Ferréol*, de Sardou (rôle de Meiran) ; *le Charmeur*, de Leroy (rôle de Gérard). Puis il alla jouer *Ferréol* à Saint-Pétersbourg. Il fit sa rentrée au Théâtre-Français, le 4 juin 1877, dans *le Marquis de Villemer*, puis dans les *Caprices de Marianne*, rôle de Cœlio. Le Don Carlos d'*Hernani* consacra sa réputation à Paris, qui l'applaudit tour à tour dans Savigny du *Sphinx* d'Octave Feuillet ; Jacques du *Fils naturel* d'A. Dumas fils ; Valère de *l'Avare* ; Rodrigue du *Cid* ; Olivier de *Jean Baudry* ; Bernard de *Mademoiselle de la Seiglière* ; le marquis de Presles du *Gendre de M. Poirier* ; Saint-Herem des *Demoiselles de Saint-Cyr* ; le roi de *Henri III et sa cour* ; Louis Guérin de *Maître Guérin* ; de De Nanjas du *Demi-Monde*, etc. Principales créations : Élie Moreau d'*Anne de Kerviller* (1879) ; Georges de *Rantzau* (1882) ; des Issarts de *Service en campagne* ; de Lude des *Portraits de la Marquise* ; Henri des *Maucroix* (1883) ; le lieutenant Richard de *Smilis* (1884) ; le comte de Meuse de *la Duchesse Marfa* ; André de Bardannes de *Denise* (1885) ; le capitaine Olivier d'*Antoinette Rigaud* ; Voltaire de *1802* de Renan (1886) ; Stanislas de Grand-Redon de *Francillon* (1887) ; le marquis de Simiers de *la Souris* ; le matelot Jacquemin du *Flibustier* (1888) ; Sam de *la Bûcheronne* (1889) ; le garde François de *Margot* (1890) ; Sartorys de *Frou-Frou* et Jean Darlot (1892) ; Charles-Quint de *la Reine Juana* (1893) ; Cardevents de *Cabotins* (1894) ; de Ryons de *l'Ami des femmes* (25 mars 1895) Georges du *Pardon*, et Tartufe de *Tartufe* (juin 1896).

Il a épousé en 1883 Mlle Blanche Baretta, sociétaire comme lui de la Comédie-Française. Successeur de Monrose comme professeur de déclamation au Conservatoire, il est chevalier de la Légion d'honneur depuis le 1er janvier 1890.

Mon cher Monsieur Mariani

En joignant mes louanges à celles
de mes collègues et amis, j'acquitte
une simple dette de reconnaissance.

À vous

XANROF

« Je suis un veinard, au fond », me dit un jour Xanrof, le célèbre chansonnier.

Veinard, peut-être, et tant mieux. Il y a tant de gens qui atteignent la gloire, la fortune et presque le bonheur, et qui ne méritent rien de tout cela. Xanrof au moins a cette excuse à son heureuse vie, qu'il a beaucoup amusé et que vraiment c'est un artiste.

Ils ne sont pas encore bien loin de nous ses retentissants débuts à l'Association des Étudiants. Quelle verve, tout à coup il dépensa, et quel succès! Le quartier Latin n'a plus retrouvé son pareil. Xanrof passa par le Chat Noir, mais c'est au Concert Parisien que la gloire du chansonnier fleurit, et c'est Yvette Guilbert qui fit Xanrof, de même que c'est Xanrof qui fit Yvette Guilbert. La veine à laquelle le jeune poète faisait allusion, l'amusant et bienheureux hasard, c'est cette rencontre de deux talents inédits. Le choc produisit cette double étincelle : Yvette, Xanrof!

Je retrouve dans mes notes de 1890 ces mots, à propos d'un petit concert donné au petit théâtre de la galerie Vivienne : « M. L. Xanrof est toujours le spirituel chansonnier que tous les Parisiens ont applaudi au moins une fois au Chat Noir. Il arrive, le visage et le lorgnon impassibles, s'approche modestement du piano, dépose son claque pieusement et dès qu'il a ouvert la bouche, c'est un éclat de rire dans toute la salle. » Toujours, je crus que cette impassibilité était un genre adopté, une aimable pose ; aujourd'hui qu'il a fait école, plusieurs émules affichent ce sans-façon, ce malin dédain et on les applaudit encore (car Paris ne sait pas toujours reconnaître les modèles des imitateurs, malgré sa renommée de finesse), mais chez l'auteur de l'*Encombrement*, cette façon de se présenter n'était qu'un résultat de la timidité. Voilà qui va étonner bien des gens; Xanrof est un timide; deuxièmement, il a horreur du café. Notre chansonnier est un homme d'intérieur, un sensible, et même un sentimental et non pas ce bohème, buveur de bocks, poète-type des cabarets montmartrois. Plusieurs de ses œuvres sont là pour le contrôle de cette affirmation : quelques-unes de ses meilleures chansons sont parmi les sérieuses, les quasi tristes, les berceuses.

Pour bien connaître notre poète, il faut l'avoir vu chez lui, rue Tholozé. Deux sonnettes au petit hôtel : celle du père, celle du fils. Car le fils et le père habitent ensemble. Comme j'ai sonné à celle du fils, on me fait traverser un vestibule, un jardin et me voici dans l'atelier. Très vaste et très clair, des livres et des tableaux, et aussi plusieurs instruments de musique, et une vaste table, avec beaucoup d'ordre. Un chien très sans gêne, mais bon garçon. Cet atelier, qu'on croirait au fond d'un parc provincial, — car pas un bruit de la rue n'y pénètre, — est le fruit du succès de *Paris-Nouveautés*. Ce fut une des grandes joies de Xanrof et il y vit tout le temps.

Car depuis son mariage, il chante très peu; sa femme, une de nos plus délicieuses cantatrices, est, comme l'on sait, Mlle Carrère, de l'Opéra, qui, depuis ses débuts dans la Marguerite de *Faust* (1892), s'est fait très rapidement une belle place sur notre première scène lyrique.

Et, maintenant, quelques titres des chansons les plus applaudies de Xanrof : l'*Encombrement*, les *Étudiants*, *Héloïse et Abeilard*, le *Bain du modèle*, le *Serpent*, *Monôme*, au *Pacha*, le *Fiacre*, et dans un autre genre, le *Rosier*, un petit bijou :

> Dans le jardin d'mon père
> Un beau rosier il y a,
> Ne porte qu'une rose,
> Un oiseau s'y posa,
> Y a longtemps qu'mon cœur aime
> Jamais il n'oubliera!
> ....

Car toutes les chansons de Xanrof supportent la lecture, qualité peu répandue; elles restent, dans le livre, spirituelles, parce qu'elles sont littéraires.

Je trouve ce petit portrait de lui qui date de quelques années :

« Au physique Xanrof est un grand et beau garçon qui porte plus que ses vingt-deux ans, des moustaches en croc et d'immenses pardessus à taille. Il est myope au point de prendre un sergent de ville pour un homme poli, et si distrait que, du temps où il était attaché de cabinet, il envoya un jour un garde à cheval porter une lettre à Pondichéry. »

Est aujourd'hui âgé de trente ans.

XANROF (Léon Fourneau dit d'abord *Xanrof*, puis de par la loi, de son vrai nom), fils du Dr Fourneau, rue Tholozé, et époux de Mlle Carrère, de l'Opéra. Né à Paris, le 9 décembre 1867. Bibliographie : *Rive gauche*, plaquette, 1887; *Chansons sans gêne*, 1 vol. 1889; *Pochards et Pochades*, nouvelles, 1890; *Chansons de Madame*, album, 1891; *Chansons à rire*, 1892; *Paris qui s'amuse*, nouvelles, 1893; *L'Amour et la Vie*, nouvelles, 1894; *Bébé qui chante*, 1894; *Lettres ouvertes*, 1894; *Tout le théâtre*, même année; *Chansons ironiques*, 1895. Au Théâtre : en 1890, il invente les rimes de salon à trois personnages : *Revue intime*. *Paris-Nouveautés*, revue aux Nouveautés, 1891; l'*Heureuse date*, 1 acte au Vaudeville, 1891; *Madame Pygmalion*, pantomime en trois actes, au Théâtre Moderne; 7 ou 8 revues de cafés-concerts, et en 1895, *Paris en bateau*, revue à la Cigale. 135 représentations. A débuté dans le journalisme par des chansons quotidiennes au *National*; fit la chronique judiciaire à *La Lanterne*; entré au Gil Blas à la fondation du *Gil Blas Illustré*; rédigea au Gil Blas quotidien les « Propos de coulisses » pendant deux ans. Actuellement (1896) est soiriste au *Paris*, et non pas le moins spirituel des soiristes.

Léon Xanrof, qui fit ses études à Rollin et à Condorcet, est bachelier ès lettres et même licencié en droit. Il fut attaché de cabinet sous deux ministres, et sa boutonnière est fleurie de violet.

A Monsieur Mariani

Poète de l'Amour, l'âge te rend morose ?
— Le vin Mariani du temps guérit les maux :
En buvant un seul verre, on retrouve les mots ;
Et s'il l'on en boit deux, — on retrouve la chose.

Jarros

J. ZANNI

savant turc des plus renommés.
Né à Constantinople en 1855, il fit ses premières études au Collège des Mékitaristes à Venise, jusqu'à l'âge de quinze ans. Son père, feu Vincent Zanni, qui, en 1848, prit une part active aux évènements de Milan, prit grand soin de son éducation et de son instruction, et il l'envoya, à la fin de 1870, à Neuchâtel (Suisse française), où il fréquenta l'Académie et se perfectionna dans l'étude de la chimie en travaillant dans le laboratoire du professeur Sacs.

En 1873, il se rendit à Heidelberg (Allemagne), afin de suivre les cours de l'éminent professeur Bünsen, dont il devint, au bout de quelques années, le troisième assistant. C'est là qu'il fit ces études spéciales sur les dérivés de l'hydroxylamène que Lossen avait le premier préparé. Ces premiers travaux du jeune savant ont paru dans les *Annales de Chimie* de Liebiz. Après avoir subi ses examens de doctorat en philosophie à Heidelberg, il passa avec succès, six mois après, son examen d'état à Munich. Il avait une admirable ardeur au travail, et pour cela était fort aimé de ses maîtres.

Il allait rentrer à Constantinople. Son père lui conseilla de pousser son voyage d'études jusqu'en France et en Angleterre. Il visita donc Paris et Londres, afin de se faire une idée pratique sur la force industrielle de ces deux pays. C'est à cette époque qu'il fit, selon sa propre expression, la connaissance « du grand maître Pasteur et de l'incomparable Claude Bernard ».

Muni de précieux documents et possédant parfaitement les langues française, allemande, anglaise, italienne, turque et arménienne, etc., il rentra dans sa ville natale. Il y fréquenta l'établissement pharmaceutique de son père, et en même temps, il devint chimiste de la Faculté impériale de Médecine de Constantinople, et membre du Conseil médical civil de l'Empire.

Il fit partie de la Chambre d'Agriculture, qui fit énormément de bien par son action morale. Plus tard, il fut nommé Inspecteur général d'Hygiène et des Pharmacies. Il eut à ce moment souvent l'occasion de s'occuper des multiples questions d'hygiène publique, d'une si capitale importance, et tant négligées dans les grandes villes d'Orient. Il publia sur ces sujets plusieurs plaquettes et des livres bons à consulter. Il fit aussi un peu plus tard quelques études sur les beurres fondus, dont l'armée impériale ottomane fait une énorme consommation.

En 1883, il figura comme délégué au Congrès de Chimie et de Pharmacie de Vienne. En 1885, au même titre, il fut envoyé au Congrès de Bruxelles. Il y prit plusieurs fois et avec succès la parole.

L'été de 1894, il avait, au Congrès international d'Hygiène de Buda-Pest, l'honneur de figurer comme délégué spécial de S. M. I. le Sultan. Il y traita, avec sa haute compétence et son talent d'orateur, les principales questions d'hygiène spéciale en vue de l'organisation nationale et internationale.

Désireux de contribuer au progrès de son pays, il organisa, révolution dans la ville, un laboratoire modèle de chimie. Le Sultan eut la belle idée de le prendre sous sa protection, sous son patronage, et il accorda à cette occasion à M. ZANNI plusieurs marques de sa haute bienveillance. Il nomma M. ZANNI son Chimiste.

Notre savant, encore fort jeune et plein de confiance en sa mission, poursuit des études jamais finies.

Il est décoré d'une foule d'ordres de tous pays, et il est membre correspondant d'une quantité de sociétés savantes. En tout dernier lieu, la Société royale d'Hygiène de Buda-Pest l'a nommé membre d'honneur.

Ces mois derniers, il eut à soutenir une lutte très forte pour le maintien du grand principe de la liberté du commerce. Sa manière d'agir a été hautement approuvée par S. M. I. le Sultan, qui l'a, à ce propos, élevé à la dignité de fonctionnaire de première classe de son Empire. Cette distinction a mis en relief la personnalité de M. J. ZANNI.

ZANNI (J.), Chimiste de S. M. I. le Sultan, fils du pharmacien Vincent Zanni. Né à Constantinople en 1855. Etudes à Venise, Heidelberg, Neuchâtel et voyages en France et en Angleterre. Fut troisième assistant du professeur Bünsen. Docteur en philosophie Etudes complètes de chimie. Nombreuses distinctions.

Cher Monsieur Mariani

En souvenir de l'album des contemporains et de votre préparation rationelle à base de Coca dont le principe actif constitue une des plus grandes conquêtes de l'art thérapeutique moderne, veuillez Nous faire agréer les meilleurs hommages d'un modeste chimiste-hygiéniste des rives du Bosphore

J. Sarrus

Constantinople le 10 mai 1895

CE TROISIÈME VOLUME

DE

L'ALBUM MARIANI

A ÉTÉ ACHEVÉ D'IMPRIMER

PAR LES SOINS ET SOUS LA DIRECTION DE M. ANGELO MARIANI

SUR LES PRESSES

DE ÉD. CRÉTÉ, IMPRIMEUR A CORBEIL

LE TRENTE NOVEMBRE

MIL HUIT CENT QUATRE-VINGT-DIX-SEPT

COLLECTION ANGELO MARIANI

CONTES

Ces contes sont publiés en éditions de luxe, format grand in-4°, et destinés spécialement aux bibliophiles. Ils sont inspirés aux écrivains les plus célèbres de ce temps par la tant bienfaisante Coca. Chaque conte est orné, dans le texte et hors texte, de belles et curieuses illustrations dues au crayon de A. Robida, Henri Pille, Atalaya, Eugène Courboin, F. Lunel, Félix Bouchor, Louis Morin, Rivière.

ONT DÉJA PARU :

Le Cas du Vidame, par L. de BEAUMONT (Académicien d'Étampes du *Figaro*).
ILLUSTRATIONS DE A. ROBIDA (*Épuisé.*)

Explication, par Jules CLARETIE (de l'Académie française).
ILLUSTRATIONS DE A. ROBIDA (*Épuisé.*)

La Plante enchantée, par Armand SILVESTRE.
ORNÉ DE 35 GRANDES COMPOSITIONS DE A. ROBIDA

Les Secrets des Bestes, par Frédéric MISTRAL.
AVEC DE NOMBREUSES ILLUSTRATIONS DE A. ROBIDA

Sempervirens, L. de BEAUMONT.
ILLUSTRATIONS PAR F. LUNEL

Le Secret de Polichinelle, par Paul ARÈNE.
ILLUSTRÉ EN COULEURS PAR A. ROBIDA

EN PRÉPARATION :

Un Chapitre inédit de Don Quichotte, par Jules CLARETIE (de l'Académie française), illustré de nombreuses compositions par ATALAYA, gravées sur bois par BRAUER.

La Panacée du capitaine Hauteroche, par Octave UZANNE, illustrations en couleurs par Eugène COURBOIN.

Un Conte, par Maurice MONTÉGUT, illustré en couleur par Louis MORIN.

A PARAITRE :

Un Conte, par Maurice BOUCHOR, illustré par Félix BOUCHOR.
Un Conte, par Victorien SARDOU (de l'Académie française).
Un Conte, par le Docteur BÉTANCÈS, etc., etc.
Un Conte, par Marcel PRÉVOST.
Un Conte, par Alphonse ALLAIS.

IL A ÉTÉ TIRÉ DE CHACUN DE CES CONTES :

50 exemplaires sur Japon impérial. . *Prix* : 25 francs.
450   —   sur vélin. . . . . . —   10   —

PETITE BIBLIOTHÈQUE MARIANI

Ces Contes sont tirés en édition populaire (petit format in-32) avec la même illustration. . . . . Prix : 50 cent.

Il a été tiré de chaque ouvrage 20 exemplaires sur Japon impérial numérotés à la presse. . . . . 5 fr.

www.ingramcontent.com/pod-product-compliance
Lightning Source LLC
Chambersburg PA
CBHW060130170426
43198CB00010B/1105